CRISIS Y REEMERGENCIA

Purdue Studies in Romance Literatures

volume 64

CRISIS Y REEMERGENCIA

El siglo XIX en la ficción contemporánea de Argentina, Chile y Uruguay (1980–2001)

Verónica Garibotto

Purdue University Press
West Lafayette, Indiana

∞ The paper used in this book meets the minimum requirements of American National Standard for Information Sciences—Permanence of Paper for Printed Library Materials, ANSI Z39.48-1992.

Printed in the United States of America
Template for interior design by Anita Noble
Template for cover by Heidi Branham
Cover photo designed by Cinzia Ponisio, Argentina.The images are in the public domain.

Library of Congress Cataloging-in-Publication Data

Garibotto, Verónica, 1976–.
Crisis y reemergencia: el siglo XIX en la ficción contemporánea de Argentina, Chile y Uruguay (1980-2001) / Verónica Garibotto.
pages cm. — (Purdue studies in Romance literatures ; 64)
Includes bibliographical references and index.
ISBN 978-1-55753-715-7 (pbk. : alk. paper) — ISBN 978-1-61249-393-0 (epdf) — ISBN 978-1-61249-394-7 (epub) 1. Spanish American fiction—20th century—History and criticism. 2. Nineteenth century—In literature—History and criticism. I. Title.
PQ7552.N7G37 2015
863—dc23 2015005065

Índice

Agradecimientos

Muchas personas contribuyeron a la concreción de este proyecto y a la escritura de este libro. En primer lugar, y más que nadie, Antonio Gómez fue mi mejor interlocutor en cada una de las etapas. Leyó cada idea en mil formatos diferentes y fue capaz de hacerme un comentario acertado cada una de esas mil veces. Si tuviera que agradecer todos sus gestos de apoyo, tendría que escribir otras docientas páginas.

En la Universidad de Pittsburgh, donde hice la tesis doctoral que en parte dio origen a este libro, me beneficié mucho de las diferentes perspectivas de los miembros de mi comité. Gerald Martin me escuchó siempre con simpatía y entusiasmo, y nuestras largas charlas son de los mejores recuerdos que me llevo de esa época. La mirada de Reid Andrews, del Departamento de Historia, me obligó a tomar distancia y a poner mi disciplina en perspectiva. A medida que pasa el tiempo descubro nuevas formas en las que John Beverley influyó en mi manera de pensar. Admiro muchísimo su lucidez, su horizontalidad y la generosidad desinteresada con la que siguió leyendo cualquier borrador o artículo que le haya mandado, incluso después del fin de mi doctorado. Tengo en el primer cajón de mi escritorio los comentarios que Joshua Lund me hizo cuando recién empezaba a formular mi propuesta y sigo volviendo a ellos con tanta frecuencia que los sé casi de memoria. Mis compañeros de doctorado hicieron que entendiera mucho mejor qué era Latinoamérica y qué lugar ocupaban Argentina y el Cono Sur dentro de esa idea. Por varios motivos, me llevaron a poner en cuestión cualquier manifestación de nacionalismo (cuestionamiento al que le debe mucho este libro); sobre todo, porque nuestras relaciones de afecto me indicaron que no era necesario haber crecido en el mismo país para compartir afinidades y construir amistades fuertes.

La Universidad de Kansas fue un espacio ideal para desarrollar y terminar este proyecto, y estoy genuinamente agradecida por todas las formas de apoyo recibidas. Los comentarios de Kathy Porsch, del Hall Center for the Humanities, me ayudaron a pulir el marco general y el New Faculty General Research Fund me permitió el lujo de dedicar gran parte del verano del 2011 a acabarlo. La mirada interdisciplinaria de los otros profesores que participaron del taller de publicación del Hall Center fue crucial para redondear mi propuesta y hacerla más accesible. Agradezco especialmente la lectura cuidadosa de Laura Mielke y su buena disposición para seguir dándome comentarios después de terminado el taller. El entusiasmo y la calidez de los estudiantes de maestría y doctorado que tomaron mi curso de posgrado en el otoño del 2011 me dieron el impulso que necesitaba para dar los últimos retoques. Mis colegas de Departamento son los responsables de que no pueda ni siquiera fantasear con un mejor ambiente laboral. Estoy inmensamente agradecida a cada uno de ellos por la generosidad y la confianza con la que me recibieron y por una atmósfera amigable y estimulante que hace que prefiera la semana a los fines de semana. En estricta relación con este libro, agradezco especialmente a Jill Kuhnheim, entre muchas otras cosas, por sus consejos sobre cómo encarar el proceso editorial y a Jorge Pérez por su apoyo constante y porque, si no fuera por él, todavía estaría dando vueltas sin decidirme a mandar la propuesta.

Una versión diferente de la segunda sección del capítulo 1 ya ha sido publicada como "Revolution, Defeat, and Utopia: Artigas and the New Left in Uruguayan Theater" en *Revista de Estudios Hispánicos* 47.1 (Primavera 2013): 127–49. Gracias a William Acree por el permiso para reutilizar parte del contenido aquí.

Susan Clawson, de Purdue Studies in Romance Literatures, respondió con increíble rapidez a mis dudas de formato y trató el manuscrito con cuidado y profesionalismo. Los comentarios de los lectores anónimos me ayudaron a revisar más de una idea, a despojarme de vicios estilísticos y, definitivamente, a mejorar cada capítulo. Aprecio mucho su tiempo y rigurosidad. Estoy también agradecida con mis inteligentísimas amigas torontesas, Paola Bohórquez y Majero Bouman, por nuestro grupo de discusión sobre teoría cultural, que dejó su marca en la conceptualización de este libro; con Julio Schvartzman por hacer que me interesara tanto el siglo XIX; con Ignacio Sánchez Prado por su guía en el proceso editorial; con Graciela Montaldo por darme a conocer el artículo de Aira sobre Katchadjian; con Martín Kohan por el tiempo que le dedicó a mi capítulo sobre sus novelas; con Darío Oses por sus correos electrónicos respondiendo a mis preguntas; con Andrea Castro por su lectura optimista de la introducción; con Cinzia Ponisio por el cariño y el cuidado con que hizo el diseño de la tapa; con Lina Muñoz-Márquez por su ayuda meticulosa con la elaboración del índice; y, por supuesto, con Ziki por haber hecho los arreglos pertinentes para la publicación.

Por último, si no fuera por el apoyo de mi familia en Argentina, no hubiera podido ni hacer un doctorado ni escribir un libro. Su respeto incondicional por mi vocación, incluso aunque ésta me haya llevado lejos, hace que me sienta cada día más cerca. Y, sobre todo, agradezco a Cristian Dimitriu por todas las formas de nuestra complicidad y porque, desde el día en que lo conocí, que me obliga a no dejar de pensar.

Introducción

El siglo XIX y la reorganización del campo cultural

> For the historical index of the images not only says that they belong to a particular time; it says, above all, that they attain to legibility only at a particular time.
>
> (El índice histórico de las imágenes no sólo dice que éstas pertenecen a un momento particular, sino sobre todo que se vuelven legibles únicamente en un momento particular).[1]
>
> Walter Benjamin
> *The Arcades Project*

Cerca de 1990 el grupo Leyenda Negra, una banda terrorista de académicos uruguayos, recorre desde Montevideo hasta Medio Oriente con la intención de borrar de la faz de la tierra todo rastro de José Gervasio Artigas. Con este propósito en mente, boicotean conferencias sobre el prócer, alteran sus frases para crear carteles obscenos y cambian el sentido de circulación de las calles que llevan su nombre, generando un caos de tránsito. Pero manipular el legado simbólico no es suficiente para que desaparezcan los rastros. Los miembros de Leyenda Negra deciden entonces deshacerse también de cualquier posible resabio material. Asesinan a una mujer que prepara una obra de teatro sobre el caudillo, viajan a Europa para volar su estatua de un museo de cera y dinamitan el mausoleo que contiene sus cenizas en Uruguay.

La fantasía del escritor uruguayo Amir Hamed, plasmada en estas escenas de su novela de 1994 *Artigas Blues Band*, está bien lejos de ser una fantasía privada o un delirio individual. Los académicos agotados de Artigas que imagina en su ficción son todo un índice de un fenómeno que en las últimas décadas, especialmente después de las dictaduras, atraviesa Argentina, Chile y Uruguay: la visible reemergencia del siglo XIX, el resurgimiento masivo del pasado fundacional. Y es que no sólo Artigas irrumpió en la música popular, la literatura y el teatro uruguayos: San Martín y Belgrano se convirtieron en héroes del cine argentino, en el tema principal de series de televisión y de programas de radio, y en los protagonistas indiscutidos de las novelas históricas de la editorial Sudamericana. Un protagonismo que comparten con los chilenos Bernardo O'Higgins, Diego Portales y José Manuel Balmaceda, y que los lleva a encabezar las listas de los libros más vendidos en la región.

Y esta reemergencia del pasado fundacional no se acaba con la reaparición de los próceres de la patria, no se termina con la reaparición de personajes que tienen su origen en un referente real. Hay toda una serie de figuras discursivas que típicamente asociamos con el siglo XIX y que recorren también el campo cultural de los tres países. Gauchos y letrados circulan por las ficciones de Martín Kohan, Carlos Gamerro y Roberto Bolaño. Indios y cautivas se cuelan en las tramas de César Aira y Sylvia Iparraguirre. Negros y caudillos se dejan ver en la escritura de Washington Cucurto, Mauricio Rosencof y Tomás de Mattos. Y junto con estas figuras discursivas, se reescriben también los textos canónicos y los géneros fundantes de cada tradición nacional. El *Martín Fierro, La cautiva, Facundo* y *Martín Rivas* se reelaboran una vez más en diferentes campos artísticos: el cine, la música, la poesía experimental y hasta la cumbia villera. El relato de viaje (narrativa favorita de Lucio Mansilla, William Henry Hudson, Alfredo Ebelot y Estanislao Zeballos) se recicla y parodia. El género gauchesco, pilar simbólico de la cultura rioplatense, se repite y desplaza. El romance nacional, aquella alegoría decimonónica en la que Doris Sommer lee la fundación de la patria latinoamericana, se resucita y transforma. Y, como si fuera poco, también se recrean, ficcionalizan y cuestionan eventos que parecían olvidados en los pliegues de la historia oficial: la matanza de los charrúas, las guerras civiles en Chile, las batallas entre las comunidades mapuches en la Patagonia.

Al final tienen razón los destructores de Artigas. Definitivamente, la fantasía de Amir Hamed no responde a una fantasía privada ni obedece a un delirio individual. El agotamiento que guía a los académicos terroristas de Leyenda Negra tiene sin duda una contraparte real: la notoria irrupción del siglo XIX, la explosión del pasado fundacional que, sobre todo en las últimas décadas, sacude el campo cultural de Argentina, Chile y Uruguay.

Crisis y reemergencia parte de este fenómeno reconocible pero poco explorado con la intención de responder dos preguntas que no han sido todavía abordadas: ¿por qué se produce esta reaparición del siglo XIX en la cultura contemporánea—especialmente en la ficción que se escribe después de las dictaduras? ¿Cuáles son las implicaciones ideológicas de esta reemergencia? Y es que, a pesar de su visibilidad, este fenómeno cultural no ha sido objeto de una interpretación política consistente—es decir, en palabras de Fredric Jameson, no ha sido interpretado como "simbólico de lo social" (*Political Unconscious* 9–23). A pesar de la carga ideológica que tiene el siglo XIX en tanto momento fundacional de la región, su reemergencia en la ficción reciente no ha sido analizada ideo lógicamente.

En realidad, esta desafiliación del XIX respecto de la política constituye toda una novedad en la historia de la crítica literaria en América Latina. Precisamente al revés de lo que ocurre después de las dictaduras, la escritura ficcional del siglo XIX fue leída diacrónicamente a partir de sus implicaciones ideológicas. La resignificación de lo gauchesco durante el peronismo, la reelaboración de la imagen de Artigas como inspirador de la lucha armada en el teatro uruguayo de los sesenta, la recurrencia a la figura del bandido en la literatura de la Revolución Mexicana o a la del esclavo en la poesía cubana post-revolucionaria: la puesta en ficción del pasado fundacional fue interpretada políticamente a lo largo de la historia latinoamericana. Pero, al menos en el Cono Sur, el fin de las dictaduras parece ser también el fin de esta tradición de lectura. Junto con el advenimiento de las nuevas democracias comienzan a desvanecerse las disquisiciones sobre la connotación política de la representación narrativa del siglo XIX—desvanecimiento que es todo un índice de un cambio de paradigma en los marcos interpretativos que dominan la crítica cultural en los tres países y que parece confirmar el diagnóstico de que las dictaduras militares le abrieron el paso al posmodernismo en la región.[2]

Podría decirse que las razones de esta desafiliación se cruzan y combinan: el repudio hacia un uso nacionalista del pasado fundacional como el que habían efectuado los regímenes militares, la desconfianza contemporánea frente a los grandes relatos y la consiguiente reticencia ante la narración de la historia colectiva, la conexión casi inmediata con la poco prestigiosa nueva novela histórica—o la aún menos prestigiosa ficción histórica al estilo Sudamericana—, la polarización alegoría/realismo que divide al campo intelectual de la posdictadura y, sobre todo, —como registra la proliferación de escritos académicos en torno al testimonio, el duelo y la narrativa postraumática—el viraje hacia la representación de la dictadura como fuente privilegiada (casi la única) para pensar la relación entre cultura, política e historia. Alejándose de toda una tradición interpretativa, en las últimas décadas la representación contemporánea del siglo XIX ha sido leída sobre todo como una decisión estética a tono con el auge de la nueva novela histórica, como una reelaboración meramente artística de la tradición nacional o como un diálogo con el canon literario más o menos desligado del presente de escritura. Se han analizado los juegos que entabla Aira con los indios ranqueles de Mansilla, los guiños del chileno Roberto Bolaño hacia los relatos consagrados de la gauchesca rioplatense y la irreverencia lúdica con la que Martín Kohan relee a Echeverría; pero se ha atendido poco a las implicaciones políticas de este fenómeno de reescritura y a su relación particular con la coyuntura (de crisis) en la que surge.[3] Aquellas pocas veces en que se ha interpretado esta reemergencia como simbólica de lo social ha sido para proponer una lectura en clave metafórica de la dictadura militar—una lectura en la que el pasado lejano se convierte en una alusión oblicua al pasado reciente, en una denuncia oblicua de un momento difícil de representar.[4]

Aunque es cierto que, sobre todo en los comienzos de la redemocratización, las narraciones mismas dan pie para esta lectura en clave metafórica, esta línea interpretativa pasa por alto la complejidad de la aparición ficcional del siglo XIX en la cultura contemporánea; descuida las implicaciones ideológicas y políticas del resurgimiento del pasado fundacional. *¡Bernabé, Bernabé!*, la novela que Tomás de Mattos publica en Uruguay en 1988, es un buen ejemplo en este sentido. El texto recrea la matanza de los charrúas a principios del siglo XIX a través del relato de una mujer de clase alta que, a pesar de su posición social, duda de las razones oficiales del exterminio. Desde su lugar periférico, la narradora expone y al mismo tiempo pone en tela de juicio las voces de su entorno, aludiendo a la conexión entre los asesinatos y los orígenes del Estado-nación uruguayo. A pesar de que fue escrita a comienzos de la redemocratización, las lecturas de la novela casi se agotan en la puesta de relieve de su función metafórica: el paralelo entre la violencia del siglo anterior y la violencia de la última dictadura; la narración del pasado remoto como recurso para la denuncia oblicua del régimen militar. Aunque es de la creación de esta analogía que depende el entramado de la novela, la lectura meramente metafórica resulta, cuando menos, limitada. En plena disputa por el referéndum sobre la ley de caducidad y por el sentido de la noción de democracia después del primer gran revés de la historia uruguaya, la indagación en los orígenes violentos del Estado-nación supone y excede la simple metáfora—así como también la metáfora debería exceder, una vez caída la dictadura, la necesidad de denuncia figurada. En definitiva, *¡Bernabé, Bernabé!,* que se escribe en 1988, se interpreta a partir de las mismas claves con las que se lee *Respiración artificial,* la novela en la que Ricardo Piglia revisa hacia el final de la dictadura argentina algunas figuras típicas de la tradición nacional. Aunque en las dos novelas—en la de Piglia y en la de Tomás de Mattos—el siglo XIX alude de manera oblicua a la dictadura militar, las connotaciones ideológicas y políticas de la ficcionalización del pasado fundacional van más allá de esta conexión metafórica. Hay algo más que una metáfora en la reaparición literaria de los orígenes violentos de la democracia uruguaya en plena transición democrática, y hay algo más que una alusión oblicua a la dictadura en el resurgimiento de la figura del letrado en plena negociación posdictatorial de una ética intelectual. La reemergencia del pasado lejano excede la voluntad alegórica; el regreso a este momento histórico no responde a una simple moda genérica; la irrupción de la historia fundacional no se agota en un juego meramente artístico con la tradición nacional.[5]

Es este hueco interpretativo el punto de partida de mi análisis: *Crisis y reemergencia* se sostiene sobre la hipótesis de que, en la ficción contemporánea, el siglo XIX es la dimensión narrativa que registra (y contribuye a) la reformulación del campo cultural que se realiza en la región en las últimas décadas; una reformulación que comienza con la crisis posdictatorial. La idea, aunque poco explorada, no resulta tan rara: si la irrupción de las dictaduras militares desestabilizó el campo cultural del Cono Sur—puso en crisis el rol del intelectual, las garantías de la representación y los cimientos del relato nacional—no es extraño que en la literatura posdictatorial reaparezca aquel momento fundacional en el que se gestaron la nación, el intelectual y la representación.[6]

Sobre todo desde los noventa, a partir de las lecturas pioneras de Benedict Anderson y Homi Bhabha, el discurso académico ha venido insistiendo en el rol del siglo XIX como lugar de gestación de las relaciones entre nación, literatura y política que han marcado el continente. Es durante el siglo XIX que, como señalan Julio Ramos, Doris Sommer y Ángel Rama, la literatura ocupa un lugar fundamental en la demarcación de las fronteras simbólicas del Estado-nación, en la configuración de sus proyectos políticos y en la delimitación de las figuras discursivas que lo sostienen—desde el letrado que escribe, ordena y gobierna hasta aquellos sujetos (el indio, el negro, el gaucho, el caudillo) que por contraste resultan cruciales para el trazado de las fronteras. Es la narrativa decimonónica la que—como se encargan de enfatizar Jens Andermann, Graciela Montaldo o Mary Louise Pratt—, a la par que describe y representa, *produce* el espacio nacional. Y son estas prácticas discursivas del siglo XIX las que, como dirían Hernán Vidal, David Viñas o Beatriz González-Stephan, han estado ligadas a la consolidación del liberalismo y han configurado su ensamblaje narrativo.[7] En otras palabras, sobre todo desde los noventa han ido surgiendo varios estudios que, en conjunto, pusieron de relieve que el siglo XIX, más que un período histórico con límites temporales precisos, es aquello que, siguiendo a Michel Foucault, voy a llamar una "formación discursiva": un "sistema de enunciabilidad" que dicta la aparición de determinados enunciados, las relaciones entre ellos, la creación de objetos de discurso, las modalidades enunciativas y las reglas de formación conceptual (41–145). Es decir, y apelando al más clásico de los ejemplos, el *Facundo* es una narración decimonónica no tanto porque está fechado en 1845 sino sobre todo porque está articulado por—y a su vez contribuye a articular—ciertos enunciados, modalidades enunciativas y reglas de formación conceptual propias del siglo XIX: la dicotomía civilización/barbarie, el binomio campo/ciudad, la tensión entre escritura y oralidad, la descripción del paisaje como configuración simbólica del territorio nacional, la posición del letrado como traductor y del gaucho como el "otro" contra el que definirse, etcétera. En este sentido, los límites son mucho más tenues y flexibles de los que una división cronológica clásica dictaría. Entendido como una formación discursiva, el siglo XIX desborda los cien años: comienza antes de 1800 y se extiende mucho más allá de 1899.

Es precisamente esta formación discursiva la que entra en crisis después de la dictadura y la que la ficción contemporánea registra y reformula. De ahí que aquello del siglo XIX sobre lo que las narraciones vuelven diste de ser homogéneo. A veces, como decía, los relatos ficcionalizan hechos históricos: la matanza de los charrúas, el sitio de Montevideo, las guerras civiles en la época de Balmaceda. Otras eligen poner en escena a algún personaje con un referente real: Artigas, Bernabé Rivera o San Martín. Otras veces simplemente se alejan del relato histórico para emprender la reelaboración de ciertos tópicos que circulan el discurso decimonónico: *El sueño del señor juez* diseña un escenario en el que indios, gauchos y letrados disputan los sentidos de civilización y barbarie; en *Los cautivos* un narrador adiestrado traduce al lector los saberes de la pampa; en *Un episodio en la vida del pintor viajero* los malones y el paisaje organizan (y desencajan) la trama. Muchas veces—casi siempre—los relatos vuelven también al siglo XIX para reescribir un texto previo: *La cautiva,* el *Facundo,* el *Martín Fierro.* Tópicos, textos anteriores, eventos reales y héroes nacionales; en la literatura contemporánea el siglo XIX importa menos como marco histórico que como sistema de enunciabilidad. Importa menos como época pasada que como sitio de gestación de aquellas coordenadas discursivas sobre las que se han anclado las relaciones entre narrativa, política y nación. Más allá de la particularidad de cada relato, lo que la ficción contemporánea registra y reformula son los componentes básicos de aquella formación discursiva que llamamos "siglo XIX." Y, al hacerlo, no sólo vuelve legible su condición de formación discursiva sino que también vuelve visible su continuidad.

Ahora bien, si atendemos a la lectura ideológica de las formaciones discursivas propuesta, entre otros, por Terry Eagleton—es decir, si acordamos en que toda formación discursiva es inherente a una formación ideológica determinada (48–50)—y si acordamos en que aquella formación discursiva que es el siglo XIX se inscribe dentro de la formación ideológica del liberalismo, podría pensarse que la reescritura de la ficción contemporánea se liga directamente con la crisis del (neo) liberalismo en la región. Es decir, cuando la ficción desplaza y vuelve legibles los componentes básicos de la formación discursiva decimonónica, desplaza y vuelve legibles también los componentes ideológicos del (neo)liberalismo. Muestra su continuidad, documenta su permanencia, y al mismo tiempo (al exhibir y poner al desnudo sus coordenadas básicas) contribuye a su crisis como ideología. Tal vez sea por eso que, aunque este fenómeno comienza a vislumbrarse hacia el final de la dictadura, es durante los noventa que (como deja bien en claro la narrativa de César Aira en Argentina) tiene su punto de eclosión.

Mi libro examina entonces la ficción contemporánea de Argentina, Chile y Uruguay que registra y reformula aquella formación ideológico-discursiva que llamamos siglo XIX; una formación ideológico-discursiva que ha atravesado durante décadas el campo cultural y cuya crisis comienza a volverse evidente después de las dictaduras. Se centra en cómo la literatura contemporánea reescribe aquellos sujetos de enunciación y aquellas funciones enunciativas—el letrado, el caudillo, el lector—sobre las que se ha sostenido la figura del intelectual (capítulos 1, 3 y 4). Analiza la narrativa reciente que desplaza aquellos ideologemas—modernidad, democracia, ley, ciudadanía—que han estado en los cimientos del relato nacional (capítulos 2 y 5). Explica cómo se reformulan aquellos mecanismos de representación y aquellas estrategias discursivas—la analogía, la descripción, la clasificación, la comparación, la traducción—que ligan todo el sistema de enunciación (capítulos 1, 3 y 4). Mi análisis se mueve entonces en dos direcciones simultáneas. Por un lado, explora la reformulación de estos componentes básicos del siglo XIX de manera transversal: es decir, atiende al desplazamiento de sus sujetos de enunciación, de su modalidad enunciativa, de sus ideologemas y de sus estrategias discursivas en más de un capítulo. Por el otro, explora esta reformulación de manera diacrónica: es decir, examina su transformación (y expansión progresiva) desde 1980 hasta el 2001.

Así, el primer capítulo se enfoca en dos escritores que durante los sesenta y setenta encarnaron dos modelos típicos de intelectual comprometido y que, en los primeros años de la democracia, son consagrados como emblemas del intelectual posdictatorial: Ricardo Piglia, que escribe en Argentina *Respiración artificial*, la novela que será considerada el centro de la resistencia dictatorial, y Mauricio Rosencof, ex-líder tupamaro y funcionario del gobierno uruguayo del Frente Amplio, que desde la cárcel produce una obra de teatro sobre la derrota de Artigas y su exilio en Paraguay. Mi lectura se centra en el modo en que sus textos registran la crisis de las figuras del letrado y el caudillo; dos figuras que han estado en el vértice del sistema de enunciabilidad decimonónico y que, en la ficción posdictatorial, se someten a una reelaboración disparada por la necesidad de volver a definir una ética intelectual después de la caída de los proyectos revolucionarios de los sesenta y setenta. El desplazamiento de estas dos figuras discursivas—el letrado y el caudillo—cuya oposición sostiene la relación entre el intelectual y el Estado en el siglo XIX revela las contradicciones ideológicas a las que se enfrenta la renegociación de una ética intelectual en el contexto de la posdictadura. Contradicciones que inauguran una nueva época en la literatura argentina y que establecen las líneas simbólicas que recorren el imaginario del Frente Amplio en el Uruguay de Tabaré Vázquez y de Pepe Mujica.

"Construcciones a gran escala: La redefinición de la identidad nacional" (el capítulo 2) explora las conexiones entre la representación literaria del siglo XIX y la crisis de dos de los ideologemas que han sostenido históricamente el relato nacional de Chile y Uruguay: el de la "democracia ejemplar" y el de la "modernidad." Estos ideologemas que fueron la base de la consolidación del Estado-nación liberal vuelven a surgir en los discursos oficiales de los gobiernos de la transición y reciben su contracara ficcional en *¡Bernabé, Bernabé!* y en *El viaducto*, un melodrama en el que Darío Oses entrecruza el socialismo de Allende con la caída del gobierno de Balmaceda hacia finales del siglo anterior. La novela de Oses, parodia de un típico romance fundacional, ocupa una posición conflictiva en el Chile de los noventa y se convierte así en un documento privilegiado de las tensiones de la redemocratización: se publica con fondos del gobierno de la Concertación en la editorial impulsora de la nueva narrativa chilena, pero propone una mirada escéptica tanto de algunos emblemas enarbolados por este mismo gobierno como de algunos símbolos fundantes de la izquierda nacional. La última parte del capítulo lee la "versión definitiva" que Tomás de Mattos realiza de su novela en el 2000 como un signo que anticipa un cambio de sensibilidad en la coyuntura posdictatorial: de la redemocratización a lo que voy a llamar la "post-redemocratización."

El capítulo 3 es, de algún modo, un punto de inflexión dentro del libro. Aborda la aparición del siglo XIX como metarrelato en la narrativa de César Aira; narrativa que, podría decirse, condensa mi hipótesis central. Sobre todo a partir de los noventa, las novelas de Aira, haciéndose eco del fenómeno que recorre el campo cultural, se plantean como una "arqueología" (Foucault) que vuelve visibles los componentes del siglo XIX como sistema de enunciabilidad: sus figuras básicas, sus modalidades enunciativas y las estrategias discursivas (la traducción, la clasificación, la analogía, la descripción) que ligan todo el sistema. La ficcionalización de estos componentes, construida a partir de la simulación y el desplazamiento de los típicos relatos de viaje decimonónicos, resulta en una especie de manual que gran parte de la narrativa posterior utiliza para crear sus propios relatos. A través de un recorrido que comienza en el *Moreira* de los setenta y termina en *La liebre* y *Un episodio en la vida del pintor viajero*, textos que Aira escribe durante la década del noventa, leo la emergencia metaficcional del XIX a partir del cambio de sensibilidad aludido en el capítulo anterior, el de la post-redemocratización. A pesar de que muchas veces se lo ha leído como "ahistórico," el cariz metanarrativo del pasado fundacional sólo puede entenderse como un índice histórico: es al mismo tiempo un documento de la victoria de los noventa y una manifestación de su fracaso como ideología.

"Perspectivas dislocadas" (el capítulo 4) analiza la literatura de uno de los discípulos de la metaficción airana que se ha convertido en una figura central de la cultura latinoamericana, especialmente después de recibir el premio Herralde: Martín Kohan. Me interesa sobre todo cómo en la ficción de Kohan la tensión entre las expectativas de lectura y su frustración revela la existencia de un lector-cómplice que en los noventa neoliberales cumple una función enunciativa similar (una función de delimitación y exclusión de sujetos sociales) a la que cumplía en el siglo XIX. La llevada al límite de esta tensión no sólo registra la continuidad de una función enunciativa sino que abre al mismo tiempo la posibilidad de su reformulación. Kohan organiza este juego de tensiones a partir de una parodia de la ficción histórica tipo Sudamericana y, por ende, se apoya en el proceso de mercantilización de la cultura editorial propio de los noventa. De ahí que mi análisis se detenga en el diálogo incómodo que sus textos establecen con la colección "narrativas históricas," en particular con aquellas novelas que hirieron la sensibilidad nacional al sugerir que por las venas de José de San Martín corría sangre indígena. Una lectura ideológica de este diálogo incómodo pone de manifiesto los valores, supuestos y creencias de gran parte de los argentinos en un momento de fuerte transformación sociocultural que trae al centro del discurso (quizás por primera vez en la historia del país) una hipervisualización de las diferencias raciales, étnicas y de clase.

El último capítulo, "Un camposanto sin límites," tiene a la crisis del 2001 como trasfondo y aborda dos reescrituras del *Martín Fierro: El sueño del señor juez,* del argentino Carlos Gamerro, y "El gaucho insufrible," un cuento del chileno Roberto Bolaño que la editorial Anagrama publica en España en el 2003. En la novela de

Gamerro—mezcla de payada y fantasía—irrumpen una dimensión experimental y una dimensión utópica que contradicen la lógica del género gauchesco, exhiben el contenido ideológico de los conceptos de "ley," "nación" y "ciudadanía," y anticipan un nuevo momento histórico. En el cuento de Bolaño, un Sur metatextual y translingüístico (epílogo de aquel que imaginó Borges en 1944) funciona como una alegoría del fin del siglo XIX como formación ideológico-discursiva y como una fantasía de religación de literatura y política que excede las fronteras nacionales, aludiendo a un fenómeno regional. Testigos del agotamiento y precursoras de un nuevo momento, es con estas narraciones producidas al calor del 2001 que se cierra mi libro.

Lo que hace de una imagen un índice histórico no es tanto, dice Walter Benjamin, el hecho de que pertenezca a un momento preciso, sino sobre todo el hecho de que se vuelva legible en un momento preciso. Así, aunque el siglo XIX ha sido siempre una formación ideológico-discursiva, podría decirse que es en la literatura contemporánea que se vuelve legible como tal (a tono con la intuición benjaminiana de la conexión entre crisis y legibilidad). Aunque no es la primera vez que se reescribe y parodia el pasado fundacional—basta con acercarse a la ficción de Borges para comprobar esta falta de originalidad—, la literatura contemporánea lo hace de manera más extendida: reescribe y desplaza las coordenadas de todo un sistema de enunciabilidad. Es esta emergencia del siglo XIX como "sistema desplazado" en la ficción contemporánea—es esta reciente legibilidad—la que invita a una interpretación política de la representación narrativa del pasado fundacional después de las dictaduras (a diferencia de la típica interpretación posdictatorial). A través de una construcción diacrónica de la representación del siglo XIX en la literatura de las últimas décadas, mi libro busca poner de relieve el modo en que el pasado fundacional se ha convertido en esta especie de sistema desplazado, de formación discursiva en crisis. Mis análisis textuales apuntan así a una contribución triple: definir las coordenadas básicas del siglo XIX como formación ideológico-discursiva, mostrar su continuidad (y, en este sentido, aportar al esclarecimiento de las conexiones entre el liberalismo y el neoliberalismo)[8] y exponer cómo el campo cultural de las últimas décadas desarrolla su reformulación.

En un artículo que reflexiona sobre cómo debería leerse el siglo XIX desde el siglo XXI, Graciela Montaldo sugiere la creación de una "máquina de desagregación" que sea el reverso de aquella "máquina para leer" el siglo XIX propuesta por Josefina Ludmer en la década del noventa; una máquina de desagregación que desarticule aquellas coordenadas a partir de las cuales Ludmer proponía conectar la literatura decimonónica con el Estado y la política ("La desigualdad" 14–44). De algún modo, el recorrido de este libro sugiere que esa máquina de desagregación con la que Montaldo invita a una renovación del discurso académico ya ha sido puesta en marcha por la ficción contemporánea. Que casi en el mismo momento en que Ludmer planteaba una máquina para leer el siglo XIX, la literatura—como un reverso del discurso académico—planteaba ya una máquina para su desagregación. Atender a este recorrido me parece fundamental, no sólo porque el pasado fundacional se ha vuelto, en pleno bicentenario, un territorio conflictivo sobre el que los gobiernos de la región disputan la legitimidad de sus proyectos políticos—disputa de la que da cuenta el debate en torno a las fechas de la independencia y el cuerpo de Artigas en el Uruguay del Frente Amplio; disputa de la que da cuenta la puja entre el gobierno y el "campo" en la Argentina kirchnerista—sino también porque obliga a repensar el rol del intelectual en la reformulación de un campo cultural en crisis. Obliga a repensar la definición de una ética intelectual en medio de la crisis del neoliberalismo y en medio de la encrucijada que plantea esta redefinición en el marco de los proyectos políticos posteriores al 2001. Pero, sobre todo, atender a este recorrido me parece fundamental porque obliga a estar alerta frente a las nuevas manifestaciones del nacionalismo que, contra todo pronóstico, parecen haber resurgido en el discurso de la región.

Capítulo uno

Letrados y caudillos

La renegociación de una ética intelectual

> Todo adquiere sentido si es posible reconstruir las analogías entre lo que se quiere explicar y otra cosa que ya está juzgada y escrita.
>
> Ricardo Piglia
> "Notas sobre *Facundo*"

Es imposible—dice Fredric Jameson—enfrentarse a un texto de manera inmediata, fresca, como si fuera un objeto en sí mismo. Los textos nos llegan siempre como algo ya leído; algo que enfrentamos a través de capas sedimentadas de interpretaciones previas (*Political Unconscious* 9). La observación de Jameson, aplicable incluso a aquellos textos nuevos sobre los que nada hemos leído y a los que, sin embargo, nos enfrentamos a partir de una serie de hábitos interpretativos necesariamente previos, resulta doblemente acertada para acercarse a *Respiración artificial.* Escrita en Argentina hacia el final de la dictadura militar, erigida casi enseguida como centro de la "narrativa de resistencia," la novela de Ricardo Piglia no sólo ha sido leída, discutida y analizada incontables veces, sino que inauguró—o logró cristalizar—la tradición interpretativa desde la que se ha leído a partir de los ochenta la literatura posdictatorial. Texto sobre el que se han sedimentado varias capas de lectura, texto que a su vez ha sedimentado varios hábitos de lectura; este doble movimiento hace de *Respiración artificial* uno de los textos menos legibles—menos "frescamente" legibles—del campo cultural argentino. Quizás sea por eso que es acá donde elegí empezar este libro. Es en *Respiración artificial* donde comienza a vislumbrarse la crisis del siglo XIX como formación discursiva (y, en particular, la crisis del "letrado-traductor" como sujeto de enunciación) y es ahí también donde comienzan—o donde se revierten—los hábitos interpretativos en cuanto a la representación del siglo XIX en la narrativa contemporánea.

Podría decirse que la canonización de *Respiración artificial*, más que gestarse diacrónicamente, tiene un punto de origen bastante preciso: los encuentros de intelectuales que, apenas caída la dictadura militar, se organizan en Maryland y en Minnesota con el objetivo de analizar las transformaciones operadas en el campo cultural durante el pasado reciente y discutir las bases para una futura reconfiguración en el marco de la nueva democracia (Balderston, *Ficción y política*; Sosnowski, *Represión y reconstrucción*). ¿Cómo respondió la literatura frente a la debacle militar? ¿Cuáles son las posibilidades de la narración después de la crisis dictatorial? ¿Cómo se articulará la relación entre el quehacer intelectual, la política y la nueva forma de gobierno? La novela de Piglia, publicada en el país durante el Proceso, ofrece respuestas a estos interrogantes y se convierte en el centro de las lecturas de la redemocratización. Otro tanto ocurre en Uruguay con *"…Y nuestros caballos serán blancos,"* una obra de teatro que el dirigente tupamaro Mauricio Rosencof escribe en la cárcel como preso político de la última dictadura militar. Ni bien se publica—una vez que vuelve la democracia y su autor es liberado—el texto se convierte en epítome de la narrativa resistente y Rosencof en la figura intelectual más emblemática de la escena posdictatorial. Aunque la obra, a diferencia del resto de su producción teatral, se estrena mucho después de su aparición original (recién en el 2011), desde 1986 ha sido reeditada en cuanta antología del teatro uruguayo contemporáneo se haya compilado. Además de en su proceso de canonización, los dos textos coinciden en su apelación al pasado fundacional: la novela de Piglia reconstruye la figura de Enrique Ossorio, un miembro ficticio de la generación del 37 que es al mismo tiempo secretario privado de Juan Manual Rosas y conspirador en contra de su gobierno, y que acaba suicidándose en el destierro. En la obra de Rosencof, un Artigas vencido y encarcelado en Paraguay narra a su hijo la historia de su derrota y del sitio de Montevideo.

Atendiendo sobre todo a sus condiciones de producción, las primeras lecturas críticas de los textos fundan las líneas interpretativas del siglo XIX que recorren el campo cultural posdictatorial: al poner en el centro de la narración a dos personajes marginados de la política y expulsados de la esfera pública, el pasado fundacional permite aludir de manera oblicua al presente de escritura. Las referencias a Artigas alegorizan la situación de Rosencof cautivo y sugieren el terror que rodea a la nación (Maggi 72; Mirza 87–97).

Los personajes de *Respiración artificial*—con Enrique Ossorio en el centro—denuncian de manera figurada el contexto dictatorial en un momento en que la alusión directa resulta imposible (Newman 209–19; Balderston, "El significado" 109–21; Halperín-Donghi, "El presente" 71–95; Saer, "Historia" 271–74), hablan de la situación marginal del intelectual durante el Proceso (Masiello, "La Argentina" 11–29; Morello-Frosch, "Biografías" 60–70; Demaría, "La prolijidad" 65–82) y exhiben la imposibilidad de narrar (Sarlo, "Política" 30–59; Avelar, "Máquina" 177–200; Colás). A través de Walter Benjamin, que ya había impactado en América Latina en los sesenta pero que a partir de los ochenta se convierte en una de las figuras centrales en la reorganización del campo cultural, la representación narrativa del siglo XIX se lee sobre todo en clave alegórica: como una metáfora de la dictadura en tiempos de censura o como un índice del fracaso del relato—de la imposibilidad de una representación realista de la historia, de lo ilusorio de cualquier discurso totalizante, de la incapacidad de asir el sentido de lo real. Metáfora o índice del fracaso, la representación textual del pasado fundacional se mide en relación con el presente de enunciación; es la base de una analogía cuyo objetivo último es el presente de enunciación (la denuncia de sus ribetes ocultos o la exploración de su impacto sobre la narración, el intelectual o el relato).

Mi análisis se corre de esta interpretación en clave presente—interpretación que de algún modo termina por cancelar la discusión sobre la futura reconfiguración nacional y acelera cierta clausura del pasado reciente—y rescata la dimensión proléptica que la representación del siglo XIX instala en la narración (dimensión de la que la metáfora y la imposibilidad son un primer paso y un paso necesario). A partir de este pequeño desplazamiento temporal, leo los dos textos como respuestas simbólicas frente al problema de la ubicación del intelectual en la posdictadura—y en este sentido, como retomaré en la conclusión del libro, mi lectura se basa en la afirmación del contenido dialéctico de la noción de alegoría. *Respiración artificial* y *"...Y nuestros caballos serán blancos"* registran la crisis de las figuras decimonónicas del letrado y el caudillo—figuras que han hecho posible la consolidación del siglo XIX como sistema de enunciabilidad—y ensayan una reelaboración que se liga con la necesidad de redefinir una ética intelectual para la redemocratización, una vez caídos los modelos de intelectual comprometido imperantes en los sesenta y setenta.[1]

1.1. La gran saga familiar: El intelectual y la posdictadura en *Respiración artificial*

> ¿Construiremos a dúo la gran saga familiar?
> ¿Volveremos a contarnos toda la historia?
>
> Ricardo Piglia
> *Respiración artificial*

Cartas que bucean en la memoria familiar, relatos que recogen diálogos en los que otras personas evocan sus recuerdos; *Respiración artificial* es, como señalan las primeras lecturas de la novela, una compilación de biografías ficticias de sujetos marginales narradas de manera indirecta.[2] Sabemos sobre Marcelo Maggi, el historiador que intenta reconstruir los últimos pasos que da Enrique Ossorio en 1850, a partir de las cartas que entre 1976 y 1979 cruza con su sobrino Emilio Renzi, un escritor que no puede escribir. Nos enteramos de la vida de Tardewski, un conde polaco discípulo de Wittgenstein devenido en profesor de estudiantes fracasados, a través de su propia voz que aparece filtrada por el relato de Renzi. Luciano Ossorio, un ex-senador paralítico que hila sus discursos en el vacío, narra los recovecos de su juventud y su narración nos llega en diferido, recuperada por la carta que Renzi escribe a su tío. Es en el relato de Marconi, un escritor de sonetos que ha quedado relegado a las páginas de un diario de provincias, que irrumpe la historia de una mujer que intenta en vano publicar sus poemas; una historia que Tardewski repite para Renzi cuando éste viaja a Entre Ríos en busca de su tío. La novela de Piglia traza de manera indirecta una genealogía de la derrota, expone las vidas residuales de aquellos que han quedado al margen de la historia oficial y descompone la pregunta que inaugura la narración ("¿Hay una historia?" [13]) en una serie de respuestas parciales, fragmentarias, que vuelven imposible una única explicación. Esta ruptura del hilo narrativo, que ha sido leída como una alegoría de la pérdida de sentido instalada por la realidad de la dictadura—y al mismo tiempo como una toma de posición frente a la lógica totalizante del discurso oficial—no es el único registro de la situación que rodea a la novela. Desde historias aparentemente banales que se intercalan en la trama (como la de Goñi, que asesina a sus propios hermanos clavándoles una aguja en la garganta) hasta frases ambiguas que irrumpen en las cartas ("Hay otros ahí, al fondo de un pasillo, piso de tierra apisonada" [80], "Pero de eso no te escribo, por las dudas" [84]), el texto alegoriza en múltiples instancias su presente de enunciación. Enrique Ossorio, la figura decimonónica sobre la que gira la novela, condensa esta doble vertiente de la alegoría—la imposibilidad y la metáfora—y cristaliza las coordenadas de lectura del siglo XIX que de ahí en más recorren la posdictadura. Exiliado en Nueva York a causa de Rosas y muerto como traidor en las periferias del poder oficial, es una cifra del lugar marginal al que quedan relegados sujeto y narración en épocas de represión. *Respiración artificial* apela a una estrategia que al parecer se ha vuelto recurrente en la cultura anti-dictatorial: como *Camila,* como *La malasangre*, como *Juanamanuela mucha mujer*, narra el pasado fundacional como sustituto del acto de narrar el presente, como un modo de establecer una analogía con una realidad que (no sólo por cuestiones de censura) no puede referirse directamente.

"Todo adquiere sentido si es posible reconstruir las analogías entre lo que se quiere explicar y otra cosa que ya está juzgada y escrita" (15), dice Piglia en "Notas sobre *Facundo*," ensayo contemporáneo a la novela que, al mismo tiempo que analiza el libro que inaugura la literatura argentina, brinda todas las claves para leer *Respiración artificial*. Leyendo a Sarmiento, Piglia exhibe su propio procedimiento: el rosismo, como ningún otro período de la historia nacional, actualiza enseguida un consenso de repudio. La mazorca, los degüellos y los fusilamientos se almacenan como metáforas del horror en el imaginario argentino.[3] La analogía con Enrique Ossorio, un proscripto del XIX que porta en la ficción rasgos reconocibles de algunos de los miembros de la Asociación de Mayo, permite referir por transitividad la última dictadura militar. "Ahora ya soy todos los nombres de la historia. Todos están en mí" (69), reconoce el mismo Ossorio en una de sus cartas y, además de confirmar este cariz alegórico, señala la morfología temporal que hace posible la construcción analógica del relato: la recursividad del pasado. El personaje sólo puede servir de nexo entre los tiempos si el pasado se repite; el rosismo sólo puede remitir a los setenta si la historia, como sugiere la novela, se recicla. Como si la mención a Ossorio no fuera suficiente evidencia, la organización de la trama se encarga de llevar la recursividad temporal al centro de la estructura narrativa: las cartas que Ossorio escribe en el destierro hacia 1850 se intercalan con las cartas escritas por un grupo de exiliados en los setenta hasta que el límite entre las dos series se vuelve indecidible. Finalmente, las fronteras acaban por borrarse y cuesta decidir si la novela entera es la narración fragmentaria de la vida de Ossorio que Renzi organiza a partir del descubrimiento de sus cartas en 1979 o una novela epistolar que Ossorio planeaba escribir en el exilio y a la que pensaba titular *1979* ("construir un relato donde sólo se presenten los posibles testimonios del futuro en su forma más trivial y cotidiana … El Protagonista encuentra [tiene en su poder] documentos escritos en la Argentina en 1979. Reconstruye [imagina] al leer cómo será esa época futura" [82–83]). En *Respiración artificial* cada una de las historias—la de 1850 y la de 1979—sólo puede narrarse, como observa Idelber Avelar ("Máquina" 177), a partir de la otra; cada uno de los relatos es alegoría del otro.

Es precisamente la construcción de esta morfología temporal la que instala en la narración una dimensión proléptica que no ha sido demasiado atendida y que me interesa rescatar. Si, por un lado, la lógica temporal obliga al lector a vincular pasado y presente, por el otro, apunta necesariamente hacia el futuro. La insistencia en la recursividad hace que el relato no se detenga en el momento de su escritura, sino que abre sentidos hacia adelante; anticipa y señala cómo será la realidad por venir: "Pienso: he descubierto una incomprensible relación entre la literatura y el futuro, una extraña conexión entre los libros y la realidad. Tengo solamente una duda: ¿podré modificar esas escenas?" (99). Al sugerirse una analogía basada en la recurrencia temporal se incorpora también una dimensión proléptica: la novela relee el pasado, alude al presente y, mediante la captura de estos dos momentos, se abre hacia el futuro. En una relación intertextual con los escritos de Walter Benjamin sobre la historia—escritos que se diseminan una y otra vez en la superficie de la narración—, Piglia recoge aquellos fragmentos residuales que, al leerse más adelante, formen metonímicamente una constelación temporal; que, al volverse legibles, conecten diferentes momentos y organicen una causalidad histórica diferente a la de la versión oficial.[4] Esta lógica de entrelazamiento temporal queda plasmada en el uso de la cita como texto central de la novela. Como señala Santiago Colás, y como fantasea Tardewski en Entre Ríos, *Respiración artificial* es un libro hecho enteramente de citas: citas que enmarcan los capítulos, citas que—como las de Benjamin—se entretejen en el relato, y citas que configuran los discursos de los personajes, que nunca hablan de manera directa sino que son "citados" siempre por otros personajes. La cita condensa tres temporalidades: al traer a colación un fragmento del discurso pasado, funciona como el futuro del pasado referido y plasma también un presente que puede ser actualizado más adelante. El término en español, observa Colás, engloba esta triple dimensión: "cita" remite tanto a un enunciado anterior que se evoca (se "resucita") desde el presente como a un llamado para un encuentro futuro. Si atendemos a la prolija lógica temporal que delinea la novela, los escritos de Ossorio, que en 1850 aluden a la inminente caída de Rosas y anticipan el escenario post-Caseros, no sólo alegorizan el presente de escritura, sino que sugieren también la necesidad de discutir los lineamientos de una futura reconstrucción nacional. No sólo remiten—por transitividad—al contexto de la dictadura, sino que traen también al centro del relato la coyuntura posdictatorial.

La dimensión proléptica que se aloja en esta lógica temporal cristaliza en la pregunta que formula uno de los exiliados de los setenta en la que probablemente sea la frase más citada de toda la novela: "¿Quién de nosotros escribirá el *Facundo*?" (Piglia, *Respiración artificial* 77). ¿Quién de nosotros escribirá el *Facundo*? ¿Quién será capaz de, al mismo tiempo, descifrar el "enigma" argentino y fundar las bases de la nueva nación (posdictatorial)? La pregunta registra la doble dimensión—alegórica y proléptica—del relato a través de la referencia a aquel texto que inaugura esta doble dimensión en la cultura argentina: la historia de Facundo Quiroga alegoriza el presente de Rosas y sienta las bases de la reconfiguración nacional después de Caseros. En este sentido, Piglia rescata cierta vertiente fundadora de la alegoría que, observa Rita De Grandis leyendo a Doris Sommer, inscribe su novela dentro de la línea más clásica de la literatura latinoamericana (275–92). En la formulación de esta pregunta se condensa el subtexto ideológico de la posdictadura; en ella se resumen aquellas contradicciones sociales sobre las que gira la novela y que se resuelven simbólicamente mediante la apelación al ensayo de Sarmiento.

"El *Facundo* remite a una ordenación de lo real que en los setenta parece una empresa imposible" ("Política" 48)—contesta Beatriz Sarlo, y articula la respuesta con la que generalmente las lecturas críticas han saldado el interrogante y han dejado así de lado una interpretación más extendida de la representación del pasado fundacional en la novela. Es también a partir de esta premisa que Marta Morello-Frosch, en uno de los únicos artículos que abordan en más detalle la relación Piglia/Sarmiento, propone leer el ensayo sobre Quiroga como el contramodelo sobre el que se construye *Respiración artificial.* Desde su perspectiva, el *Facundo* no es simplemente un modelo previo que se desecha (como sugiere el diagnóstico de Sarlo), sino un modelo al que el texto regresa, pero esta vez para invertir por completo. Si Sarmiento conjuraba la otredad, Piglia le adjudica al "otro" un valor central. Si Sarmiento reunía la heterogeneidad para crear una visión totalizante y extraer un significado general, Piglia coloca la heterogeneidad en el centro del relato y deja que los excluidos asuman su propio discurso y su propia historia. En la novela de Piglia—al revés que en el ensayo de Sarmiento—el imperativo de cambio social no se delega en un grupo de élite, sino en sectores sociales más amplios, generalmente marginados del relato oficial (Morello-Frosch, "Opulent" 347–57).

Aunque estoy de acuerdo en que Piglia rompe con la lógica explicativa del modelo sarmientino—ruptura de la que, como se verá, depende la redefinición de la ética intelectual que se aplica en la novela—, quisiera proponer que la relación entre los dos textos no se resuelve en la mera oposición. El ensayo de Sarmiento no es un modelo acabado que la novela viene simplemente a desechar o invertir. Es cierto que el *Facundo* remite a una ordenación de lo real que, como dice Sarlo, en los setenta parece una empresa imposible; pero en *Respiración artificial* se hace necesario remitir al *Facundo* para dar cuenta de esa imposibilidad. Es cierto que Piglia le adjudica al "otro," como dice Marta Morello-Frosch, un valor central; pero no son los "otros" los que hablan directamente en la narración—lo que ubicaría a *Respiración artificial* en la línea de la literatura testimonial—sino que hay un intelectual (de élite) que ficcionaliza la otredad. Ni modelo cerrado, ni contramodelo; el *Facundo* es el paradigma narrativo previo sobre el que trabaja *Respiración artificial* para articular su propuesta; una propuesta que se construye a veces sobre la inversión, pero otras veces sobre la recuperación y el desplazamiento. Atender a la reescritura particular del *Facundo* sobre la que se asienta *Respiración artificial*—y que se plasma en la pregunta citada—ilumina las connotaciones ideológicas y políticas que la representación del pasado remoto asume en la novela de Piglia.

I

"A veces ... pienso que somos la generación del 37. Perdidos en la diáspora. ¿Quién de nosotros escribirá el *Facundo*?" (Piglia, *Respiración artificial* 77). La pregunta, lanzada dentro de la novela que ha sido consagrada como centro de la narrativa de la resistencia precisamente debido a su condición no exiliar de enunciación, suena contradictoria y hasta burlesca. Mediante la apelación al ensayo de Sarmiento, *Respiración artificial* parece impulsar un replanteo de la agencia del intelectual exiliado en un llamado a la formulación de un nuevo proyecto político que, como el de la generación del 37, se diseñe fuera del territorio nacional; y, sin embargo, la novela de Piglia se afianza como nuevo punto irradiador de la literatura argentina sin cumplir con esta condición básica. En la novela, que se ubica en el centro del canon anti-dictatorial precisamente porque se escribe *dentro* de los límites geográficos de la nación, el exilio ocupa un lugar privilegiado y explícitamente valorado: es gracias a la lejanía territorial que los personajes (Ossorio, Renzi, Tardewski) comprenden la historia nacional y son capaces de escribir sus propias utopías políticas. La apología textual del exilio (calificado de costumbre honrosa en una de las cartas [77]) contrasta con el lugar físico de escritura hasta el punto que hace dudar del sentido de este elogio, cuyo tono cuesta decidir si burlesco, celebratorio, metafórico o simplemente cuestionador de una distinción extraliteraria. En realidad, esta primera aporía con la que nos enfrenta la novela trae al centro del relato las contradicciones ideológicas que circulan en el campo cultural después de la dictadura.

Hacia 1980 el campo cultural se encuentra doblemente fracturado: al exterminio, la censura y el destierro se suman las disputas inherentes a la comunidad intelectual respecto de haberse quedado en el país o haberse ido al exilio.[5] Los alcances de la polémica se hacen sentir especialmente en los encuentros de Maryland y Minnesota, donde lo irreconciliable de las posturas (para una, la censura impide generar desde el interior del país un relato políticamente eficiente; para la otra, solamente desde adentro la narrativa se vuelve resistente) divide las ponencias. El conflicto no es menor y reviste la mayor de las importancias si se tiene en cuenta que es, entre otras cosas, en la ruptura de la comunidad intelectual que la dictadura militar asentó sus esfuerzos de desmantelamiento de la esfera pública. En este sentido, la representación del exilio en la novela da un primer paso hacia la recomposición de lo fracturado a partir de saldar simbólicamente el debate que enfrenta a la intelectualidad posdictatorial y profundiza el quiebre. Si la fisura del campo intelectual obstaculiza la posibilidad de pensar un proyecto colectivo, su reparación (mediante la conciliación de las instancias de "resistencia" y "exilio") la restablece al menos en el plano simbólico. Independientemente del sentido que se le adjudique al elogio en la novela, *Respiración artificial*, a tono con el proyecto de *Punto de Vista*—revista a la que Piglia pertenece en ese momento y que apuesta por una reconfiguración cultural a partir del contacto con los intelectuales exiliados en México—cancela la disputa adentro/afuera y vuelve la polarización inútil. Es, de hecho, consagrada como modelo por los que "se quedaron," y al mismo tiempo es uno de los únicos textos vernáculos reivindicados como modelo por los que "se fueron."[6]

La recomposición de los lazos de la comunidad intelectual no se agota en la intervención sobre el problema del exilio. Sostenida sobre un tejido de referencias, alusiones y guiños hacia la tradición literaria nacional, *Respiración artificial* funciona además como el "entre nos" del grupo y restablece una primera persona del plural ("Quién de *nosotros*") en el vértice de la reconfiguración del espacio nacional. Una vez más, las "Notas sobre *Facundo*" iluminan la estrategia: como Sarmiento, Piglia escribe su texto como una "contraseña entre ilustrados" (16). El epígrafe en francés con el que empieza *Facundo* establece dos marcas inaugurales: al tiempo que abre la narración, delimita su público: el que es capaz de leer sin traducción, el que sabe interpretar, el que puede descifrar el código. También *Respiración artificial* se abre con un epígrafe en otra lengua ("We had the experience but missed the meaning. An approach to the meaning restores the experience"; "Tuvimos la experiencia, pero se nos perdió el significado. Un acercamiento al significado restaura la experiencia"), firmado solamente por las tres iniciales que refieren a T. S. Eliot. Como Sarmiento, Piglia "escribe para no ser entendido" o, mejor dicho, diseña su propio público a través de la escritura. "Historia de citas, referencias y alusiones culturales que sostienen la autoridad del escritor" (Piglia, "Notas" 16), los dos textos se escriben simultáneamente con la intención de esquivar y subvertir el poder oficial, y de nuclear a la comunidad intelectual a partir de reforzar sus códigos. Sólo un pequeño grupo puede comprender el relato y ser interpelado por la narración; un grupo reducido de lectores que vuelve a construirse y a legitimarse gracias a esta interpelación.

Ahora bien, después de la crisis dictatorial y después de la caída de los modelos de intelectual comprometido propios de los sesenta y setenta, la reconfiguración del campo cultural no pasa únicamente por la consolidación de un grupo tambaleante y por el restablecimiento de sus vínculos simbólicos, sino que exige también una redefinición de la tarea intelectual. En este sentido, la pregunta alude al restablecimiento de una agencia colectiva, pero también indica la urgencia por repensar las condiciones de posibilidad de la labor intelectual. La pregunta es tanto de índole referencial como de índole ética. Supone tanto una reflexión en torno a la refundación de la *comunidad* intelectual, como una reflexión en torno a la refundación de la *figura* del intelectual. Esta segunda acepción nos enfrenta con la segunda gran aporía que registra la novela: ¿Cómo es (cómo debe ser) el intelectual capaz de escribir el *Facundo* a fines de los setenta? ¿Cómo es (cómo debe ser) el intelectual capaz de refundar la nación e intervenir en la esfera pública cuando ni siquiera hay una esfera pública en la que intervenir? ¿Cómo es (cómo debe ser) el intelectual capaz de redefinir la propuesta de Sarmiento cuando la dictadura militar acaba de exponer las contradicciones de aquel proyecto liberal alentado por Sarmiento?[7] *Respiración artificial* se sitúa frente a estos interrogantes a partir de un doble movimiento que, a primera vista, resulta paradójico: la recuperación de las condiciones de enunciación del *Facundo* y el desplazamiento de su modalidad enunciativa.

Es en la imposibilidad de ser un escritor en la Argentina del siglo XIX que Sarmiento, dice Piglia en otro de sus ensayos sobre el autor ("Sarmiento" 127–44), encuentra las condiciones de posibilidad de una escritura política. Es la imposibilidad de la autonomía total del espacio literario—que no puede, en plena etapa de formación nacional, desgajarse de la política; que se encuentra, previo a la profesionalización del escritor, inevitablemente contaminado por la política—lo que hace del ensayo de Sarmiento la piedra angular de la cultura y la historia argentinas. Y, al mismo tiempo, el *Facundo*—como *El matadero*, como *Amalia*—se origina en la derrota de la política; empieza ahí donde la política falla; se escribe porque la política fracasa. Como diría David Viñas, el *Facundo* (y la literatura argentina) empieza con Rosas; nace en oposición a la política rosista. Y es en esta oposición (y en la imposibilidad de deshacerse de ella) que encuentra las condiciones de enunciación de una escritura política.

Hacia el final de la dictadura militar, y contra lo que podría esperarse, las condiciones de enunciación del *Facundo* no les son del todo ajenas a *Respiración artificial* y se alojan en el centro de sus mecanismos narrativos. Es también en la imposibilidad de la autonomía de la literatura—efecto paradójico de la estricta separación de lo público y lo privado impulsada por el programa militar—que el relato encuentra las condiciones de posibilidad de una escritura política. En medio del desmantelamiento de la esfera pública y frente al vacío de discurso instalado por la represión y la censura, la palabra escrita puede resonar aún más como palabra política. La forzada autonomía del espacio literario acaba por volver imposible su total autonomía. En el plano de la ficción este planteo cobra forma en el contrapunto entre Emilio Renzi y Marcelo Maggi, entre el escritor que idea novelas basadas en la memoria familiar y el historiador que propone una "mirada histórica" que indague los pliegues de la historiografía oficial. Entre Renzi y Maggi, entre la literatura y la historia, la novela habla—incluso desde la simetría estructural—de la imposibilidad de desligar los dos planos, de la imposibilidad de un relato privado que no esté siempre atravesado por la historia colectiva, de la imposibilidad de la autonomía completa del espacio literario—certeza que, como se verá más adelante, genera un punto de inflexión en la trayectoria de Renzi y marca el nacimiento del "intelectual posdictatorial" en la novela. Por otra parte, *Respiración artificial* no sólo encuentra sus condiciones de enunciación en la inseparabilidad de la política, sino que además se origina también en el fracaso de la política (fracaso que a finales de los setenta es, cuando menos, doble: el de la política oficial y el de la política de la izquierda intelectual). Como el ensayo de Sarmiento, el relato de Piglia ubica su discurso en la periferia del poder oficial y hace de la marginalidad el centro de su apuesta.

Es, de hecho, la aserción de esta marginalidad la que permite una resolución preliminar a la que identifiqué como la segunda gran aporía de la novela (¿Cómo escribir el *Facundo* a fines de los setenta? ¿Cómo redefinir a Sarmiento en plena dictadura militar?). El Sarmiento de *Respiración artificial* no es el que ha devenido con el tiempo en el centro del canon nacional, sino el Sarmiento del momento de escritura del *Facundo*—el desterrado, el expatriado, el expulsado del territorio nacional, el que escribe desde los márgenes de la política oficial. "Alguien, un crítico ruso, el crítico ruso Iuri Tinianov, afirma que la literatura evoluciona de tío a sobrino (y no de padres a hijos)" (19), dice Renzi en alusión a aquella hipótesis de los formalistas rusos que recorre todo el relato. La serie literaria evoluciona de tío a sobrino; las formas marginales se convierten con el tiempo en formas hegemónicas; el canon se construye sobre lo que en una época anterior ha sido lo reprimido, lo residual, lo desechable. El ensayo escrito por el Sarmiento marginal y proscripto es el que se convertirá diacrónicamente en el pilar del canon nacional. En plena dictadura, obligado a la periferia, Piglia cifra su propia apuesta (de canonización, de inserción en la escena cultural, de intervención política) en esta trayectoria. Lejos de desechar a Sarmiento y simplemente clausurar un modelo agotado, Piglia opta por descentrarlo, por poner de relieve aquellas facetas que el proceso de canonización ha necesariamente borrado. Como señala Laura Demaría en *Argentina-S,* su libro sobre la relación de Piglia con la generación del 37, es en un doble movimiento de acercamiento y manipulación, de ruptura y continuidad, que Piglia sugiere una relectura de la tradición liberal a partir de una exploración ficcional de las zonas olvidadas del programa de los fundadores de la Asociación de Mayo.

Es entonces en la recuperación de las condiciones de enunciación del *Facundo* (de la imposibilidad de su autonomía y de su ubicación periférica respecto del poder oficial) que *Respiración artificial* sienta las bases de su apuesta narrativa. Pero, en medio de la dictadura y ante la evidencia de los límites del proyecto liberal con el que se asocia a la figura de Sarmiento, la novela no puede (no debe) ser un reflejo especular del modelo sarmientino. Quizás sea por eso que el texto de Piglia rescata las condiciones de enunciación del ensayo de Sarmiento pero reformula (y registra la crisis de) su modalidad enunciativa.

II

Si *Respiración artificial* se ha convertido—por su exceso de legibilidad—en el texto menos legible de la literatura posdictatorial, parte de esa ilegibilidad radica en que obliga a releer los textos menos legibles de la tradición nacional. El comienzo del *Facundo*—probablemente el comienzo más leído de toda la literatura del siglo XIX—es un buen ejemplo de este exceso de sentido.

> A la América del Sur en general, y a la República Argentina sobre todo, le ha hecho falta un Tocqueville, que, premunido del conocimiento de las teorías sociales, como el viajero científico de barómetros, octantes y brújulas, viniera a penetrar en el interior de nuestra vida política, como en un campo vastísimo y aún no explorado ni descrito por la ciencia, y revelase a la Europa, a la Francia, tan ávida de fases nuevas en la vida de las diversas porciones de la humanidad, este nuevo modo de ser que no tiene antecedentes bien marcados y conocidos. Hubiérase entonces explicado el misterio de la lucha obstinada que despedaza a aquella República; hubiéranse clasificado distintamente los elementos contrarios, invencibles, que se chocan; hubiérase asignado su parte a la configuración del terreno, y a los hábitos que ella engendra; su parte a las tradiciones españolas, y a la conciencia nacional, íntima, plebeya, que han dejado la Inquisición y el absolutismo hispano; su parte a la influencia de las ideas opuestas que han trastornado el mundo político; su parte a la barbarie indígena; su parte a la civilización europea; su parte, en fin, a la democracia consagrada por la revolución de 1810; a la igualdad, cuyo dogma ha penetrado hasta las capas inferiores de la sociedad. (Sarmiento 2)

Después de dejar en los baños del Zonda aquella marca en carbón sobre la que—(mala) traducción mediante—se plantea la dicotomía que organizará de ahí en más la cultura argentina, Sarmiento comienza a desatar el "nudo que no ha podido cortar la espada" y expone al lector las razones de su escrito. Vuelvo una vez más a esta exposición, aun bajo el riesgo de la repetición, porque es ahí mejor que en cualquier otra escena donde se condensan las estrategias discursivas que definen la modalidad enunciativa del texto y con él, como dice Diana Sörensen, de toda una "formación cultural" (7).

En el resto del libro, como si hubiera sido ese Tocqueville premunido de conocimiento científico con el que fantaseaba en la introducción, Sarmiento penetra en el interior de la política argentina; explora y describe el territorio virgen; explica, clasifica y asigna su parte a cada uno de los elementos que lo componen; y finalmente revela los antecedentes que causaron ese nuevo modo de ser desconocido para la humanidad. Apoyándose en el discurso de las ciencias naturales—en particular, como señala González Echevarría, en el discurso de los viajeros científicos (220–58)—Sarmiento organiza el *Facundo* en torno a tres estrategias discursivas básicas e interrelacionadas: la clasificación (con su ejemplo emblemático en la tipología gauchesca: el rastreador, el baqueano, el cantor, etcétera), la analogía (Buenos Aires–Córdoba; gaucho-beduino; gaucho-Quiroga; Quiroga-Rosas), y la causalidad geográfica y temporal (tierra-sujeto; pasado-presente). Estrategias discursivas que no se circunscriben a Sarmiento ni se ponen de manifiesto solamente en el ensayo que encabeza el canon de la cultura nacional, sino que son propias de aquel sujeto de enunciación que durante el siglo XIX ocupa un lugar privilegiado en el proceso de construcción del Estado-nación, el letrado. En rigor, podría decirse lo que la introducción del *Facundo* no hace más que poner en evidencia: que el letrado, más que un individuo concreto de carne y hueso (Domingo Faustino Sarmiento, Juan Bautista Alberdi o Andrés Bello), es aquello que, siguiendo a Foucault, podemos llamar un "sujeto de enunciación"—es decir, una función enunciativa determinada por su posición particular dentro de una formación discursiva; posición que depende a su vez, como ya enfatizaron sobre todo Julio Ramos (*Desencuentros*) y Ángel Rama (*La ciudad letrada*), de su ubicación privilegiada respecto del poder y de la palabra escrita. Más que un individuo particular, el letrado es ese sujeto de enunciación que, a partir de una serie de estrategias discursivas específicas (la analogía, la clasificación, la causalidad, etcétera), determina la modalidad enunciativa que compone al siglo XIX como sistema de enunciabilidad. A partir de estrategias discursivas enraizadas en la lógica de las ciencias naturales, el letrado define los elementos de ese sistema de enunciabilidad que ha permitido la configuración simbólica del Estado-nación liberal: delimita a los "otros" sobre los que se establecen las relaciones de oposición que sostienen la nación liberal, el espacio territorial sobre el que se asientan sus discursos de modernización, y la red conceptual sobre la que se inscriben su formación ideológica y su hegemonía política.[8] O, para decirlo de otro modo, el letrado decimonónico es ese sujeto de enunciación que se ocupa de "traducir" la realidad; traducción sobre la que se asienta la formación discursiva que traza el mapa ideológico del Estado-nación liberal.

Es, de hecho, a partir de esta función de "letrado-traductor" que Piglia lee en sus ensayos la figura de Sarmiento. Ya desde aquella escena inaugural en la que plasma la cita en francés que la comisión del gobierno es incapaz de comprender, el escritor se autodefine como el que puede organizar y traducir la oralidad bárbara y la cita europea. El resto del *Facundo* no es más que una repetición de esta escena inaugural: el texto entero puede leerse como la escritura que rodea, explica y desarrolla una sucesión de citas que, como la de los baños del Zonda, encabezan los capítulos y en las que se juegan la autoridad del escritor y la delimitación del "otro." Es esta condición de letrado-traductor lo que explica también la hibridez genérica que ha sido siempre señalada como su marca registrada (la capacidad de ser al mismo tiempo biografía, ensayo, novela, tratado de teoría social). Es en la manipulación de una serie de géneros fragmentados y en el control de las relaciones que se establecen entre ellos que Sarmiento encuentra el efecto de verdad que garantiza la eficacia política del ensayo. Mucho más que en su contenido, es en la organización y el manejo de los materiales que componen la narración—en el establecimiento de analogías, la comparación, la descripción, la clasificación y, finalmente, el juicio—que se configura el texto que será la base del proyecto liberal de construcción del Estado-nación.

La diferencia entre la modalidad enunciativa del *Facundo* y la modalidad enunciativa de *Respiración artificial*—donde la analogía, la comparación, el establecimiento de causas y efectos (aunque se sugieren) quedan finalmente a cargo del lector—alude a la gran pregunta detrás de la novela: ¿Cómo ser un "intelectual político" sin ser un "letrado-traductor"? Si Sarmiento, como advierte en las primeras páginas, se dedica a "coordinar entre sí sucesos que han tenido lugar en distintas y remotas provincias, y en épocas diversas, consultando un testigo ocular sobre un punto, registrando manuscritos formados a la ligera, o apelando a las propias reminiscencias ... que sirven de base a las explicaciones ... de una exactitud intachable" (4), Piglia recorre—hace el gesto de recorrer—un procedimiento similar (recoge historias orales, ficcionaliza memorias, rescata documentos perdidos), pero no llega nunca a la explicación intachable. En ese sentido, la novela se ubica en una relación de anterioridad respecto del ensayo; narra los pasos previos del relato de Sarmiento; muestra el proceso de su construcción. Más que un epílogo del *Facundo*, constituye el prefacio de su narración. Piglia presenta y expone aquellos materiales que son el reverso de la historia, sugiere analogías sobre las que puede armarse una constelación de sentido, pero deja la clausura a cargo del lector. Si el *Facundo* es sobre todo una explicación de las citas que encabezan la narración, *Respiración artificial* cita, pero no explica. "Todo adquiere sentido si es posible reconstruir las analogías entre lo que se quiere explicar y otra cosa que ya está juzgada y escrita"; el relato exhibe aquellos elementos—el *Facundo*, los textos de Benjamin, las cartas del exilio, Kafka, Arocena, Maggi y Renzi—que hacen posible que sea el lector el que juzgue, reconstruya y explique.

La discrepancia en cuanto a la modalidad enunciativa se pone de manifiesto en la estructura gramatical con la que podría resumirse cada uno de los textos. Al modo indicativo que rige el *Facundo* (plasmado en el comienzo: "A fines de 1840 salía yo . . .") y que hace de él un espacio en el que—como observa Natalio Botana—se miden diferentes teorías políticas para dar cuenta de la realidad (101–13), *Respiración artificial* le agrega una cláusula condicional (plasmada también en el comienzo: "¿Hay una historia? Si hay una historia empieza hace tres años" [13]). Quisiera sugerir que es en el agregado de esta cláusula que empieza a vislumbrarse la crisis del siglo XIX como sistema de enunciabilidad en la narrativa posdictatorial. Y, como se verá en los próximos capítulos, la diferencia entre el condicional real de la novela de Piglia ("si es, entonces es") y el condicional hipotético con las que podrían resumirse las de César Aira, Martín Kohan y Carlos Gamerro ("si fuera/hubiera sido, entonces sería/habría sido") da la medida justa del paso de los ochenta a los noventa en la literatura argentina, de la redemocratización a lo que llamaré más adelante la "post-redemocratización."

III

Ahora bien, como sugería la pregunta formulada desde el exilio de los setenta, la reescritura del *Facundo* y la reelaboración de la figura del letrado decimonónico no pueden desligarse de la coyuntura posdictatorial y de su necesidad de redefinición de una ética intelectual. En este sentido, *Respiración artificial* narra una biografía de aprendizaje que encarna en la figura de Renzi (seudónimo con el que Ricardo Piglia firmaba sus escritos). Relata el pasaje del intelectual comprometido de los sesenta y setenta al intelectual posdictatorial. Textualiza el nacimiento del intelectual de la redemocratización y muestra las contradicciones con las que se enfrenta.

Es desde esta perspectiva que vale la pena reexaminar la oposición inicial de la que parte la novela y que inaugura el recorrido hacia la conversión: la contraposición entre Marcelo Maggi, el historiador que concibe su tarea profesional como una tarea ineludiblemente política, y Renzi, el escritor que aboga por la autonomía de la literatura y para quien la historia nacional es simplemente "cuestión de estilo." La oposición Renzi/Maggi remite a la dicotomía "compromiso/forma" que tensiona el campo cultural de los sesenta y setenta. En su insistencia en la imposibilidad de desligar lo simbólico y lo político, Maggi porta todas las características del modelo de intelectual comprometido imperante en ese momento—modelo al que el propio Piglia suscribe de manera explícita en sus declaraciones públicas.[9] Renzi, en cambio, le opone al "costumbrismo y el estilo oral que hacían estragos en las letras nacionales" (16)—características que describen mucho mejor la retórica de Maggi ("la turra de mi primera mujer," "me patiné toda la plata," "siempre cagó de parada" [17])—su libro *La prolijidad de lo real*, una narración de un barroquismo exagerado, puro estilo. La contraposición termina de delinearse en las citas que los dos personajes traen a colación en sus primeras cartas: las palabras de Maggi son casi una glosa de las "Tesis" de Benjamin (la mirada histórica, la genealogía de las derrotas); mientras que su sobrino enuncia sus postulados desde el centro del formalismo ruso. Partiendo de esta oposición, el relato traza el camino que concluye en una reformulación de la ética intelectual de Renzi y que comporta una dimensión tanto espacial (de Buenos Aires a Entre Ríos) como temporal (de 1976 a 1979); una reformulación que no se define solamente a partir de la oposición inicial con Maggi, sino a partir de la oposición con cada uno de los personajes que encarnan un modelo posible de intelectual en la novela.

La "payada literaria" con Marconi al final del viaje a Entre Ríos permite diseñar este mapa de oposiciones y marca el nacimiento del segundo Renzi, del "Renzi posdictatorial." Marconi, un escritor "de un hermetismo cultivado, de una oscuridad casi maníaca" (154) que sólo lee a Borges y escribe sonetos, encarna al modelo de intelectual formalista que remite al primer Renzi y cuya aparición hacia el final resulta indispensable para señalar la trayectoria de éste y exhibir el contraste con sus primeras afirmaciones. El segundo Renzi finalmente se opone a Marconi y a su noción de estilo con su famosa relectura de la tradición literaria nacional en la que, a través del rescate de Roberto Arlt y la refutación de la figura de Leopoldo Lugones, revela las connotaciones ideológicas de esta noción y reconoce la imposibilidad de separar la literatura de lo político. Es en la refutación de Lugones que el Renzi tardío sistematiza la oposición entre historia y literatura según se presenta en la idea de estilo: "¿… cuándo aparece en la literatura argentina la idea de estilo … , la idea del escribir bien como valor que distingue a las buenas obras? Por de pronto es una noción tardía. Aparece recién cuando la literatura consigue su autonomía y se independiza de la política" (132). En su especificidad la literatura se convierte en la guardiana de la identidad nacional al cumplir su nueva misión: "preservar y defender la pureza de la lengua nacional frente a la mezcla, el entrevero, la disgregación producida por los inmigrantes" (133). Contra esta fuerza se define el esfuerzo de Lugones, cuyo "estilo" está "dedicado a borrar cualquier rastro del impacto, o mejor, de la mezcolanza que la inmigración produjo en la lengua nacional." Es decir, la especialización de lo literario se traduce en un impulso contrario a la historia y, al mismo tiempo, en un impulso irremediablemente ligado a la historia, en tanto surge como un gesto ideológico y político. El segundo Renzi se define así contra la recuperación de ese paradigma de escisión entre lo histórico-político y lo literario; paradigma que la dictadura militar pugna por instalar y que, como sugerí en la primera sección, se liga directamente con las condiciones de enunciación sobre las que trabaja la novela.

Pero el Renzi tardío no es simplemente una inversión del primero, lo que lo convertiría en un espejo de Maggi y haría del intelectual posdictatorial un sucedáneo del intelectual comprometido de los sesenta y setenta. Aunque al final de su viaje rescata la premisa de la inseparabilidad de la cultura y la política, está lejos de convertirse en un calco de su tío. Una lectura de la novela como producto (y no sólo como proceso) de la conversión del personaje permite percibir esta diferencia. La narración recorre el proceso que lleva a Renzi a redefinir su ética intelectual a partir de su encuentro con la figura de Maggi (y, a través de éste, con la de Enrique Ossorio) y, al mismo tiempo, constituye el producto final de todo ese proceso. Es decir, *Respiración artificial* puede ser leída también como el libro que Renzi escribe al final de todo su aprendizaje, después de que avanza hacia el pasado, cuando finalmente supera su bloqueo de escritor. La irrupción de la voz del personaje en los otros textos que se citan ("decía la carta" [16]; "Conoce mal la historia, me decía el Profesor, me dice Tardewski, perdón que se lo diga" [184]) exhibe este cariz retrospectivo de la narración. En este sentido, el texto que el lector tiene frente a sus ojos—con su particular organización narrativa, con su particular modalidad enunciativa—es el resultado del proceso de redefinición; es un producto del intelectual de la posdictadura.

El segundo Renzi—como queda plasmado en la organización final de la novela—encuentra, al igual que Maggi, aquellos fragmentos del pasado donde pueden alojarse las claves del presente, pero no los ubica bajo la ordenación de un discurso explicativo, sino que deja esta operación a cargo del lector. Como el Kafka que le descubre Tardewski después de la payada, el Renzi tardío está "atento al murmullo enfermizo de la historia," pero enfrenta "la imposibilidad casi absoluta de escribir" (209); elige poner en peligro "la supervivencia del lenguaje como portador de la verdad" (210). El Renzi posdictatorial se ubica, como Maggi y como Enrique Ossorio, en las periferias de la historia oficial pero, a diferencia de ellos, no juzga, no explica, ni ordena—estrategias que de hecho lo emparentarían con Arocena, el censor que intercepta las cartas de los personajes y que ha sido leído como una metáfora del entramado militar. Reformula (y registra la crisis de) la función del "letrado-traductor" como sujeto de enunciación. *Respiración artificial* narra el camino hacia la redemocratización: la muerte del intelectual de los sesenta y setenta (con la desaparición de Maggi como emblema), los límites del letrado decimonónico (con el suicidio de Ossorio como emblema) y el nacimiento del intelectual posdictatorial (el segundo Renzi, el Renzi tardío, la novela en su totalidad).[10]

"We had the experience but missed the meaning. An approach to the meaning restores the experience." ("Tuvimos la experiencia pero se nos escapó el significado. Un acercamiento al significado restaura la experiencia.") Si *Facundo* se escribe para explicar aquella cita en francés que Sarmiento bosqueja antes de partir al exilio, *Respiración artificial* se abre con una cita sin traducir y que al final del relato queda sin explicación posible. Mucho más que en la voluntad alegórica, mucho más que en una reelaboración estética de un modelo ideológico ya clausurado, es en este pequeño desplazamiento de sentido que se juegan los alcances de la representación del siglo XIX en la narrativa posdictatorial argentina.

1.2. Derrota y utopía: Las transformaciones del militante en el teatro de Mauricio Rosencof

Si en Argentina el canon de la narrativa de resistencia encarna en una novela que pone en el centro del relato a un letrado (Ossorio) y a un desaparecido (Maggi), es en una obra de teatro que pone en el centro de la escena a un caudillo y a un preso político que, como era de esperarse, encarna el canon de la posdictadura en Uruguay. La inversión es bien representativa de las diferencias en el imaginario oriental: el lugar privilegiado del caudillo y de la cultura popular (las murgas, el carnaval y el presidente Mujica como símbolos claros de esta preferencia nacional); una mayor visibilidad de los presos políticos durante la última dictadura militar. En 1984, después de once años de torturas y encierro, Mauricio Rosencof—en ese entonces líder del Movimiento de Liberación Nacional Tupamaros capturado como rehén del ejército y desde el 2005 funcionario del Frente Amplio—escribe en su celda *"...Y nuestros caballos serán blancos."* La escena inaugural plantea ya el contrapunto que sostiene el entramado ideológico y simbólico de la obra: el contraste entre Artigas viejo y su hijo Santiago. Las primeras didascalia, que indican la iluminación simultánea de los dos personajes, aluden a la contradicción fundamental sobre la que gira el texto: Santiago evoca la lucha heroica de su padre por la liberación de Montevideo; el viejo Artigas, encerrado en un calabozo durante su exilio en Paraguay, corrige esta versión triunfal y narra en cambio la historia de su derrota y del sitio de la ciudad. El cuerpo central de la obra parte de esta contraposición inaugural y compone un *flashback* mediante el cual el caudillo traza para su hijo el itinerario de su caída. Personajes puramente ficticios y personajes con referentes reales (Monterroso, Pueyrredón, Sarratea, el joven Artigas) se cruzan en el relato para poner en escena una versión de la gesta artiguista que desemboca en la soledad del exilio y en las penurias del encierro.

El cariz autobiográfico de la trama, enfatizado más de una vez por el propio Rosencof después de su liberación ("En el aislamiento de los calabozos ... la cuestión [de la derrota] empezó a aparecer en mi temática, al punto de construir una pieza en función de una escena final en la que sobre el tema dialogan dos derrotados: Jesús y Artigas" ["Literatura" 127–36]), es el punto de partida de una serie de lecturas críticas que, en consonancia con el discurso intelectual de la posdictadura, se inclinan por una interpretación en clave alegórica. Entre el testimonio y la ficción, entre la experiencia y la historia, en la obra de Rosencof encarna el nuevo paradigma posdictatorial: la apelación a la experiencia subjetiva como instancia principal de legitimación, la literatura carcelaria como emblema de la resistencia, la asunción del fracaso como soporte de la representación y la narración del pasado fundacional como metáfora del presente de enunciación. Desde la escena inaugural, las palabras de Santiago, amparadas en la ingenuidad de la perspectiva infantil, confrontan al lector/espectador con esta condición alegórica: en su relato la lucha heroica de Artigas se entremezcla con la historia de Jesucristo y acaba por aludir a la de los militantes de los setenta; a aquellos que iban a "echar a los chapetones que se habían hecho fuertes en la ciudadela" (77). A partir del primer diálogo se le ofrece al lector/espectador el glosario que le permitirá entender quiénes son los "montoneros de la Banda Oriental" (81), quién es el "Director Supremo [que] se abroga las mismas facultades que un sátrapa" (97) (mientras que Artigas es siempre el comandante emanado de la elección popular) y cuáles son los verdaderos alcances de la noticia "Palermo murió en el suplicio, General" (93). A tono con las múltiples instancias de enunciación puestas en juego en el discurso teatral, el presente de escritura no sólo se cuela de manera oblicua en los diálogos, sino que también se apodera de la representación. Durante toda una escena, por ejemplo, las didascalia marcan un redoble y un golpe que deben oírse hasta que se haga un silencio y finalmente el Gobernador anuncie: "El delincuente ha confesado" (82).

Ahora bien, la contraposición fundamental ("revolución"/ "derrota") que encarna en los dos personajes y rige la trama crea el ensamblaje sobre el que se sostiene la alegoría pero alude también, y es esto lo que me interesa rescatar, a las contradicciones ideológicas de la posdictadura. La narración en contrapunto de la lucha artiguista se convierte finalmente en un relato del pasaje de la "revolución" a la "utopía" a través de la resemantización de la "derrota." Es en este pasaje que se realizan una redefinición de la función enunciativa del caudillo decimonónico y una resignificación de la praxis del intelectual revolucionario—dos figuras que se encuentran estrechamente ligadas en Uruguay a partir de 1960, y especialmente en la narrativa de Tupamaros.

I

"La presente obra no es una obra histórica. Sin embargo se ajusta a grandes trazos a los acontecimientos del período. Es—desea serlo—un texto literario … Aspira no obstante a ser, en el plano histórico, un fresco capaz de dar para los de hoy—amén de otras intenciones—, un ayer fermental en la creación de una Patria, aún en arcilla" (73). La "Nota de autor" que encabeza "*...Y nuestros caballos serán blancos*" (y que anticipa, de paso, el creciente alejamiento de la narrativa teatral típico de la producción posterior de Rosencof) deja plasmada desde el comienzo la dimensión proléptica que la representación del pasado fundacional instala en el texto. Como en *Respiración artificial*, la reescritura del siglo XIX no sólo compone una denuncia figurada del presente (no sólo encierra "otras intenciones"), sino que interroga su prehistoria (el "ayer fermental" de los "de hoy") como punto de partida de un proceso de refundación (de "la creación de una Patria, aún en arcilla"). Una vez más, y aunque no voy a detenerme en un análisis que ya encaré con algún detalle en las secciones anteriores, es en la construcción de cierta morfología temporal que se pone en juego una dimensión proléptica que ubica a la obra en el vértice de la problemática posdictatorial. Volver hacia atrás y encontrar un pasado que sirva de base para modelar el futuro nacional; un futuro nacional para una nación que después de la dictadura ha quedado deshecha, en arcilla; la misma dimensión proléptica que enfatiza la "Nota" se vuelve ineludible en virtud de las condiciones de producción. En los ochenta, encerrado en una celda que torna imposible una participación directa en la esfera pública, Rosencof diseña un texto que probablemente no verá la luz hasta que el régimen militar haya colapsado; un texto que, de tener algún impacto, sólo podría tenerlo en diferido. Su obra es, en este sentido, el producto de un ejercicio de transferencia temporal, y este aplazamiento forzoso puede leerse más de una vez en la superficie de la narración. De ahí que—como ocurría en *Respiración artificial*—una interpretación en clave presente pierda vigor frente a una lectura del relato en el escenario posdictatorial.

La dedicatoria que abre el libro resulta especialmente significativa de la relación entre esta temporalidad y la reconfiguración ideológica que, como propuse en el apartado anterior, se lleva a cabo en la obra (la del caudillo, la del revolucionario, la de la derrota): "Para todos los que cayeron con la lanza en la mano" (73). El encabezado admite, al menos, una doble lectura: puede ser leído como una dedicatoria para aquellos compañeros de militancia que cayeron (que están con Rosencof en cautiverio, que desaparecieron o que murieron) y, al mismo tiempo, como un vocativo que apela a los futuros destinatarios de un discurso (a los compañeros de militancia que, una vez acabado el régimen militar, accedan a su obra). *Para* todos los que cayeron con la lanza en la mano: *en memoria de* los que cayeron, una obra que homenajea su lucha y su derrota; *a* los que cayeron ("los de hoy"), una obra que elabora una versión de la derrota que pueda servir de "ayer fermental" para el período posdictatorial. Además de una dedicatoria, las palabras que inauguran el libro parecen la última arenga—aquella que se pronuncia una vez que se adivina el fracaso—del jefe a sus subordinados. "*...Y nuestros caballos serán blancos*" es también la versión de la historia que produce el dirigente de los vencidos Tupamaros frente a una derrota que el desmantelamiento del grupo hacia 1972 no hace más que poner en evidencia; la versión de la historia que el ex militante de los setenta elabora en la posdictadura. La elección de la figura de Artigas no es, en este sentido, una mera arbitrariedad: el caudillo es tanto el eje de la iconografía nacional uruguaya como el pilar simbólico del movimiento Tupamaros. Cualquier nueva versión de la historia, cualquier resignificación ideológica de Tupamaros, requiere nuevamente la reelaboración de su mito fundacional.

Pero, ¿cómo era este mito fundacional? ¿Cómo era el Artigas de los Tupamaros? En un libro sobre el modo en que la figura del caudillo recorre diacrónicamente el imaginario uruguayo,[11] Abril Trigo sostiene que en los setenta conviven, a grandes rasgos, dos versiones en pugna, que aluden al mismo tiempo a dos proyectos contrapuestos de nación: la de los diferentes grupos de izquierda (cada una—la de Tupamaros, la del Partido Comunista, la de la Unión de Partidos Azucareros de Artigas—con sus propios matices específicos) y la del régimen militar. La primera—que ha sido llamada la "leyenda roja"—se gesta a comienzos de la década del sesenta y se inspira en el Artigas de la Emancipación que luchó contra las ocupaciones española y portuguesa. Es sobre todo una recuperación del costado populista del caudillo. Apoyado en las masas rurales, en "negros, indios, zambos y criollos pobres" (Trigo, *Caudillo* 199), se ve en Artigas al impulsor de una revolución basada en la repartición de tierras. Es este Artigas proto-socialista y anti-imperialista el que la izquierda uruguaya convierte en emblema de su lucha y algunas veces, como en el caso de Tupamaros, en figura legitimadora de la acción armada:

> Porque la artiguista fue una revolución agraria de hondas raíces populares. Fue ese sólido bastión de peones, gauchos, libertos

> e indios, quien impregnó de radicalismo las propuestas de la revolución. Con Artigas hubo en nuestro pueblo instancias de un alto grado de organización y ésta se fue dando a partir del pueblo mismo. Es en ese pueblo organizado y armado enfrentado fundamentalmente a una oligarquía criolla y extranjera que hallamos la primera expresión de poder popular en nuestra historia. El Movimiento de Liberación Nacional [Tupamaros] surge porque los enemigos que traicionaron el artiguismo, solo cambiaron su cara. Porque casi todo está por hacer y porque los tupamaros fueron y deben ser los custodios de ese pasado. (Píriz & Dubra 2)

El Artigas de los Tupamaros combina tres dimensiones que están en el corazón del ideario de este movimiento político: la apelación a sujetos sociales marginados (marginados sobre todo en términos de clase y de raza), la lucha por una reforma agraria, y la legitimidad de la violencia. En *La rebelión de los cañeros*, una crónica periodística en la que Rosencof reporta la vida miserable en las plantaciones de azúcar y la creciente emergencia de una conciencia revolucionaria, se cita una consigna que condensa esta imagen de manera cabal: "Para libertarse / cuando la miseria obliga, / con las armas, como Artiga, / los pobres deben alzarse" (87).[12]

Si la izquierda de los sesenta y setenta reescribe al Artigas de la Emancipación, el régimen militar recupera en cambio la imagen del héroe que se construye a fines del siglo XIX; produce una "leyenda verde" sobre los vestigios de aquella "leyenda celeste" que proclamaba al caudillo eje de la organización del Estado-nación uruguayo. Hacia fines del siglo XIX, ante la necesidad de reafirmar el Estado y consolidar la identidad nacional, se apela a Artigas como responsable de los orígenes del Uruguay independiente—a pesar de que, paradójicamente, Artigas nunca abogó por la separación de la Banda Oriental.[13] En una deliberada operación de la élite dirigente uruguaya que incluye el lanzamiento de estudios históricos[14] y la creación de un periódico que lleva su nombre, el que hasta ese entonces era un agitador y bandido se convierte en el pacificador de la campaña y en el precursor de la Constitución de 1930. El punto culminante de este proceso de canonización se pone de manifiesto una vez más en el teatro con el estreno en 1898 de *Artigas* de Washington Bermúdez, texto que pone en escena a un héroe depurado de su vertiente revolucionaria y forjador, en cambio, de la patria uruguaya. Es esta imagen del caudillo la que el régimen militar de los setenta reelabora para su propia versión:

al Artigas revolucionario propugnado por la izquierda le enfrenta un Artigas que organiza la nación apelando a sus raíces hispánicas y a la tradición cristiana, un Artigas jefe y fundador del ejército que combate las ideas foráneas que amenazan con subvertir el orden. En medio de la dictadura militar, la lucha política se refleja en una lucha discursiva por la apropiación simbólica de la figura del caudillo que se proyecta hasta en la fisonomía de la ciudad: mediante una clara imposición de su dominio material, el ejército construye un mausoleo para guardar las cenizas del héroe (Yañez 141–55).

"*. . . Y nuestros caballos serán blancos*" desplaza a la ficción el combate ideológico que se libra fuera del calabozo. Rosencof vuelve a traer al caudillo al escenario; esta vez, desdoblado: en su obra conviven el Artigas viejo que en el exilio paraguayo rumia su derrota (el que inaugura y cierra el texto) y el Artigas joven protagonista de la lucha que se evoca en el *flashback* central. Líder del pueblo, el Artigas joven del *flashback* se parece al personaje de la leyenda roja y se emparienta así con el que elabora la izquierda de fines de los sesenta y setenta. Sus objetivos primordiales—recalcados más de una vez en la obra—son la igualdad social y la liberación de la ocupación extranjera; su principal preocupación es conseguir tierras para que indios, negros y campesinos tengan ganado y herramientas para trabajar. Es el General emanado de la voluntad popular que se preocupa por su tropa y trata a sus subordinados en pie de igualdad; es el que dice recibir toda su sabiduría de su asistente, el negro Camundá, al que convierte en tutor de su propio hijo. Es también el que aboga por la necesidad de la lucha armada como medio para lograr una sociedad más igualitaria: "Aprender de la indiada. Retirarse a los montes para volver a pelear" (87).

Pero esta instigación a las armas que, a tono con la figura del caudillo retomada por los militantes de los sesenta y setenta, el personaje propugna al comienzo del *flashback* va atenuándose en el resto del texto casi hasta la desaparición: "Ese Directorio caerá"—le dice a su secretario Monterroso—"Entonces podrán constituirse los pueblos libremente y elegir su autoridad. Ésta será nuestra propuesta: República Democrática y pacto Federal . . . Que cada provincia elija a su gobernador y que éste no sea un sátrapa impuesto por la capital" (115). En su respeto por las instituciones, en su defensa de la democracia, el Artigas joven de "*. . . Y nuestros caballos serán blancos*" se va alejando cada vez más, a medida que avanza la obra, del revolucionario. La división en actos y las escenas que marcan los cortes ponen de relieve esta creciente transformación. El primer acto se cierra con una breve escena en la que el viejo Artigas arenga a las siluetas de los personajes que componen el ejército artiguista del *flashback* y que marchan hacia la lucha armada: "¡Fuego! ¡Fuego! ¡Que arda la campaña! Las pasturas, los quinchos, los sembrados … ¡Que arda! La tierra dos veces ganada, con el trabajo primero, y al fin con la lanza" (101). El segundo acto termina en cambio con una escena en la que aparecen resabios del ejército artiguista derrotado y, sobre el final, el viejo caudillo empuñando un palito y contemplándolos. La derrota del ejército artiguista narra al mismo tiempo el fracaso de la acción armada y la paulatina metamorfosis del personaje, que va perdiendo de acto en acto su condición radical de revolucionario. Esta metamorfosis que se opera en la ficción puede advertirse también en la condensada explicación de la figura del "verdadero Artigas" que Rosencof ensaya en el congreso de Maryland como preámbulo a la lectura de algunos fragmentos (precisamente el final) de su obra de teatro: "José Artigas, protagonista de la obra, fue un luchador de la independencia americana, lo que lo emparienta con Washington, Bolívar y San Martín. *Pero* a la vez fue un revolucionario social. Reivindicó los derechos del indio y fue autor de una reforma agraria" ("Literatura" 136; el énfasis es mío). Fue un luchador *pero* también el autor de una reforma sobre los derechos; es en el uso de esta conjunción adversativa que se condensa la reconfiguración ficcional (e ideológica) del caudillo. En la explicación de Rosencof puede advertirse el mismo movimiento que en su obra de teatro: el camino que va desde la izquierda de los Tupamaros hasta el nacimiento de la "nueva izquierda"; desde la izquierda como sinónimo de los ideales de violencia revolucionaria hasta la izquierda como sinónimo de reforma social (es decir, de la defensa de los derechos de las minorías y de la igualdad social dentro del marco de la política institucional).

Ahora bien, si el Artigas joven introduce ya algunas variaciones respecto del revolucionario gestado a fines de los sesenta y alude a su creciente metamorfosis ideológica, el Artigas viejo del comienzo y del final de la obra da cuenta del resultado acabado de este proceso y nos confronta con una versión radicalmente nueva del caudillo. Luego de la evocación de la derrota en el *flashback* principal, el texto se cierra con un epílogo que vuelve al calabozo en el destierro. Agobiado y desesperanzado, Artigas está a punto de morir de sed cuando se le aparece Jesucristo para resignificar su sensación de fracaso: "No hay vencidos, José. Todo es camino, todo es andar … Vencidos, vencedores, victoria, derrota. No son más que boleadoras, José. No te dejes enredar" (129). Después de un diálogo en el que se insiste en el cariz transitorio de la derrota y en su función de impulsora de sueños, el viejo Artigas vuelve a enfrentarse con dos apariciones: su mujer Melchora y su hijo Santiago. El caudillo ha aprendido la lección. En un discurso que recuerda ciertos finales de la picaresca en los que el pícaro convertido lega a sus descendientes su bagaje de experiencias, el viejo se deshace por completo de su costado guerrero para abrazar el ideal democrático y proclamar: "Tenemos que andar … andar y andar, y lo que no andemos nosotros nuestros hijos lo andarán … Habrá escuelitas blanqueadas … Todos tendrán una parcela que arar … sembrando amigos … y en los fogones habrá aromas de pan" (132). En las palabras del personaje resuena la conocida definición de la utopía que esboza Eduardo Galeano y que se convierte casi en un *slogan* del discurso posdictatorial de izquierda: "Ella está en el horizonte. Me acerco dos pasos, ella se aleja dos pasos. Camino diez pasos y el horizonte se corre diez pasos más allá. Por mucho que yo camine, nunca la alcanzaré. ¿Para qué sirve la utopía? Para eso sirve: para caminar" (310).

Dice Claudia Gilman que la clausura de los proyectos revolucionarios de los sesenta y setenta ocurre tan pronto como éstos comienzan a ser llamados "utopías" (56). En este sentido, podría decirse que el texto de Rosencof registra la clausura del pasado reciente. Las últimas palabras de Artigas lexicalizan el ejercicio central de la obra: el pasaje de la revolución a la utopía a través de la resemantización de la derrota. El Artigas de la leyenda roja se desdibuja frente al viejo derrotado que sólo quiere pasar tiempo con su familia; el Artigas luchador de los sesenta y setenta muta en un Artigas que sueña con escuelitas blanqueadas y con fogones de paz. El título de la obra ("*…Y nuestros caballos serán blancos*") cierra el diálogo y concluye el texto en boca de Santiago, empalmando directamente con la escena del principio en la que el niño narraba la entrada triunfal del joven Artigas a Montevideo montado en un bagual blanco. Si en la primera escena su padre derrotado le hacía ver que el caballo blanco había sido en realidad un burro (corrección cuya magnitud ideológica sólo puede apreciarse en el contexto de la producción general de Rosencof, en la que el símbolo del caballo va siempre asociado a la idea de la revolución); en la última, Santiago logra imponer su versión, pero introduciendo una dimensión de futuro (los caballos no "eran" blancos, pero lo "serán"). El Artigas de acción se disipa frente al Artigas soñador; el Artigas revolucionario se desvanece frente al Artigas utópico. En la cárcel, apresado por el régimen militar, el vencido dirigente de los Tupamaros da a luz una nueva versión del caudillo: el "Artigas posdictatorial."

II

Es en el contraste entre *denial* ("negación") y *theatricalization* ("teatralización") que, señala Anne Ubersfeld, el discurso teatral encuentra su especificidad y la posibilidad de una interpelación al espectador (25). Al revés de lo que ocurre con el lenguaje cinematográfico, hay ciertas características del lenguaje teatral—el uso de personas reales como soporte de la puesta en escena, la presencia ineludible de la escenografía y del recorte espacial que la hace posible, lo evidente de su condición de representación (esta vez, en el doble sentido de *representation* y *performance*)—que generan en el espectador una sensación de inverosimilitud que concluye en lo que Ubersfeld llama "negación." Desde el comienzo de la obra, el público ubica aquello que se despliega frente a sus ojos en el dominio de lo irreal, en el orden de la ilusión, en la esfera de los sueños; coloca aquello que ve sobre el escenario detrás de un imaginario signo menos. Ahora bien, es en la puesta de manifiesto de esta negación—en su teatralización—que el discurso teatral encuentra las condiciones de posibilidad de su interpelación. Es en la puesta en escena de esta inverosimilitud y en la exhibición del carácter ilusorio de la representación (a través de ciertos efectos de música e iluminación, a través de la interrupción de la fluidez escénica, a través de esos momentos de teatro dentro del teatro que pueden rastrearse en más de una obra) que el discurso teatral produce una tensión que puede acabar en la toma de conciencia del espectador. Es aquí que se juega la paradoja brechtiana: el punto de mayor identificación con el espectáculo es al mismo tiempo el punto de mayor distancia; y es este doble proceso de acercamiento-distancia que lleva a su vez al espectador a alejarse de sus condiciones reales de existencia y, eventualmente, a ponerlas en cuestión. En palabras de Ubersfeld, así como la sucesión de dos signos negativos resulta en un signo positivo, la identificación de la negación resulta en la des-identificación del espectador; des-identificación sobre la que gran parte del teatro (especialmente del teatro político) cifra su apuesta de interpelación (23–28).

Es desde esta perspectiva que tiene sentido examinar la diferencia que *"... Y nuestros caballos serán blancos"* introduce dentro de la producción general de Rosencof y las connotaciones ideológicas de esta diferencia. Antes de ser encarcelado, y sobre todo durante los sesenta, Rosencof fue una de las principales figuras del teatro militante uruguayo a partir de una serie de obras en las que la dimensión pedagógica del discurso teatral se veía acentuada por cruces deliberados con la política y la historia. Contemporáneo de aquellos movimientos culturales que, como el Tercer Cine, buscaban angostar las mediaciones entre el campo político y el campo simbólico, el teatro militante de Rosencof se planteó desde un principio como una extensión necesaria de su praxis revolucionaria, ubicándose sobre todo en la línea del "realismo reflexivo"—estética que apuntaba a la captación de aquellos elementos que permitieran poner al desnudo el funcionamiento del esqueleto social y enfatizar las conexiones entre causalidad colectiva y responsabilidad individual, especialmente a partir del uso de lo que Philippe Hamon llama "personaje referencial" (citado en Pelletieri 32).[15] Tal vez sea "La valija," una versión reelaborada de "Pensión familiar," la obra paradigmática de este período de su producción cultural. En este texto de 1964 un grupo de personajes venidos a menos convive en una pensión de segunda categoría con Patrone, un vendedor que promete llevar en su valija la fórmula del sueño realizado. Como en el relato sobre Artigas, en el escenario se entremezclan una dimensión de pasado y una dimensión de presente. Cada uno de los personajes es sometido a un desdoblamiento temporal: a veces, como ocurría con el caudillo, se divide en dos versiones (una vieja y una joven); otras veces se ve confrontado simultáneamente con elementos que pertenecen a las dos dimensiones. Esta constelación temporal—en la que pasado y presente se mezclan y confunden en un mismo escenario—marca el contrapunto entre el sueño anhelado (introducido por la dimensión del pasado) y el sueño fracasado (puesto en evidencia por la realidad del presente). Es a partir de la tensión entre negación y teatralización que se configura este contraste entre los personajes y sus sueños:

> La pensión se convierte en un cabaret a medialuz. Sobre un costado surge un estrado. Sergio, de esmoquin, se adelanta al micrófono ... La orquesta ejecuta un fox lento. Sandra canta como si llevara en la mano un micrófono, mientras se pasea por las mesas vacías de la pensión, donde supone que hay público ... Finalizada la canción se escuchan aplausos. Sandra agradece emocionada y señala a la orquesta. De pronto los aplausos se interrumpen. La orquesta calla en medio de un compás. Entra Leonora. (144–45)

Ejemplo cabal de los mecanismos teatrales que se repiten en cada escena y con cada personaje (y que culminan en el monólogo final y la muerte de Patrone), la historia de Sandra muestra el entrecruzamiento semántico que recorre la obra. Las interrupciones musicales, el cambio brusco de iluminación y la contradicción lógica que supone la aparición simultánea de personajes cuya simultaneidad es temporal o espacialmente imposible tensan al límite el carácter ilusorio de la representación (es decir, en palabras de Ubersfeld, teatralizan la negación) y producen la ruptura necesaria para la des-identificación. El espectador se ve confrontado con el mismo corte de la fluidez narrativa que experimenta el personaje; corte que marca una bisagra entre los sueños del pasado y la posibilidad de su concreción (en este sentido, y a pesar de que Ubersfeld insiste en su diferencia, los mecanismos de distanciamiento se acercan al *Verfremdungseffekt* de Brecht).[16] Si el contenido de estos sueños equivale a cada uno de los elementos del imaginario burgués (la ascensión social, el matrimonio, la bonanza económica, la estabilidad familiar), en su imposibilidad resuena una toma de conciencia de los límites de clase y un llamado a la acción. De ahí que sea Juanita, el personaje de clase baja, que toma las riendas de su situación y no espera la fórmula salvadora de Patrone, el único que carece de desdoblamiento y que escapa a la dialéctica de ilusión/desilusión.

Podría decirse que en *"...Y nuestros caballos serán blancos"* la construcción narrativa es exactamente la inversa: la tensión entre negación y teatralización registra la imposibilidad de la acción armada; la identificación de la ilusión permite la conversión de la lucha en sueño y, con ella, el pasaje de revolución a utopía. La progresión de las escenas finales trata precisamente de eso. El segundo acto se cierra, como mencioné en la sección anterior, con la aparición del Artigas viejo contemplando la derrota de su ejército de juventud: "(Callan. Camundá lleva el clarín a los labios. Arranca unas notas del toque de "silencio" que no puede acabar, y ruge un gemido. Crece el redoblar y entra el viejo empuñando el palito del primer acto)" (125–26). Una vez más, la disonancia musical y la aparición ilógica de un personaje que pertenece a otra dimensión temporal quiebran la fluidez narrativa y rompen con la ilusión (a partir de la puesta en escena de la negación). Pero, a diferencia de "La valija" y de las otras obras que Rosencof produce en los sesenta, esta fractura no confronta al espectador con una des-identificación que lo incita a la acción revolucionaria (incitación apenas sugerida en "La valija"; mucho más explícita en, por ejemplo, *Los caballos* o *Las ranas*), sino que lo pone cara a cara con la realidad de su fracaso.

El ensamblaje narrativo de este segundo acto prepara el terreno para la inversión que ocurre en el epílogo, donde las didascalia indican una iluminación constante que enmarca el diálogo final con Jesús y las enseñanzas democráticas que Artigas lega a su familia. Lejos de quebrar el hilo dramático y exhibir la disonancia temporal, la interacción entre los personajes (que comparten de manera simétrica el escenario e intercalan sus voces hasta formar un solo discurso) refuerza el ambiente armónico creado por la iluminación: "(El Viejo y Melchora se van aproximando. Santiago, en el medio, mira hacia uno y otro, atento, cada vez entusiasmándose más). Viejo: Aquellas colinas deben estar verdeando … Melchora: … con las margaritas en flor …" (131). No hay aquí fractura de la fluidez escénica, interrupción de la lógica narrativa o teatralización del carácter ilusorio de aquello que el espectador contempla—esta última escena se acerca, de hecho, mucho más a la empatía y la mímesis típicas del teatro aristotélico que al distanciamiento propio del épico. El sueño revolucionario se convierte (también desde los mecanismos de representación) en sueño utópico; un sueño guardado por la continuidad sin quiebre de la ilusión teatral. En este sentido, podría decirse que, si la progresión de la figura de Artigas dentro de la obra alude al pasaje desde los setenta a la posdictatura, la progresión de los mecanismos de representación traza un recorrido similar. En "The Emancipated Spectator" ("El espectador emancipado"), Jacques Rancière sugiere que, sobre todo en los sesenta y setenta, muchos dramaturgos crearon obras basadas en una suposición de desigualdad, aun cuando su propósito inicial muchas veces fuera fomentar la igualdad. Influidos por la teoría brechtiana, estos artistas concibieron un tipo de teatro orientado al distanciamiento del espectador, partiendo de la premisa de que esta distancia impulsaría un cuestionamiento que lo llevaría a la acción y, por ende, a abandonar la pasividad inherente a su condición de espectador. Esta concepción del teatro cae, dice Rancière, en la desigualdad, en tanto se sostiene sobre la idea de que el dramaturgo posee un conocimiento del que el público carece y en tanto supone una respuesta colectiva y homogénea de parte de la audiencia. Rancière propone, en cambio, un nuevo tipo de teatro que rompa con estas ideas preconcebidas y permita lo que él llama la "emancipación del espectador" (279). Un nuevo tipo de teatro que, en lugar de controlar los mecanismos de representación de acuerdo con una lógica de causa-efecto, los deje fluir teniendo en cuenta la diversidad intelectual, emocional y cognitiva del público. Es en este sentido que *"...Y nuestros caballos serán blancos"* traza una vez más el camino que lo aleja de los sesenta y setenta: cada acto se aleja progresivamente de la tensión entre negación y teatralización hasta culminar en la ilusión sin quiebres del epílogo. A medida que avanza la obra, el espectador de Rosencof va dejando—como Artigas—de ser un revolucionario y se va transformando paulatinamente en un espectador emancipado.

III

En marzo del 2010 Pepe Mujica juró su cargo frente a la estatua ecuestre de José Gervasio Artigas. A la intemperie y bajo la mirada del caudillo, explicó la elección inusual del sitio para la ceremonia a partir de la veta pluralista y unificadora del héroe: Artigas simboliza unidad nacional y latinoamericana para un "pueblo hijo de aluvión, donde no existe la discriminación de raza o de género ... Tremendamente republicano y somáticamente igualitario" ("Discurso"). El lugar elegido para la asunción no sólo da cuenta de los pilares simbólicos de la sensibilidad nacional, sino que además filia la gestión del nuevo presidente con la de su predecesor. Poco tiempo antes, Tabaré Vázquez había ubicado la figura del caudillo en el centro de dos propuestas que, en realidad, parecían apuntar menos a una relectura del héroe que a una relectura de los huecos de la historia que se habían vuelto conflictivos en el presente: la celebración del bicentenario de la independencia en el 2011 como conmemoración de la Batalla de las Piedras y el traslado de los restos del prócer a un mausoleo que no fuera el construido por la dictadura militar.

Atendiendo a la centralidad simbólica de Artigas en el marco del Frente Amplio, Abril Trigo sugiere en un artículo reciente que la gestión de Tabaré Vázquez debería leerse como el último capítulo de su libro sobre el caudillo ("De Artigas" 2). La utilización de Artigas, dice, constituye el punto máximo del proceso de legitimación del imaginema y representa una doble culminación: la de la figura del caudillo tal como se origina en el siglo XIX y la de la izquierda uruguaya de los setenta que, a través de las referencias a Artigas, ha ido dirigiéndose hacia una creciente nacionalización. En este sentido, el gobierno de Tabaré Vázquez no marcó una ruptura con el pasado nacional (como se enfatizó durante sus primeros años), sino que estableció una continuidad que el uso de la figura del prócer vino a encarnar; una continuidad con la apelación al imaginema decimonónico del caudillo como modo de legitimación y una continuidad con el discurso de la izquierda pre-dictatorial.

Aunque sin duda la representación contemporánea de Artigas encaja en una línea discursiva que hilvana la historia nacional—y que va desde lo que Trigo llamaría el "nacimiento del imaginema" a fines del siglo XIX hasta la retórica de Mujica, pasando por los inicios del Frente Amplio en 1971 y la equivalencia simbólica entre Artigas y el fundador del partido Liber Seregni—evidencia también un desplazamiento de la función enunciativa típica del caudillo decimonónico; desplazamiento que, una vez más, habla tanto de la crisis del siglo XIX como sistema de enunciabilidad como de la reformulación de la ética revolucionaria de los sesenta y setenta. A pesar de cierta continuidad discursiva y de cierta filiación simbólica, el Frente Amplio no representa la culminación sin fisuras de la figura del caudillo decimonónico y de la izquierda de los setenta; sino que registra una reformulación que no puedo más que calificar de "posdictatorial"—y este pequeño matiz diferencial me parece crucial para entender las connotaciones ideológicas de la reemergencia contemporánea del pasado fundacional y las consecuencias de aquellas lecturas que asimilan sin más los proyectos políticos posteriores al 2000 con un retorno de la izquierda. Podría decirse que es en *"…Y nuestros caballos serán blancos"* que se registran por primera vez este desplazamiento y esta reformulación en la narrativa uruguaya—de ahí que haya sido precisamente esta obra la que se eligió para que fuera representada en el marco de las celebraciones del bicentenario en el 2011.

En el prólogo del texto original queda plasmada esta doble operación: "Mauricio Rosencof eligió la violencia. Fue jefe tupamaro, tuvo su guerra, resultó vencido … La derrota puede ser invencible (eso susurra Rosencof aquí y allá). Milagrosa manera de reaccionar, manera la más delicada de encarar su condición de jefe hundido en una celda y fuera de combate; sufrió el martirio y no está rencoroso ni deshecho. Sueña" (71–73)—escribe Carlos Maggi, y condensa en este diagnóstico (más allá de su carga ideológica, en la que resuenan las tendencias más conservadoras del Uruguay de la redemocratización) la reconfiguración simbólica de la militancia política que se realiza en la narración. Respuesta ficcional a las contradicciones de la posdictadura, el texto registra a través de una resemantización de Artigas la resignificación posdictatorial de la ética revolucionaria de los sesenta y setenta; resignificación que marca un punto de inflexión en el lenguaje teatral de Rosencof (y en su ideario político: de Tupamaros al Frente Amplio). Tal vez sea por eso que la obra, mil veces reeditada, recién ahora ha sido estrenada. Quizás sea por eso que, desde el advenimiento de la democracia, Rosencof ha ido dejando de lado cada vez más la producción dramática para dedicarse sobre todo a la escritura de novelas y narrativa testimonial—cambio genérico que ya comienza a anticiparse en ciertas zonas irrepresentables de "*…Y nuestros caballos serán blancos.*"

Pero la resemantización de Artigas implica también—ligazón que nos coloca en el centro de la narrativa revolucionaria de los sesenta y setenta—una reelaboración de la figura decimonónica del caudillo. Si el letrado es ese sujeto de enunciación que, mediante una serie de estrategias discursivas específicas, marca la modalidad que hace posible la existencia del siglo XIX; el caudillo es ese sujeto de enunciación sobre el que se asientan las relaciones de oposición que trazan los límites del siglo XIX. El caudillo, como se pone en evidencia ya desde esa radiografía de la formación discursiva decimonónica que es el *Facundo*, es ese sujeto de enunciación que se opone tanto al letrado (como remarcó Sarmiento desde su escena inaugural) como a las instituciones legales y democráticas necesarias a la configuración del Estado. De ahí que, después de su desaparición física y en plena consolidación de los límites simbólicos de la nación liberal, la narrativa se ocupe de relatar (como con aquella especie más abarcadora que es el gaucho) su conversión y asimilación; conversión y asimilación que dependen de su condición previa de figura opositora. Es precisamente porque se opone al Estado-nación que el caudillo está ahora en el centro de su configuración simbólica; si se lo ubica como pilar de la nación liberal es precisamente—como muestra de manera definitiva el *Martín Fierro*, como muestran de manera definitiva las primeras obras teatrales sobre Artigas—por su condición previa de "otro" de la nación liberal.

Un mapa de oposiciones similar se repite en los sesenta y setenta: tanto el Artigas de la leyenda roja como el reivindicado por el discurso dictatorial se configuran a partir de una relación opositiva con las instituciones democráticas. El primero sienta en esta oposición las bases de una praxis revolucionaria; el otro necesita de esta inicial oposición para ser consagrado como eje de la reorganización nacional y reafirmar el discurso oficial. Desde esta perspectiva, la reconfiguración posdictatorial del caudillo que registra la obra de Rosencof (y que alcanza al discurso del nuevo Frente Amplio) marca una ruptura con la figura tradicional: ni se construye en abierta oposición a las instituciones democráticas ni reafirma un discurso legitimador de la nación liberal. El Artigas de Rosencof, a tono con las tensiones ideológicas del proceso de refundación nacional propio de la posdictadura, se ubica en el vértice de las instituciones legales y de los ideales democráticos (gran diferencia respecto del de la izquierda tupamara de los sesenta y setenta), pero reformula los componentes que están en el centro de la legitimación ideológica de la nación liberal. En "*. . . Y nuestros caballos serán blancos*"—anticipando una tendencia que, como se verá en *¡Bernabé, Bernabé!,* recorre la narrativa uruguaya posterior—la figura de Artigas permite narrar la contracara de la historia oficial, permite mostrar el reverso de la nación liberal y poner en escena a aquellos sujetos sociales marginados del relato nacional (como queda plasmado en el listado del comienzo de la obra, en el que se define a los personajes por su condición étnica o racial: gaucho, charrúa, criolla, españoles, negro).

En marzo del 2010 Mujica reafirmó la centralidad simbólica de Artigas en su carácter de figura representativa de un "pueblo hijo de aluvión, donde no existe la discriminación de raza o de género . . . Tremendamente republicano y somáticamente igualitario." La definición simbólica del nuevo presidente entronca sin duda en la tradición nacional, pero pone de manifiesto una reconfiguración ideológica—debidamente lexicalizada: "pueblo," "raza," "género," "republicanos," "igualitarios"—que, después de leer a Rosencof, no puedo más que llamar "posdictatorial."

Capítulo dos

Construcciones a gran escala

La redefinición de la identidad nacional

> To carry over the principle of montage into history. That is, to assemble large-scale constructions out of the smallest and most precisely cut components.
>
> (Llevar a la historia el principio del montaje. Es decir, armar construcciones a gran escala a partir de los componentes más pequeños y cortados con la mayor de las precisiones.)
>
> Walter Benjamin
> *The Arcades Project*

Para perpetuarse en el tiempo, dice Benedict Anderson siguiendo a Renan, toda nación necesita construir su propio relato mediante el trazado de una genealogía ("El efecto" 83). Esta operación de construcción biográfica requiere de la instauración de hitos, de la postulación de emblemas y de la configuración de héroes que le den sentido al pasado a partir del sacrificio necesario de sus "muertes políticas" (84). Así, al menos desde el Centenario, "Argentina" remite a la Revolución de Mayo, la escarapela celeste y blanca, y el Cabildo rodeado de pregoneros y patriotas con paraguas. Uruguay no sería Uruguay sin la figura omnipresente de Artigas, sin sus frases que se cuelan en los *grafitti* y se entrelazan en las letras del cancionero popular, y sin la triste historia de su exilio paraguayo y de su muerte en soledad. Chile no tendría el mismo sentido sin el viaducto del Malleco, el puente ferroviario más alto de Sudamérica, emblema de la modernidad que emerge una y otra vez en el discurso político y que compone una de las doscientas Postales Bicentenarias—fragmentos audiovisuales en los que Chilevisión intenta capturar las imágenes más representativas de los dos últimos siglos ante la inminente fecha patria. Claro que, erigida sobre un doble mecanismo de olvido/recuerdo, la permanencia de la comunidad nacional exige que sus miembros sean capaces de evocar hitos, emblemas, héroes y muertes políticas sin que sea necesario indagar del todo entre los pliegues ni explorar cada uno de los detalles. Para ser argentino no es necesario entender las diferencias entre el 25 de mayo y el 9 de julio; para ser uruguayo no hace falta—sería casi imposible—ahondar en el ideario político de Artigas; y mucho menos importante es, para ser chileno, revisar las causas del suicidio de Balmaceda. O, para poner un ejemplo que recorre los tres países, no es necesario investigar el trasfondo histórico de las muertes políticas de la última dictadura militar para sentirse parte de la identidad regional. En definitiva, la permanencia de la comunidad nacional exige que sus miembros sean capaces de referir, pero sin recordar.

Apenas comenzada la redemocratización uruguaya, y haciendo caso omiso de esta regla implícita, Tomás de Mattos emprende una relectura del relato nacional que sacude los emblemas, hace tambalear los hitos y pone en cuestión célebres muertes políticas. El resultado no se hace esperar: *¡Bernabé, Bernabé!*—la novela en la que narra la masacre de los indios charrúas hacia la mitad del siglo XIX—no sólo recibe dos premios, se reimprime cuatro veces en un año, se reescribe después de más de una década y se convierte en poco tiempo en el libro más vendido de todo el período, sino que genera polémicas que desbordan la esfera cultural y llegan hasta el parlamento. La versión irreverente de las vidas de Fructuoso Rivera, el primer presidente constitucional de Uruguay, y de su sobrino Bernabé deja sus marcas hasta en la fachada de la ciudad, a juzgar por los *graffiti* que cubren el monumento a Rivera inmediatamente después de la publicación de la novela.

Siguiendo la línea que ya prefiguraba la obra de Rosencof analizada en el capítulo anterior, esta novela de 1988 pone en el centro del relato a un caudillo (Bernabé) que, lejos de permitir un discurso legitimador del Estado-nación, alude a su contracara; muestra su reverso; exhibe los costos de su implementación. Basta en realidad con una rápida mirada al relato de Tomás de Mattos para comprobar hasta qué punto la emergencia del pasado fundacional en los textos de Piglia y Rosencof anticipaba una resolución simbólica frente a las contradicciones ideológicas de la posdictadura—mucho más que una voluntad alegórica—y registraba la crisis de ciertas coordenadas discursivas propias del sistema decimonónico. También en *¡Bernabé, Bernabé!* la resignificación del caudillo evoca las fallas del proyecto nacional liberal, y el letrado como sujeto de enunciación se ve desplazado en función de un narrador dudoso, incapaz de organizar una única explicación, y que deja la reconstrucción final de la historia a cargo del lector.

En este capítulo me interesa profundizar esta perspectiva y analizar el modo en que la ficción posdictatorial registra también la crisis de dos ideologemas—es decir, de dos unidades sociosimbólicas mínimas, de dos materializaciones de un discurso social más amplio (Jameson, *Political Unconscious* 76)—que están en la base del siglo XIX y que han sostenido durante décadas la identidad nacional en Uruguay y en Chile: el de la "democracia (ejemplar)" y el de la "modernidad." Una vez más, la resemantización de estos ideologemas apunta hacia la coyuntura política de la redemocratización y a la necesidad de redefinición de un relato nacional después de las dictaduras. Si en *¡Bernabé, Bernabé!* esta resemantización entra en conflicto con el proceso de reinstalación de las instituciones democráticas, en la novela de Darío Oses (*El viaducto,* 1994) se agrega la tensión con el discurso de los intelectuales de la izquierda post-Allende y con las premisas de la que ha sido llamada la "nueva narrativa chilena." La última sección aborda la reescritura de *¡Bernabé, Bernabé!* que se publica en el 2000 y analiza la voluntad de creación de un relato definitivo como un índice de una transformación en el imaginario de la posdictadura: de "presente democrático" a "historia democrática."

2.1. Democracia, traición y fratricidio en *¡Bernabé, Bernabé!* de Tomás de Mattos

Publicada en Uruguay en 1988, *¡Bernabé, Bernabé!* es una novela que simula el entrecruzamiento de diferentes momentos de enunciación. Se abre con un prólogo ficticio fechado el 12 de octubre de 1946 en el que se introduce a la que de ahí en más va a ser la narradora principal, Josefina Péguy. A partir de aquí, el cuerpo del relato lo componen las cartas que Josefina le envía a su amigo Federico Silva en 1885 y que refieren aquellos episodios de la vida de Bernabé Rivera que confluyen en la masacre de los charrúas en 1831–32 y en la muerte del caudillo. La organización narrativa y la modalidad enunciativa traen sobre todo resonancias de las de *Respiración artificial*: como Piglia, de Mattos construye el relato a partir de un intercambio epistolar en el que dos personajes marginales indagan los archivos familiares en busca de datos desconocidos sobre un prócer (y un traidor) del siglo XIX. También de Mattos produce un relato fragmentario en el que se mezclan voces y géneros literarios (cartas, documentos, mapas, retratos) y que no llega nunca a la clausura de una única explicación. Además, como en la novela de Piglia, el pasado fundacional establece una conexión metafórica con la última dictadura—conexión cuyas implicaciones ideológicas exceden necesariamente la voluntad de denuncia, la imposibilidad de narrar y la intervención meramente lúdica sobre el imaginario nacional. El cruce ficcional de diferentes momentos de enunciación—lo que Susana Cella llama el "espesor temporal" de la novela (121)—es el mecanismo del que depende gran parte de los sentidos de la narración; dependencia que el comienzo no hace más que enfatizar. Dice el prologuista ficticio:

> He escogido a *¡Bernabé, Bernabé!* como punta de lanza … porque me parece un texto muy cercano a estos tiempos todavía signados por las revelaciones de Nüremberg. Soy de la poco escuchada opinión de que nosotros, los complacidos ciudadanos de un país chiquito pero pacífico, no gozamos del amparo de un abismo tan vasto como un océano, para separarnos y distinguirnos de los perpetradores de los crímenes que hoy repudiamos y cuyo castigo tanto nos congratula. En todas las latitudes, si no los asisten las inflexiones que sólo puede proporcionar la duda, hay caminos que desembocan rectamente en la atrocidad. (De Mattos, *¡Bernabé!* [1988] 25)

Detrás del imaginario lector de 1946 se delinea el lector de 1988; detrás de la referencia a los juicios del nazismo, se vislumbra el debate que ocupa el centro de la escena uruguaya del momento: ¿juicio o no juicio a los protagonistas de la última dictadura militar? Y es que la novela se escribe precisamente en el momento en que va a suceder el referéndum para ratificar o derogar la "ley de caducidad" dictada en 1986 y por la que quedaron exentos de castigo quienes actuaron durante el gobierno de facto obedeciendo órdenes o siguiendo móviles políticos. Como en *Respiración artificial*, todo adquiere sentido si es posible reconstruir las analogías entre lo que se quiere explicar y otra cosa que ya está juzgada y escrita. Por transitividad, la analogía con el nazismo llena de sentido el pasado reciente—estrategia semántica en la que ha insistido la ficción del Cono Sur, desde Roberto Bolaño hasta

Mauricio Rosencof. Aunque, en el caso de *¡Bernabé, Bernabé!,* la analogía se multiplica en el tiempo abriendo toda una multiplicidad de sentidos: el acto atroz no remite sólo al exterminio de uruguayos durante la dictadura ni al exterminio de judíos durante el Holocausto, sino también al exterminio de los charrúas en 1831 y al exterminio indígena durante la Conquista (de ahí que el prólogo esté fechado el 12 de octubre de 1946). La novela narra un único asesinato que se repite y se repite y que "nos ubica, en más de una ocasión, en estratos fermentales de la realidad" (21). Si, como apunta Benjamin, ningún hecho es ya histórico por ser causa ("Tesis" 191), el prólogo reorganiza el mapa causal y forma una constelación a partir de hechos que, aunque lejanos en el tiempo y en el espacio, comparten los rasgos comunes que los aúnan bajo un mismo relato y los vuelve así históricos. El reordenamiento causal alude a un esquema histórico alternativo, a una especie de historia de las masacres administradas por el Estado.

"En todas las latitudes, si no los asisten las inflexiones que sólo puede proporcionar la duda, hay caminos que desembocan rectamente en la atrocidad"; como el prólogo no deja de explicitar, el entrecruzamiento temporal y la modalidad enunciativa instalan en el centro de la narración la dimensión subjetiva que subyace al presente colectivo de escritura: la duda—dimensión que sobrevuela toda la producción literaria de Tomás de Mattos, en la que cuentos y novelas articulan siempre una síntesis de lo jurídico y lo literario y giran por lo general en torno a un caso que se expone desde perspectivas diversas.[1] En plena disputa por la viabilidad de llevar la historia reciente al estrado, frente al cúmulo de posibilidades que se abre con la convocatoria a referéndum, la novela lleva al terreno de la ficción la polifonía propia del ejercicio jurídico—y replica también en la ficción la dualidad profesional de Tomás de Mattos, escritor y abogado.

De ahí que el relato oscile entre la verdad histórica y la verosimilitud literaria. Se construye, por un lado, exhibiendo la rigurosidad del documento—de hecho, junto con los datos de edición, el escritor ubica su obra en la línea de la historiografía: "El autor expresa su deuda con don Eduardo Acosta y Lara, cuya labor de investigación, recogida en su obra 'La guerra de los charrúas,' fue de consulta continua para la solución de muchos de los problemas que se le plantearon en esta novela" (De Mattos, *¡Bernabé!* [1988] prólogo n.p.). Y, por el otro, en su voluntad de persuasión, la narración incorpora todas las inflexiones de la perspectiva subjetiva marginal que el discurso literario hace posible. En este sentido, el personaje de Josefina Péguy, la voz principal del relato, resulta clave: hija, esposa y ahijada de célebres hombres decimonónicos, crece bajo la tutela del discurso oficial pero su condición genérica la coloca en una posición excéntrica; la convierte en una "balconeadora de la vida" (De Mattos, *¡Bernabé!* [1988] 15). Relegada como el resto de las mujeres de su época al ámbito privado, su casa, lugar de reunión de los hombres de Estado, es sin embargo el espacio que reproduce en miniatura la esfera pública. Sus ensayos, catalogados por el prologuista como "semidomésticos," gozan así de un carácter periférico que hace posible el acceso a diferentes versiones de la realidad y la puesta en cuestión de la autoridad tradicional desde el interior de su propia lógica. ¿Qué mejor que una narradora criada a la luz del proyecto oficial pero poseedora de una sensibilidad marginal para mostrar el reverso de la historia?—estrategia de representación en la que también ha insistido la ficción del Cono Sur, desde *La historia oficial* hasta *Dos veces junio* de Martín Kohan en Argentina y los relatos de Diamela Eltit y Alberto Fuguet en el Chile de la transición. El discurso de *¡Bernabé, Bernabé!* se construye siempre sobre el contrapunto entre la retórica oficial que se deja oír en las voces masculinas del entorno y los vaivenes que introducen las "femeniles disquisiciones" ([1988] 72) de la narradora.

Al contrapunto discursivo se añade el contrapunto temporal: la retórica oficial del siglo XIX se cruza con la del presente de escritura de la novela. Las razones que se esgrimen para legitimar la matanza de los charrúas se tocan con las que se utilizan para defender los crímenes de la reciente dictadura. Las oscilaciones de la narración ponen así en jaque todas las posibles justificaciones de los crímenes de Estado. La urgencia por acabar con la violencia desatada por los ahora asesinados se revela un producto de la exageración: "Todas [las cartas que nunca están firmadas] tienen un tema en común: alguna tropelía cometida por los charrúas … Pero nunca fue costumbre de los charrúas asesinar sin motivo" (57). La apelación a la necesidad histórica esconde una búsqueda de suavización de la responsabilidad individual: "Nadie podía ser responsabilizado … La suerte de los charrúas estaba echada" (56). Y el acatamiento de la voluntad del pueblo encierra privilegios parciales: "'No podés negarlo, Josefina. Al atacar a los charrúas don Frutos acató la voluntad del pueblo.' Alguna vez le pregunté a qué pueblo se refería porque juzgo que, en cualquier país, hay tantos pueblos como bandos o fracciones" (59).

Entre las posibles justificaciones de la matanza se le concede en el texto especial relevancia al argumento de la "obediencia debida"—argumento, como decía, privilegiado por la ley de caducidad. En la carta que sirve de cuerpo principal a la narración, Josefina reproduce una conversación con Gabiano, un soldado de rango menor que había participado junto con Bernabé en la masacre de los charrúas. Para explicar su actuación, Gabiano apela a una historia de su infancia que funciona como una especie de fábula intercalada. Un día su perra favorita da a luz seis cachorros. El capataz de la estancia lo obliga a elegir uno y a deshacerse del resto. Impresionado, Gabiano se niega, y el capataz le pide entonces que los meta en una bolsa y que cave un pozo. A los pocos segundos, el niño Gabiano es testigo de cómo su superior arroja él mismo el paquete al agujero y le exige que lo vuelva a tapar. El relato concluye con la reflexión del soldado: "Ya me había convencido de que si no lo hacía yo, lo haría él. Además recordé lo que siempre decía mi madre: que hay que obedecer sin preguntarse qué razón tiene el que manda" (64).

A tono con la interpretación alegórica que prevalece en la crítica posdictatorial, Susana Cella señala que esta historia intercalada obedece a la búsqueda de un modo desplazado de narrar lo inefable; surge frente a la imposibilidad de la representación. Podría agregarse que la oblicuidad de la forma resulta también en un consenso de lectura que es clave al ensamblaje narrativo de la novela. La alegoría remite a una experiencia trivial, a un hecho cotidiano al que cualquier persona podría asignarle fácilmente un referente propio. Gabiano se convierte en sinécdoque de cualquier ciudadano. Lejos de representar el terrorismo de Estado como el resultado de un designio impuesto que excede la voluntad de la sociedad civil, en la novela se cuelan alusiones a la responsabilidad que atañe a cada uno de los ciudadanos. En el relato las matanzas de los indígenas no sólo "no lesionaron la sensibilidad social de la época" (De Mattos, *¡Bernabé!* [1988] 60), sino que además fueron esperadas, alentadas y bienvenidas en silencio por la gran mayoría de la población. "¿Por qué lo hago [escribir sobre la muerte de los charrúas]?" se pregunta Josefina antes de comenzar el relato, y enseguida se responde: "Ni yo misma me entiendo ... Tan sólo sé que me asedia un impulso idéntico al que una tarde me ató a un charco de sangre, en cuyo copioso espejo, sobrevolado por las moscas, entreveía confusamente el reflejo de mi cara y del cielo" (29). La imagen que abre el relato es la misma que cierra la narración. Al finalizar la novela, el discurso de la narradora se entremezcla con el de Bernabé que, agonizante, cae sobre un charco de sangre que "muestra, por un fugaz instante, [su] propia cara ... la cara de un hombre que ya se muere y ahoga en la escasa hondura de un agua fétida y amarga, que ni siquiera lamerían los perros" (157). Los rostros se desdibujan; las marcas identitarias se intercambian y desplazan; los agentes se multiplican. *¡Bernabé, Bernabé!* involucra al lector, lo interpela con sus interrogantes y le devela su propio rostro en las causas latentes de la historia.

Ahora bien, si por un lado se despliegan una por una las razones del discurso estatal para justificar los crímenes cometidos, por el otro se exhiben con la misma meticulosidad los argumentos que hacen posible la condena del terrorismo de Estado. Una serie de documentos que se incluyen en la novela prueba la premeditación de los asesinatos y la existencia de un plan de exterminio calculado en complicidad con la comunidad internacional. La liquidación de los charrúas, caratulada de "programa civilizador" por la retórica oficial, esconde en realidad la implementación de un proyecto de modernización que apunta a la privatización de la propiedad y que es impulsado por el afán de riqueza económica. Los niños charrúas, arrancados de los regazos de sus madres, son el botín que se disputan las más encumbradas familias de Montevideo. Homicidio premeditado, asociación ilícita, búsqueda de rédito económico, privación ilegal de la libertad, robo de niños; *¡Bernabé, Bernabé!* pone en escena un simulacro de juicio, con sus testigos, sus defensores, sus fiscales. Abre la ficción a las confrontaciones discursivas que sobrevuelan el momento de escritura. Traslada a la literatura el disenso ideológico que conllevan la reinstalación de las instituciones y la recomposición de la esfera pública. En definitiva, funciona—tanto en su representación particular de la historia como en su modalidad enunciativa—como un ejercicio de diálogo democrático.

I

> La culpa del sobrino de don Frutos
> me parece tan intelectiva como la de Edipo,
> aunque su delito, como tantos del presente,
> no sea un parricidio sino un fratricidio.
>
> Tomás de Mattos
> *¡Bernabé, Bernabé!*

Si la dialéctica entre olvido y recuerdo es fundamental para la permanencia de la identidad nacional, la sensación de paralelismo—agrega Benedict Anderson ("El efecto" 92)—no es menos importante. Para ser concebida como tal, cada nación debe ser percibida como una unidad política autónoma comparable a otras unidades de la misma naturaleza; debe ser poseedora de los mismos derechos, votos y obligaciones en el ámbito internacional; y debe manifestarse como un territorio simbólico que se encuentra simultáneamente paralelo y unido a otros territorios semejantes. Independientes pero ligadas, las naciones se conectan en un vínculo comparable al que se establece entre parientes. Aun cuando emprendan entre sí la más sangrienta de las guerras, éstas se entenderán eventualmente como "guerras fratricidas" (86). Como en las peleas entre hermanos, las luchas nunca concluyen en la total aniquilación del adversario y el paso del tiempo restablece el curso normal de las relaciones. La idea de fratricidio conlleva así, al contrario de lo esperable, un "efecto sosegante" (86). Después de la pelea con el hermano se impone la reconciliación. Los lazos fraternos tienden un manto de olvido y restauran la confianza necesaria para la reinstalación del intercambio cotidiano entre pares. Anderson multiplica los ejemplos: las guerras fratricidas no sólo se registran a lo largo de la historia en conflictos entre Estados por completo diferentes sino que alcanzan su expresión más acabada en las guerras de Independencia que las colonias libran con sus metrópolis y, sobre todo, en las batallas entre los nuevos ocupantes de un territorio y sus habitantes nativos. Al bordear peligrosamente el exterminio total, en este último caso es especialmente necesario exagerar *a posteriori* la fraternidad del lazo. Es por eso que la literatura criolla americana abunda en textos que pintan al indígena desaparecido como a un antiguo hermano. En otras palabras, señala Anderson, el fratricidio no es en este contexto específico otra cosa que la resemantización de un "genocidio" (90).[2] El desplazamiento de significado alude al mecanismo de olvido/recuerdo que simultáneamente sostiene la identidad nacional y naturaliza su violencia constitutiva. La noción de fratricidio deviene una herramienta eficaz de colonialismo interno que, como registra sobre todo la literatura latinoamericana de fines del siglo XIX y comienzos del siglo XX, es fundamental a la consolidación de las incipientes democracias después de las campañas de exterminio llevadas a cabo durante el proceso de construcción del Estado-nación.

Dice Bill Ashcroft que los sitios de dominación son al mismo tiempo sitios privilegiados de resistencia (Ashcroft, Griffiths y Tiffin 125). Si la evocación—sin recuerdo—de las catástrofes de la historia puede funcionar como estrategia de perpetuación del colonialismo, también puede ser la condición de posibilidad de las "interpolaciones" (Ashcroft, Griffiths y Tiffin 126), esas apropiaciones transformadoras que impactan el discurso colonial y que, por ende, constituyen estrategias políticas y discursivas poscoloniales. Si Anderson pone al desnudo las trazas colonialistas inherentes a la noción sosegante de fratricidio, la novela despoja al término de su costado tranquilizador. Al efecto sosegante le opone un núcleo desestabilizador: la traición ("A mí aún me abochorna darme cuenta de que nuestro Estado, tan liberal y republicano, tardó menos de dos años en perpetrar una masacre que los godos no osaron cometer en más de tres siglos. Me hiere, además, que el instrumento haya sido la traición más pérfida y premeditada" [De Mattos, *¡Bernabé!* (1988) 54]). Criado bajo el ala de los charrúas, depositario de sus secretos y objeto de su afecto, Bernabé Rivera engaña y asesina—haciendo uso del privilegio de la confianza—a sus propios hermanos. Incluso le miente a aquel ahijado que lo sigue a sol y a sombra y que porta su mismo nombre. Voz que cierra varios fragmentos de la novela, "¡Bernabé, Bernabé!" condensa en un mismo significante la mutabilidad de significados que componen al caudillo a lo largo de la narración. Remite, en los comienzos del relato, al clamor que corean los charrúas admirados; luego, en la misma línea, a la voz con la que su ahijado indígena expresa su incondicionalidad; más tarde se convierte en el *mantra* que Fructuoso Rivera repite cuando lo apremia el remordimiento de la primera masacre; y deviene finalmente el grito de venganza de los charrúas que le dan muerte a Bernabé y que éste susurra como un eco intentando apresar su identidad agonizante. El sintagma abre además toda una serie de relaciones intertextuales hilvanadas por el motivo de la traición. Envía hacia *Absalom, Absalom!,* el relato de Faulkner que remite a su vez a un intertexto bíblico. En todos los casos, la traición entre hermanos es el motor de la narración. La novela de Faulkner pone en juego diversas perspectivas sobre la historia estadounidense en su afán de deslindar los motivos por los que uno de los personajes mató a su medio hermano y compañero de guerra. Como en la novela de Tomás de Mattos, el narrador principal es una mujer cuya posición marginal permite un abordaje desde la periferia. En la Biblia, Absalom es el nombre del hijo del rey David que, tras asesinar también a su medio hermano en represalia por la violación de su hermana, huye y es a su vez muerto por un general que desatiende las órdenes del padre. La traición es, en este caso, doble.

Ahora bien, si el efecto sosegante del fratricidio radica en el restablecimiento del vínculo con el hermano, la traición es el gesto que necesariamente rompe el lazo fraterno al anular la posibilidad de echar un manto de olvido sobre lo ocurrido. La traición le arrebata al concepto su dimensión apaciguadora. De ahí las explicaciones culposas que en la novela ensaya la retórica oficial encarnada en la voz del marido de Josefina:

> "Lo que hizo [Rivera], por más duro que haya sido, fue necesario, y nadie lo habría planeado y realizado mejor: las bajas fueron, verdaderamente, en uno y otro bando las indispensables." Según él [el marido], se dispersó y se disolvió, tal como se debía, a la *nación charrúa*, pero se respetó, en el mayor grado posible, la vida de los individuos. Más de una vez he oído esa afirmación. Y siempre la he puesto en duda. (54; el énfasis es mío)

Si la sensación de paralelismo es una de las condiciones necesarias para la conformación de la biografía nacional y el olvido de sus hechos de violencia, el párrafo exhibe el procedimiento a partir del cual, en el relato oficial, se naturalizan los crímenes del Estado y, con el correr del tiempo, se convierten en "muertes políticas" capaces de ser evocadas—sin ser verdaderamente recordadas—por la memoria de los ciudadanos. Los charrúas deben ser transformados en una *nación*, en una comunidad autónoma y paralela, para que se pueda poner en funcionamiento la lógica de la guerra. La novela se encarga, sin embargo, de interrumpir el próximo movimiento: la incorporación del tópico de la traición quiebra el vínculo, mina el efecto sosegante del fratricidio y desautomatiza la percepción del evento. *¡Bernabé, Bernabé!* lleva al límite la dialéctica olvido/recuerdo y desenreda las elaboraciones simbólicas que funden en un solo emblema a los asesinos con los asesinados; alude a la contracara de la consolidación del Estado nacional; pone en cuestión los orígenes de la democracia uruguaya.

Y es aquí donde se juega la gran aporía de la novela: la tensión entre el ejercicio de diálogo democrático de cara a la reinstalación de las instituciones (con el referéndum como emblema) y la visión despiadada sobre los comienzos de la democracia (con la traición como emblema). Aporía de la que da cuenta la organización formal de la narración al menos en dos instancias clave: el prolijo contraste entre polifonía y espesor temporal, y la marcada oscilación entre verosimilitud literaria y verdad histórica (explícita tanto en la nota del autor como en la mezcla genérica). Esta aporía que aflora en el centro de la narración no puede desligarse de la coyuntura ideológica de la redemocratización y de sus contradicciones: ¿cómo reinstalar la democracia después del gran revés que la dictadura militar representa para la historia uruguaya (y especialmente para la permanencia de su relato nacional)? La tensión remite sin duda a la crisis posdictatorial de aquel ideologema que ha estado en la base del sistema de enunciabilidad decimonónico y sobre el que se ha apoyado a lo largo del tiempo la biografía nacional: el de la "democracia (ejemplar)."

II

Si, como sugiere Fredric Jameson, la cultura de un período se condensa en esas unidades socio-simbólicas mínimas que llamamos "ideologemas" (*Political Unconscious* 76), podría decirse que en el de "democracia" (y, como analizaré más adelante, en el de "modernidad") cristaliza la cultura del siglo XIX. Junto con la instalación de la democracia como forma de gobierno, la formación discursiva decimonónica asiste a la emergencia del concepto de democracia como ideologema constitutivo del liberalismo (un ideologema que no debe entenderse de modo uniforme sino como el resultado variable de las tensiones y antagonismos propios de cualquier formación ideológico-discursiva).

En Chile y en Uruguay—de ahí mi interés en incluir *¡Bernabé, Bernabé!* y *El viaducto* en un mismo capítulo—la noción de democracia incorpora rápidamente nuevos significados que confluyen en el ideologema más amplio de la "democracia ejemplar." Ya desde las primeras décadas del siglo XX y en el marco del proceso de consolidación de la identidad nacional una vez formado (y "pacificado") el Estado-nación, la idea de la democracia ejemplar surge como una marca diferenciadora respecto del resto del continente. Tomás Moulián arriesga que en Chile esta emergencia no puede desligarse de la clausura simbólica de las guerras civiles de 1891. En Uruguay suele rastreárselo hasta el primer batllismo—es decir, hasta la doctrina inspirada en las ideas de José Battle y Ordóñez, presidente de Uruguay entre 1911 y 1915. Es ahí donde se construye un relato que cifra en la ejemplaridad las posibilidades de distancia y autonomía frente a los países vecinos—uno de los principales conflictos de la incipiente nación, que se debate durante todo el siglo XIX entre la dominación argentina y la brasileña. El discurso del primer batllismo, gran punto de origen del relato nacional al menos hasta la crisis dictatorial de los setenta, basa la diferencia uruguaya en el respeto por los marcos legales, la preocupación por la cultura civil y el divorcio de las esferas estatal y religiosa (la "Suiza de América," la "Atenas del Plata").[3]

De ahí que, aunque las últimas dictaduras constituyen un punto de inflexión en la percepción que todas las naciones del Cono Sur tienen de sí mismas, Uruguay y Chile sufran una desestabilización aún mayor del imaginario nacional. Y es que diacrónicamente han construido su identidad en oposición a las otras naciones de América Latina, en la afirmación de su diferencia frente a la turbulencia política del resto del continente. Sus biografías nacionales se han apoyado durante décadas en la ejemplaridad de una tradición democrática que los gobiernos de facto vinieron de pronto a alterar. Si la posibilidad de una dictadura escapaba al horizonte de expectativas de la comunidad nacional, la experiencia de los setenta conmueve los cimientos de la identidad colectiva al echar por la borda la garantía de la excepcionalidad. La dictadura confronta a las dos naciones con su marca de "latinoamericaneidad" y hace tambalear uno a uno los rasgos sobre los que habían asentado su diferencia: el Estado protector, la cultura civil arraigada, la impecable tradición institucional. Así, los primeros años de la redemocratización enfrentan a la comunidad política e intelectual no sólo con los desafíos propios de cualquier período de transición (la recomposición del campo cultural, la reinstalación de las instituciones, las decisiones sobre la implementación de la justicia, la apertura del diálogo político) sino además con la urgencia por redefinir los alcances de la noción de democracia. Aunque evidentemente esta urgencia de definición también puede rastrearse en los primeros años de la redemocratización argentina, en Chile y Uruguay el debate no es exactamente el mismo. Si en Argentina la definición pasa sobre todo por la reivindicación de un concepto que había sido completamente desvalorizado antes de la irrupción de la dictadura, en Chile y Uruguay exige una revisión a fondo de la noción que por muchos años les ha permitido trazar su genealogía nacional. Si en Argentina la discusión sobre la democracia irrumpe casi como una novedad, como una posibilidad inédita—tal vez de ahí la fuerza del concepto, el ímpetu intelectual y el espíritu especialmente optimista de la llamada "primavera democrática"—, en Chile y en Uruguay se pone de relieve como un tema de larga data que es necesario examinar y cuestionar.[4] ¿Es la nueva democracia la misma que se interrumpió con el régimen militar? ¿Tiene sus raíces, como se ha proclamado hasta el advenimiento del terrorismo de Estado, en los orígenes de la historia nacional? ¿Se encuentra realmente tan anclada en la cultura política de la comunidad? ¿Cómo se explica entonces el reciente período dictatorial?

Si el debate intelectual aborda una y otra vez estas preguntas sin alcanzar una respuesta definitiva, el discurso político de los dos gobiernos de transición apura una explicación: la pasada dictadura debe entenderse como un paréntesis que interrumpió temporariamente la continuidad de una tradición política que acaba de reencauzarse; como un accidente que detuvo sólo por un momento el flujo de la historia que acaba de retomarse; como una excepción que estorbó una regularidad que acaba de recuperarse. Puntal del período de transición, es paradójicamente la insistencia en el ideologema de la democracia ejemplar lo que resurge en el discurso oficial frente a la crisis posdictatorial de este mismo ideologema—situación no tan paradójica si se tiene en cuenta la fragilidad de la escena democrática en Chile y Uruguay, donde la transición, a diferencia del caso argentino, es el producto de un acuerdo cuidadosamente pactado con el régimen anterior.

Resolución imaginaria a una contradicción real, el *¡Bernabé, Bernabé!* de 1988 arrastra al centro del relato la coyuntura posdictatorial. Ejercicio de diálogo democrático—con su heterogeneidad discursiva, con su simulacro de polifonía jurídica—en el marco del llamado a referéndum y, al mismo tiempo, contracara ficcional de la violencia inherente a los orígenes de la democracia—con su espesor temporal, con su voz principal en las periferias de la historia oficial, con el motivo de la traición desestabilizando el efecto sosegante del fratricidio—la novela de Tomás de Mattos registra las tensiones de su momento de escritura, especialmente la negociación de aquel ideologema decimonónico que ha entrado en crisis y de cuya reformulación depende la redefinición de una identidad nacional en la posdictadura.

2.2. Revolución, modernidad y romance en *El viaducto* de Darío Oses

> Un mayordomo responde al llamado de larga distancia de la marquesa, diciendo que todo va bien, sólo que el loro murió porque agarró un resfrío cuando lo mojaron los bomberos que entraron a apagar el incendio que destruyó el castillo y que se produjo a causa de un cortocircuito de los cirios con que velaban al marqués.
>
> Darío Oses
> *El viaducto*

"La situación es normal, todo está en orden, todo funciona, la revolución marcha hacia adelante" (255), certifica Marta, uno de los personajes de *El viaducto,* refiriéndose al mandato de Salvador Allende. La respuesta a su sentencia es la breve historia que contiene la cita y que resume de manera gráfica la dirección en la que apunta el relato de Oses. La trama de la novela entreteje la historia más reciente con la de fines del XIX. El escenario principal no es sin embargo el dictatorial sino que refiere a la época inmediatamente anterior, a los últimos días del gobierno de la Unidad Popular (UP). Maximiliano, un guionista de melodramas sin trabajo y con su familia al borde del colapso, se encuentra de repente a cargo de una teleserie que un grupo de actores de izquierda quiere filmar sobre la vida de José Manuel Balmaceda, presidente de finales del siglo XIX que perdura en la historiografía chilena como el gran impulsor de la modernización nacional. La empresa cultural esconde un afán pedagógico del que Maximiliano, admirador incondicional y estudioso del período balmacedista, no está exento: usar la teleserie como una alegoría de la gestión de la UP; celebrar, en la asociación con el presidente decimonónico, la figura de Allende.

La trama pone así en juego dos líneas argumentales que terminan por cruzarse, confundirse y superponerse: por un lado, el guion de la teleserie; por el otro, los entretelones de su proceso de gestación y las peripecias de los actores y productores—militantes políticos que se enredan en sus "vidas reales" en situaciones generalmente opuestas a las que les ocurren en sus "vidas de ficción"—en el presente de la narración (es decir, durante los últimos días de la UP). El paralelismo comienza a complicarse a medida que pasan las páginas: la novela construye tanto personajes con un referente real (Allende, Rubén Darío, Balmaceda) como ficticio (personajes como Maximiliano y personajes que a su vez actúan de Rubén Darío o de Balmaceda, por ejemplo). Como si fuera poco, los actores van además sufriendo diversas suertes políticas o rebelándose contra sus destinos de ficción y su rol en la teleserie tiene que ser reemplazado o cambiado en más de una ocasión.

La disgregación de la forma tiene su contraparte en la disgregación de lo relatado: si originalmente la teleserie se había concebido como una metáfora celebratoria de la gestión de la UP, pronto se convierte en su canto de cisne, en un testimonio "por si alguien aprende algo en el próximo intento de hacer una revolución a la chilena" (28). A la par que colapsa la filmación (se corta la luz, se deshace el decorado, un actor es acusado de espía y otro [el que hace de Rubén Darío] muere en una marcha política, el que encarna a Balmaceda decide renunciar y Maximiliano tiene que hacerse cargo del papel), colapsa la "realidad" que acompaña la filmación. La violencia se deja adivinar detrás de cada gesto; la hija de Maximiliano desaparece; el golpe de Pinochet se vuelve inminente; y Allende, desquiciado, deambula por la Moneda sin saber qué hacer. El caos fractura la superficie de la ciudad: los personajes intentan trasladarse de un sitio a otro y atravesar calles en las que las huelgas, los enfrentamientos con la policía, los gases lacrimógenos, los paros de transporte y los cortes de ruta obligan a desandar tramos, trazar otros recorridos y las más de las veces impiden la circulación del espacio.

Publicada en plena redemocratización y en medio de las discusiones sobre cómo mejor representar los años dictatoriales, la mirada ácida sobre el período de Allende hace a la novela, cuando menos, conflictiva, y la coloca bien lejos de las preferencias de los intelectuales nucleados en torno a la *Revista de Crítica Cultural*—revista que desde sus comienzos en 1990 hasta su cierre en el 2008 pautó el debate sobre la posdictadura en Chile y cumplió un rol clave en la recomposición del campo cultural. De hecho, a pesar de que los números de esa época hacen un análisis exhaustivo de la narrativa de la redemocratización, no hay ni un solo artículo que se detenga en la novela de Oses.[5] Lo polémico no es solamente la representación particular de los setenta revolucionarios, sino también las condiciones de producción del relato: *El viaducto* fue escrita con un subsidio del nuevo gobierno, publicada en la editorial que está difundiendo (e inventando) la "nueva narrativa chilena"—categoría contra la que discute principalmente la *Revista de Crítica Cultural*—y construida a partir de sus pautas genéricas (el romance, el folletín, cierta estética cercana a los medios masivos de comunicación).

Tal vez sea este carácter de marginalidad tanto respecto del circuito intelectual como respecto de lo aceptable en la coyuntura posdictatorial lo que hace de *El viaducto* un espacio privilegiado en la documentación de las tensiones de los primeros años de la redemocratización. En esta sección quisiera leer la novela en el seno de estas contradicciones, o mejor dicho, quisiera leer la manera en la que estas contradicciones funcionan dentro de la novela. Me interesa especialmente atender a la emergencia del pasado fundacional (materializado en el espacio de la teleserie) más allá de la conexión metafórica con el gobierno de Allende, y leerla (en la línea de *¡Bernabé, Bernabé!*) como la dimensión narrativa que permite registrar la crisis posdictatorial de los ideologemas de democracia y modernidad.

I

En *El viaducto* el siglo XIX no sólo irrumpe como contenido temático (en el relato sobre la presidencia de Balmaceda) sino también como espacio formal, y atender a esta segunda irrupción permite un primer acercamiento a aquello que resulta contradictorio en la novela. Los capítulos que corresponden a la teleserie—que casi hasta el final se encuentran prolijamente separados del resto, como si fueran un relato intercalado que admite una lectura autónoma—componen un típico romance fundacional, en el que los enredos sentimentales de los personajes proyectan una fantasía colectiva sobre un modelo nacional ideal.[6] La narración sigue punto por punto—en lo estilístico y en lo argumental—las pautas genéricas del romance decimonónico. La acción principal se sitúa en el comedor del Club de la Reforma, en el que, al mismo tiempo que se asiste a la inauguración del gabinete presidencial, se celebran el nombramiento de Gustavo Salazar, recién recibido de ingeniero y parte del nuevo Ministerio de Obras Públicas, y su compromiso con Beatriz Aguirre. Cada uno de los invitados representa una fracción de las posibilidades de la nueva nación liberal: Gustavo ha logrado superar el suicidio de su padre después de la bancarrota de su sombrerería y se unirá a Balmaceda para generar un sistema nacional de transmisión de energía; Vicente Aguirre estudia leyes y desea ser parte del recién creado Instituto Pedagógico para formar nuevos docentes y promover la educación; y Joaquín Duarte acaba de recibirse de médico con la intención de erradicar las epidemias y fortalecer la salud pública. Como en todo romance, hay un villano que pone en peligro la estabilidad del proyecto común y echa a andar la trama: Arturo Echaurren, el jugador empedernido que vuelve de Europa para conquistar a Beatriz y que sólo se ocupa de derrochar su dinero. Encapsulado en el espacio de la teleserie, el siglo XIX se tiñe en *El viaducto* de las características que Northrop Frye ha señalado como propias del romance en uno de los estudios más clásicos sobre el género: es una fantasía utópica en la que los personajes se polarizan alrededor de una búsqueda que anticipa un futuro ideal (186–206):

> Es tarde, muy tarde, pero Gustavo sigue deslizando el escalímetro sobre los intrincados trazos de varios planos superpuestos en la mesa de dibujo. En esas líneas finísimas alcanza a imaginar las gigantescas campanas que avanzan hacia el mar … Gustavo proyecta cómo insuflarán, desde las compresoras, una poderosa corriente de aire que desalojará el agua para secar un trecho del fondo marino. Otras tuberías llevarán la luz eléctrica dentro de las campanas, para iluminar día y noche esos anfiteatros submarinos a los que descenderán veinticinco mineros para dinamitar las rocas del suelo y dejar hechas las excavaciones sobre las cua-

> les los albañiles levantarán los muros de mampostería ... A esa misma hora Echaurren apunta su taco hacia una bola blanca, lo dispara y fracasa en forma lamentable. La punta que resbala sobre la superficie lisa le imprime a la bola un movimiento errático que la lleva a chocar sin pena ni gloria en uno de los costados de la mesa. (78–79)

Gustavo y Arturo, rivales en la conquista de Beatriz, encarnan a su vez—operación propia de los romances y, sobre todo, de los fundacionales—dos tipos contrapuestos que se encuentran en pugna en plena consolidación nacional: el ciudadano de clase media que progresa por medio del trabajo y el jugador ocioso que alude a una oligarquía en decadencia que de a poco va quedando fuera del esquema social. Esta dualidad "trabajo/juego" se encuentra en la base de la "organización sémica" (Frye 187) de toda la teleserie. Es esta dicotomía el punto de referencia a partir del cual se definen los protagonistas: Joaquín y Vicente de un lado; los amigos de Echaurren del otro; e Isidro, el hermano de Beatriz, fluctuando entre los dos hasta que su muerte por deudas desencadena la catástrofe que precipita la trama. Es también la polarización que permite la construcción de dos espacios en oposición: el Club de la Reforma ("con salones recargados de lámparas, tapices y alfombras, con comedores y bares bien provistos, con bibliotecas a las que aún iba uno que otro socio a dormitar, con peluquería y baños de vapor, y sobre todo con sala de juego" [67]) y el comedor del Club de la Reforma, en el que se reúne el grupo afín al proyecto balmacedista para planear el futuro laboral de sus miembros ("un grupo que parece hermético, cerrado sobre sí mismo, ajeno a la frivolidad del ambiente" [67]). La dicotomía dicta también imágenes de movimiento y de tiempo en contrapunto que enfatizan el contraste binario: mientras que el "juego" se asocia con imágenes sin rumbo ("La punta que resbala sobre la superficie lisa le imprime a la bola un movimiento errático que la lleva a chocar sin pena ni gloria en uno de los costados de la mesa"; en el Club los señorones "encienden sus habanos y profieren discursos en volutas" [80]; Arturo e Isidro se la pasan deambulando por la ciudad sin destino fijo), el "trabajo" va en línea recta ("Gustavo sigue deslizando el escalímetro sobre los intrincados trazos de varios planos superpuestos en la mesa de dibujo. En esas líneas finísimas alcanza a imaginar las gigantescas campanas que avanzan hacia el mar"). Mientras que las acciones de Echaurren y sus amigos transcurren en un puro presente, Gustavo y los suyos se la pasan hablando en un futuro potencial ("cómo insuflarán, desde las compresoras, una poderosa corriente de aire que desalojará el agua," etcétera).

En su análisis sobre el género romance, Jameson sugiere—yendo un paso más allá del esquema de Frye—que es precisamente en la organización sémica donde puede leerse el componente ideológico y descartarse una interpretación meramente formal (*Political Unconscious* 89–136). Los elementos en contraposición aluden siempre a un complejo conceptual histórica e ideológicamente determinado, a una representación imaginaria colectiva. Así, en épocas del feudalismo y de la solidaridad de clase propia de la nobleza, lo "malo" se ubica en el mundo exterior, fuera del dominio de las relaciones interpersonales; mientras que con el advenimiento de la burguesía se traslada a una lucha interna por el alma del individuo, que generalmente concluye en la superación del antagonismo y su reinserción en la sociedad. Las ficciones fundacionales latinoamericanas abundan en ejemplos de esta contraposición sémico-ideológica: el contraste entre el villano y el héroe (entre Quiroga y Sarmiento) en el *Facundo*—para visualizar esta operación en los textos más canónicos del período—remite a la dicotomía civilización/barbarie propia del romanticismo; la oposición Santos Luzardo/Señor Danger en *Doña Bárbara* alude a la tensión entre la modernización nacional y el capital foráneo en la Venezuela de comienzos del siglo XX. Es decir, la cosmovisión del romance, encarnada en las relaciones de oposición entre los elementos, revela siempre la existencia de al menos un ideologema en tensión.

Podría decirse que en la teleserie son los ideologemas de modernidad y democracia los que se encuentran detrás de la organización sémica y sostienen la fantasía utópica. Y es el personaje de Gustavo—el ingeniero eléctrico que ha logrado ascender en la escala social y participa de la esfera pública—el que los condensa. Puesta en abismo de la utopía de la teleserie (que no es otra cosa que la utopía balmacedista), en su sueño sobre la mesa de dibujo cristalizan los dos ideologemas: llevar la luz eléctrica, crear compresores que transmitan la energía y construir su proyecto bajo el ala de la administración pública y en colaboración con albañiles y mineros. Esta misma combinación—democracia y modernidad—permea los sueños de los otros personajes del comedor: Vicente espera ejercer la ley con un grupo de docentes que se dedique a educar al pueblo, y Joaquín abandonará los hospitales de la capital y partirá a las salitreras para dedicarse al "roto" chileno. "Todos ríen. El comedor entero ríe. El país está eufórico" (72); modernidad y democracia no sólo rigen las fantasías de los personajes sino que son también, por extensión, los pilares del proyecto gubernamental de Balmaceda: "Era tu oportunidad [la de Balmaceda] y también la del país; era el momento de modernizarlo y subirlo al carro de la revolución industrial ... ampliar los ferrocarriles para trasladar la riqueza hasta los puertos, y hacer industrias y dar educación para que la gente pueda manejar las industrias" (52). Con el viaducto del Malleco, gran ícono finisecular chileno, como emblema, la teleserie compone una fantasía utópica en la que democracia y modernidad constituyen los pilares de un futuro nacional prometedor. Una fantasía utópica en la que la clase media se consolidará y progresará por medio de la educación, el trabajo y la participación cívica. Una fantasía utópica que reproduce en miniatura los ideologemas propios del siglo XIX como formación discursiva de la nación liberal.

Esta representación del pasado decimonónico como fantasía utópica se encuentra doblemente lexicalizada en la novela: en el espacio que se corresponde con el guion (es decir, en el simulacro de romance fundacional) y en el espacio escenográfico que se construye en el presente de la producción (durante los setenta de Allende). Entre la historia sobre el período de Balmaceda y la historia sobre los últimos estertores de la Unidad Popular se intercala un tercer relato que, aislado de lo que ocurre en el "presente," conecta los otros dos. Es el romance entre el actor que hace del hijo de Balmaceda y el actor que hace de Rubén Darío; romance que transcurre en los setenta pero que tiene como marco la escenografía de la teleserie y que acentúa hasta el extremo el carácter utópico del pasado decimonónico. Tanto en la construcción del decorado ("Entre los bibelots que repletan las repisas se asoma una quimera, monstruo de porcelana con las fauces abiertas. En el piso hay cojines y un sátiro de madera recostado entre pámpanos, y elefantes que cargan pagodas y atavíos de seda estampada con muecas de los demonios del infierno hindú" [56]) como en la descripción de los amantes ("Sentado al piano está el muchacho rubio [Pedrito Balmaceda], casi transparente. A la luz de las bujías su rostro se ve borroso, como una foto demasiado frágil para resistir el contacto abrasivo del aire" [56]) el relato intercalado acentúa los rasgos utópicos del siglo XIX hasta convertirlo casi en el reducto de lo exótico—de ahí que sea Rubén Darío y no, por ejemplo, José Martí, la figura emblemática que recorre la narración. El pasado fundacional es en la novela un espacio utópico que se ubica fuera del tiempo y de la historia. "Es mejor permanecer en el siglo XIX donde nada te toca" (57); el actor que hace de Rubén Darío se ocupa de dejarlo en claro.

La representación del siglo XIX como fantasía utópica cobra aún más sentido si se tiene en cuenta que una construcción paralela rige la narración de los setenta revolucionarios, como puede advertirse en la escena en la que los actores de la teleserie colaboran en la descarga de unos camiones de la Unidad Popular que traen alimentos para los ciudadanos chilenos:

> Poco a poco se fueron armando las filas. Entonces los sacos blancos de la harina, los barriles de aceite y las cajas llenas con detergente empezaron a pasar de mano en mano. Maucho [Maximiliano] no alcanzó a darse cuenta de cómo se vio convertido en el eslabón de alguna de esas cadenas. Quedó entre un sociólogo de INDAP y una profesora de castellano ... junto a los estudiantes, a los pobladores, a los obreros ... Recibió el golpe de energía que circulaba por la cadena y se fue llenando de una exaltación parecida a la que le infundía el vino, de un entusiasmo que anulaba las durezas de la realidad ... Se dio cuenta entonces de que esa euforia era la revolución. (227–29)

También los setenta constituyen una fantasía utópica que, como el siglo XIX, se encuentra sostenida por los ideologemas de democracia y modernidad. En el socialismo democrático de Allende guionistas, actores, sociólogos, profesores, estudiantes, pobladores y obreros se unen en una cadena que, como los compresores con los que soñaba Gustavo sobre su mesa de dibujo, transmiten energía. Una cadena de energía en la que los eslabones representan clases sociales diversas que se ensamblan a través de la colaboración y el trabajo público; una cadena de energía en la que los campos del trabajo cultural, manual e intelectual se entrelazan para fundar el socialismo democrático. Protagonista del relato, Maximiliano es además el personaje capaz de leer la conjunción de los dos ideologemas en la construcción de la fantasía colectiva: la revolución—señala más de una vez—es una locomotora "que empuja hacia adelante, y no hay freno capaz de parar la marcha que se acelera más y más" (47). De hecho, el relato sobre los setenta admite también una lectura en clave romance, en la que Marta (la productora fiel al programa de la UP) y Maximiliano (el escéptico que de a poco se va entusiasmando) se enredan en una aventura sentimental (simultánea al proyecto alegórico de la teleserie) amenazada por la esposa de Maximiliano. También los personajes de los setenta se polarizan de acuerdo con su afiliación política para organizar semánticamente la fantasía utópica: de un lado, Marta, Maximiliano y los actores-militantes; del otro, la mujer de Maximiliano y el director original de la teleserie; en el medio, fluctuante como Isidro, el actor que hace de Isidro. No sólo Allende y Balmaceda (y Maximiliano que sirve de vínculo entre ambos) son figuras paralelas; también el siglo XIX y los setenta son—vía la fantasía utópica del romance—espacios paralelos regidos por los ideologemas de democracia y modernidad. No es extraño entonces que el momento en el que Maximiliano se convence del proyecto de Allende coincida con el momento en el que finalmente deja de lado su afición por el juego y se entrega, como director de la teleserie, al trabajo.

II

Northrop Frye observa que, aunque el romance proyecte los ideales de la clase dominante (o de la clase intelectual), contiene siempre un "elemento proletario" (186) que no llega a satisfacerse. Las sucesivas reencarnaciones del género—las mutaciones a lo largo del tiempo—aluden a esta insatisfacción, a esta necesidad incumplida. No importa cuántos cambios sociales haya habido, el romance vuelve como respuesta a deseos y esperanzas inconclusos. Su retorno indica que los ideales pasados no han podido completarse del todo; que han quedado ciertos elementos residuales (el elemento proletario) cuya insatisfacción vuelve a impulsar el ciclo creativo. El romance se convierte así en una forma dialéctica que permite una doble lectura: una lectura alegórica, en la que la forma es metáfora de una sociedad ideal, y una lectura que podríamos llamar "residual" (o "alegórico-residual"), en la que la forma revela aquellas creencias, demandas y necesidades que han quedado inconclusas y que disparan una nueva proyección ideal. Así, el género no sólo permite leer el discurso de las clases dominantes, sino que también vuelve posible una lectura de lo insatisfecho, de lo excluido, de "lo proletario," de aquellas necesidades reales que obligan a la construcción de una nueva fantasía utópica en la que el problema se resuelva de manera simbólica, en la que ya no exista, en la que la tensión se concilie y desaparezca.

Este elemento proletario—este elemento residual—irrumpe en *El viaducto*; pero, a diferencia del romance clásico, no lo hace para ser conjurado, ser domesticado o aplacado en la forma de una fantasía utópica, sino que emerge para quebrar este espacio ideal, para deshacer la forma genérica y hacer trizas la ilusión de la fantasía utópica. En la teleserie se materializa primero en unos dibujos que muestran las sublevaciones populares en contra del aumento de tarifas en el transporte público; unos dibujos que remiten a escenas que los productores prefieren ignorar ("En este momento, compañero, Balmaceda es una figura emblemática ... Si metemos entre medio huelgas y protestas del pueblo contra el gobierno de Balmaceda, va a quedar la majamama" [95]). Pero el esfuerzo por dejar de lado estas escenas—por ignorar el elemento proletario—fracasa: a medida que avanza la narración las protestas populares se apoderan de la trama y concluyen en una guerra civil que acaba con el proyecto balmacedista, con la alegoría celebratoria de la teleserie y con el simulacro de romance fundacional (la aventura sentimental queda interrumpida, los personajes se desbandan y la historia queda sin resolución). Los espacios utópicos, tan prolijamente construidos, se confunden y mezclan: los protagonistas de la teleserie se entrecruzan con los militantes de los setenta y con las marchas políticas en la época de Allende y quedan en medio de los enfrentamientos del "presente," en un "agua movediza que los va borrando, que se lleva en jirones sus imágenes pálidas, tan irreales como las escenas de los tiempos de la guerra de 1891" (221).

Otro tanto ocurre en los setenta. Los choques entre el gobierno de Allende y sus opositores, las huelgas de los trabajadores y las protestas de los mineros del cobre permanecen en un principio fuera del discurso de Maximiliano, de Marta y de los actores-militantes encargados de la teleserie. Son una voz lejana que alude a tensiones ajenas que prefieren silenciar y que se escucha de fondo en el noticiero que oye la esposa de Maximiliano y en remotas discusiones callejeras que de ningún modo comprometen el programa revolucionario ("[los manifestantes y contramanifestantes] intercambian insultos: upeliento, momia chuchas de tu madre, vieja tetona, acaparadora, hijoeputa, y vos, hijo 'e maraco, cuando digo que no son mineros es porque no son, los trabajadores no pueden estar contra su propio gobierno, entiéndanlo de una vez, ¡no pueden!" [35]). Pero aquí también los enfrentamientos, huelgas y protestas acaban, como en el siglo XIX, por acaparar la trama. Marta, que desde el comienzo se ha mostrado incondicional al programa de la Unidad Popular, se quiebra: "¡Esperanza! Ése es el cuento: hay que postergarlo todo: la intimidad, los mezquinos intereses de nuestra vida personal, la felicidad imperfecta y transitoria de hoy día, en beneficio de una dicha colectiva, estable, eterna, que te aseguran llegará en el futuro, aunque tú nunca la alcances a ver" (236). Algunos de los actores-militantes se pasan de bando y se convierten en espías, el que hace de Rubén Darío muere de un balazo, y la escenografía se deshace asediada por los gases lacrimógenos y las explosiones. Allende, como Balmaceda, abandona el ideal democrático y se apoya en un ejército que termina traicionándolo. En lugar de vencer sus dudas y asimilarse—como se espera de cualquier típico romance—al proyecto colectivo, el actor que hace de Isidro verbaliza este abandono: "debiste ponerte al lado del pueblo … Pero hiciste lo contrario; te pusiste de parte de los patrones, de los mismos que se te sublevaron al año siguiente. Debiste armar al pueblo, y en vez de eso confiaste en tu ejército. Por eso te derrotaron" (97).

El fracaso del ideal democrático implica, para el socialismo democrático de Allende, el fracaso de la revolución; fracaso que se lexicaliza en dos de las escenas culminantes de la novela. Una tarde, un asistente de dirección confronta a Maximiliano con los errores de su caracterización de Balmaceda y lo arrastra a un sauna para que el vapor caliente lo deshaga de la cotidianeidad que lo abruma, lo desdibuje, lo borre y, cuando no sea más que un grumo sin forma, haga un cambio de piel y salga convertido en el antiguo presidente. Una vez en el sauna, la metamorfosis comienza tal como había sido planeada. Maximiliano recita el discurso con el que Balmaceda inaugura el viaducto del Malleco, pero hacia la mitad la solemnidad se quiebra de un toallazo que impacta en tono burlesco sobre el cuerpo de su compañero. El simulacro de batalla se desencadena: los personajes se embarcan en una guerra en la que a cada golpe de toalla se sucede la consigna de algún grupo de izquierda de los setenta. La escena despoja al impulso revolucionario de sus aristas políticas; lo relega a una caricatura de lucha que libran unos viejos con el maquillaje corrido en un baño de vapor. En la otra escena la visión de la revolución se torna de burlesca en amarga: después de la descarga del camión con alimentos—momento simbólico en el que, como decía, se condensa la fantasía utópica de los setenta en la novela—los actores se mezclan con obreros y militantes en una camaradería que primero es una celebración del espíritu revolucionario, pero que enseguida se convierte en una bacanal en la que la repartición de alimentos queda en un segundo plano. Al amanecer, a los efectos de la borrachera y a los remordimientos de conciencia los rondan las patrullas de Patria y Libertad y los estallidos de las bombas Molotov. Una vez más, la revolución pierde su contenido político: se revela una excusa para estar de fiesta que sin embargo acaba, como ostenta el título de la teleserie, "en medio de la muerte."

Si el ideal democrático (y el revolucionario) fracasa y concluye en violencia, otro tanto ocurre con el deseo de modernidad. En el siglo XIX la gran obra emblemática del programa balmacedista (el viaducto del Malleco) queda paralizada, inconclusa, interrumpida por la guerra civil y el suicidio del presidente—alegoría final en la que insiste la novela para realzar el paralelismo temporal. El sueño moderno se detiene; la industrialización nacional se convierte en un imposible; el trabajo público fracasa a causa del antagonismo social. Gustavo abandona su proyecto de ingeniería y se marcha a la guerra; las obras públicas—eslabón que unía a los personajes del comedor—quedan abandonadas y vacías. Y si en el espacio de la teleserie el ideal modernizador se deshace, en los setenta la desestabilización es aún mayor: la modernidad ya no es solamente un proyecto inconcluso o fallido, sino que además se convierte en un proyecto amenazador. Aquellas herramientas que supuestamente contribuyen al progreso acaban, en cambio, con la tradición y fracturan el espacio: el pavimento se traga los grandes edificios del pasado, "una que otra barrera y tarros con mechas encendidas señalan la fisura del Metro en construcción, que quiebra a la ciudad" (25). Aquellos vehículos que deberían acelerar la civilización asedian y saturan la superficie urbana: "El trolebús queda empantanado y actúa como tapón detrás del cual se va inmovilizando la procesión de vehículos … Formaciones de bulldozers avanzan entre el cascajo derramado como hojarasca de ladrillo" (36). Y esas máquinas que iban a ayudar al avance de la sociedad se agazapan debajo, casi invisibles pero igualmente siniestras: "Al fondo de la zanja yace una arcaica motoniveladora, llena de tuberías tapadas con tierra, que van desde la caldera hacia el motor y que a veces concluyen en algún recodo muerto" (37). La organización sémica cambia de tono: la modernidad es ahora el villano que amenaza con (y termina por) quebrar el equilibrio del mundo y del relato. Es una entidad macabra que acecha a la narración y se cuela entre las descripciones, lista para desarticular la trama.

La escena final condensa esta estrategia desestabilizadora y reúne cada una de las líneas narrativas que ha desplegado el relato. Ante la inminencia del derrumbe de la Unidad Popular, el elenco de actores-militantes decide trasladarse hasta el viaducto del Malleco para recrear su inauguración. La filmación de la infraestructura se planea el hito central de la teleserie y el clímax de la alegoría celebratoria. En un principio, el sitio parece cumplir estos propósitos y no ofrece desilusión alguna: "La obra parecía venir emergiendo desde el agua, se veía limpia, nítida, impecable, ninguno de sus metales acusaba huellas de corrosión ni de otra mordedura del tiempo" (280). El gran ícono finisecular emerge como un monumento a la industrialización, a la administración pública, a la modernidad. Pero comienza el rodaje y poco a poco las pedradas de un grupo de manifestantes, las volutas de humo de los gases lacrimógenos y la lluvia comienzan a borronear las lentes filmadoras que captan la estructura del viaducto. Maximiliano, interpretando a Balmaceda, recita su discurso desdibujado en una imagen turbia que parodia el final de Salvador Allende: "'Después de los furores de la tormenta vendrá la calma, y como nada duradero puede fundarse por la injusticia y la violencia, llegará la hora de la verdad histórica …' Pero apenas abría la boca los fragmentos de discursos se escurrían, era como si se volaran con el viento y fueran a caer al agua del Malleco que se los llevaba hacia el mar" (281). Si la novela construía en un principio dos espacios utópicos sostenidos por los ideologemas de democracia y modernidad, a medida que avanzan las páginas y se complica la historia, es precisamente la contracara de estos ideologemas lo que irrumpe para desestabilizar el presente de los dos espacios, mezclarlos, y acabar así con la fantasía utópica. Lexicalización ficcional de una contradicción real, es la forma del romance—y la ruptura final de sus pautas genéricas—lo que permite registrar la crisis posdictatorial de los ideologemas decimonónicos en la novela.

III

Tal vez esta lectura—la del pasado fundacional como la dimensión narrativa que permite registrar la crisis de los ideologemas de democracia y modernidad—ayude a entender mejor aquellas contradicciones que hacen de *El viaducto* un texto incómodo y difícil de encajar dentro de las coordenadas político-culturales del momento. La novela no sólo alude a la crisis del sistema de enunciabilidad decimonónico y de aquellas nociones que han estado en la base de la formación ideológico-discursiva del liberalismo, sino que apunta también (como el texto de Tomás de Mattos) a las tensiones propias de la redemocratización. Podría leerse como una respuesta ficcional a una pregunta concreta que en el Chile de los noventa parece irresoluble: ¿cómo redefinir un relato nacional después de las dictaduras sin apelar a los ideologemas de democracia y modernidad? En el contexto chileno la pregunta no sólo remite—como ocurría en Uruguay—a la tensión con el discurso de recomposición del nuevo gobierno, sino que implica también una diferencia respecto del discurso de los intelectuales de la izquierda post-Allende; diferencia que explica de algún modo el porqué de la elección de los últimos días de la Unidad Popular como marco de la narración.

En el prólogo a *Cultural Residues: Chile in Transition (Residuos culturales: Chile en transición),* Jean Franco resume en una de sus afirmaciones centrales la postura de varios de los artículos de este libro escrito por el grupo de intelectuales nucleados en torno a Nelly Richard y la *Revista de Crítica Cultural:* "1973, the year that Salvador Allende was ousted by a military coup, marked a watershed in a country that up to the date was a functioning democracy with a strong trade union movement and an equally strong tradition of left activism" (7; "1973, el año en que Salvador Allende fue derrocado por un golpe militar, fue un parteaguas para un país que hasta ese entonces había sido una democracia que funcionaba, con un fuerte movimiento sindical y una tradición igualmente fuerte de activismo de izquierda"). Aunque cuestionador del modelo propuesto por el gobierno de la Concertación, también el discurso de la izquierda post-Allende se apoya en el ideologema de la democracia ejemplar, sobre todo a partir de José Joaquín Brunner y la teoría del autoritarismo, explicación paradigmática de la historia reciente. Según Brunner, hasta 1973 la identidad nacional chilena se había construido sobre una cultura del compromiso que llevaba a los ciudadanos a reivindicar sus derechos a través de una democracia representativa y progresista. El golpe de Pinochet reestructuró por completo la escena nacional al quebrar esta cultura del compromiso y reemplazarla por una cultura civil que actuaba sobre la base del disciplinamiento. La reorganización dejó sus marcas en la Constitución de 1980, base legal de lo que más adelante se implementaría como una democracia consensual en la que la búsqueda de acuerdos predomina por sobre la confrontación y las élites aparecen sobrerrepresentadas.[7] Aunque opuestas en su esfuerzo por mostrar la (dis)continuidad del programa pinochetista—paréntesis que se ha cerrado para una; paréntesis que persiste disfrazado de democracia restringida para la otra—la visión de la Concertación de Partidos por la Democracia comparte con gran parte de la intelectualidad de izquierda una misma perspectiva sobre el pasado pre-dictatorial basada en la idea de la democracia ejemplar. Más allá de las diferencias de punto de vista sobre el presente, las dos visiones están de acuerdo con que antes de Augusto Pinochet imperaba una tradición democrática de larga data que el golpe de Estado ha venido a fracturar. Indagación ficcional de los orígenes sangrientos de la democracia en el siglo XIX, *El viaducto* alude—como *¡Bernabé, Bernabé!*—a los conflictos que conlleva la reutilización de este ideologema en plena recomposición nacional. Indagación ficcional de los últimos días de la Unidad Popular, *El viaducto* alude también a las tensiones con el discurso de la izquierda post-Allende y con el conflicto de reinterpretación del socialismo democrático en medio de las discusiones sobre los alcances del "paréntesis dictatorial."

¿Cómo redefinir un relato nacional después de las dictaduras sin apelar a los ideologemas de democracia y modernidad? La pregunta reenvía también hacia otro de los ideologemas—vigente en el discurso de Michelle Bachelet, aún más prominente en el de Sebastián Piñera—en el que se ha apoyado el gobierno chileno como estrategia de recomposición política: el del éxito económico producto del "milagro neoliberal." El argumento es conocido y abunda en el discurso internacional: luego del paréntesis dictatorial, Chile ha retomado una historia democrática que se ve ahora fortalecida por la solidez de una política económica sustentada en la entrada al mercado global. El año 1992, y el *iceberg* que se elige como imagen representativa del país en Expo Sevilla, marca en este sentido (como se ha analizado en más de una ocasión) el punto culminante del optimismo redemocratizador. La estructura de hielo—casi en paralelo con el viaducto del Malleco—sugiere que Chile renace prístino después de un período turbio pero concluido. El nuevo Chile es transparente, moderno, ejecutivo, producto exitoso de una reforma económica. Es un "Chile cero kilómetro," abierto al mercado internacional, sin claroscuros, confiable; una democracia sólida con sus raíces, como el *iceberg*, bien ancladas en lo profundo.[8]

Ni el "milagro neoliberal" ni el "Chile cero kilómetro" le son ajenos al campo cultural, y esta cercanía permite abordar las otras dimensiones contradictorias de la novela de Oses. Los intelectuales posdictatoriales han insistido en los problemas de esta celebración de la modernidad y han basado en este argumento sus críticas hacia la nueva narrativa chilena, una categoría que alude a la explosión escrituraria que siguió a la caída de Pinochet y que fue sobre todo gestionada por las editoriales Planeta y Alfaguara y por el suplemento cultural Zona de contacto del diario *El Mercurio*. Entre 1992 y el 2000 surgió una cantidad sin precedentes de cuentos, películas, novelas, ensayos y compilados que se ocuparon no sólo de engrosar el caudal de la nueva narrativa sino sobre todo de delinear y lanzar la categoría. La nomenclatura condensa los pilares sobre los que se erige: es una *narrativa*—abarca tanto la esfera de la literatura como la del cine, la nota periodística, el drama—*nueva*—producto de la nueva escena cultural, moderna, emancipada de un pasado turbio—y, sobre todo, *chilena*—surgida gracias al nuevo contexto nacional, representativa del nuevo contexto nacional. Aunque las antologías reúnen bajo esta etiqueta a novelistas tan disímiles como Alberto Fuguet y Hernán Rivera Letelier, los diversos artículos sobre el tema registran una serie de rasgos comunes que resumen el conjunto: los escritores de la nueva narrativa chilena se encuentran más cerca del periodismo y de la publicidad que de la academia; nacieron en general entre las décadas del cincuenta y el sesenta; muchos se formaron durante los ochenta en el taller de escritura de José Donoso; carecen de un programa político definido; prefieren componer sus narraciones con materiales del presente inmediato; y mezclan tramas generalmente protagonizadas por un individuo desencantado que narra sus vivencias urbanas con un sello estilístico más cercano al *pop* y al de los géneros de entretenimiento como el folletín, el policial y el romance. Alberto Fuguet es sin duda la figura que mejor representa el movimiento: periodista que edita el suplemento Zona de contacto, es además director de cine, escritor y guionista de radio y televisión. Sus dos antologías *Cuentos con walkman* y *McOndo*—en la que compila cuentos no sólo de escritores chilenos sino de escritores hispanoamericanos en general—reúnen textos que escapan al paradigma del realismo mágico y construyen más bien escenarios que dan cuenta de una realidad hispanoamericana surcada por la modernidad y en pie de igualdad con la producción estética internacional. Estudiante de escritura creativa en los Estados Unidos, Fuguet pugna por romper con la visión exotizante sobre América Latina y devolver una imagen en la que la realidad latinoamericana vaya más allá de las fronteras nacionales y dé cuenta de las influencias de la posmodernidad.[9]

Celebrada por el periodismo y apoyada económicamente por el gobierno de la Concertación, la nueva narrativa chilena es vista con desconfianza por gran parte de la izquierda y sobre todo por los intelectuales asociados con la *Revista de Crítica Cultural*, que la encuentran algo cómplice de la política del consenso impulsada por el discurso oficial. Se la percibe como un ejemplo del modo en que la imagen del Chile renaciente y prístino encarna en el campo de la cultura; un portavoz del mensaje que celebra las diferencias, las minorías y el pluralismo, pero se pierde en una multiplicidad de significantes que evitan la densidad y rompen con el potencial crítico; un componente indispensable del optimismo redemocratizador. En definitiva, se lee en la nueva narrativa chilena un tono celebratorio que resulta eficaz al discurso de la Concertación y que neutraliza incluso el pesimismo de las tramas y la grisura de los personajes. A diferencia de los textos de Diamela Eltit (escritora privilegiada por la izquierda posdictatorial), en la que la fractura de la superficie del relato evita la totalización necesaria para la construcción de un presente armónico, la nueva narrativa chilena se convierte en la manifestación cultural del ideologema del Chile renaciente (moderno y democrático) que se entrelaza en el discurso de la transición.[10]

Periodista, guionista de televisión, escritor, crítico literario, redactor publicitario; a Darío Oses suele enmarcárselo dentro de la nueva narrativa chilena y mencionárselo en todos los artículos sobre el tema. Definitivamente, sus novelas comparten varios de los denominadores comunes: se publican en las editoriales impulsoras del fenómeno, reciben apoyo financiero del gobierno, son premiadas por los organismos oficiales, y se construyen siguiendo sus pautas genéricas (el folletín, el romance, etcétera). Su inserción no deja, sin embargo, de resultar conflictiva. De hecho, el escritor impugna explícitamente la etiqueta desde un artículo que aparece en uno de los compilados sobre el tema: la idea de "nueva narrativa"—se queja—va paralela a la noción refundadora del "Chile cero kilómetro"; es una categoría que oblitera la percepción de la continuidad histórica; que contribuye a la creación de un punto de vista sobre el presente desgajado del contexto que lo ha hecho posible. La narrativa contemporánea debería ser en cambio—anuncia en una suerte de coda de su propia poética—un singular ejercicio de la memoria que ponga al desnudo los aspectos oscuros de Chile y ponga en cuestión sus mitos ("el de la invencibilidad de la clase obrera, el de la democracia ejemplar chilena" [Olivárez 76]) para reprocesarlos.[11]

¿Cómo redefinir un relato nacional después de la dictadura sin apelar a los ideologemas de democracia y modernidad? ¿Cómo redefinir un relato nacional después de las dictaduras sin apelar a estos ideologemas y—debería agregarse para el caso de Oses—desde el centro de la nueva narrativa chilena? Simulacro de romance y, al mismo tiempo, ruptura de sus pautas genéricas; producto moderno del nuevo mercado editorial y, al mismo tiempo, ficcionalización de la crisis del ideologema de modernidad; *El viaducto* se convierte en un documento privilegiado de las tensiones inherentes a la redemocratización. Atender a esta lectura permite no sólo reposicionar un texto conflictivo dentro del escenario posdictatorial, sino también advertir el modo en el que el siglo XIX como sistema de enunciabilidad se vuelve (como en *¡Bernabé, Bernabé!*) un espacio de disputa—un espacio de crisis—en el que cristalizan los conflictos ideológicos de la posdictadura y se lleva a cabo gran parte de las renegociaciones simbólicas de la redemocratización.[12]

2.3. Una historia democrática: *¡Bernabé, Bernabé!* y la versión definitiva

> No quería componer otro Quijote —lo cual es fácil— sino *el Quijote*. Inútil agregar que no encaró nunca una transcripción mecánica del original; no se proponía copiarlo. Su admirable ambición era producir

> unas palabras que coincidieran —palabra por palabra
> y línea por línea—con las de Miguel de Cervantes.
>
> Jorge Luis Borges
> "Pierre Menard, autor del *Quijote*"

En el 2000, doce años después de la primera aparición de la novela, de Mattos publica una reescritura. Las variaciones—tan ligeras que casi podría decirse que, como el *Quijote* de Menard, el nuevo texto coincide palabra por palabra y línea por línea con el original—se condensan en la nota de autor que esta vez se separa de los datos de edición y resalta en su propia página: "El autor—aclarando que no se ajustó al ejemplar rigor histórico del profesor Eduardo Acosta y Lara—reconoce que sin haber leído *La guerra de los charrúas* … no se hubiera sentido en posesión de documentos, datos e interpretaciones suficientes como para arriesgarse a escribir esta novela y la presente versión definitiva." La oscilación entre verdad histórica y verosimilitud literaria reaparece; la advertencia al lector, similar a la de la primera versión ("El autor expresa su deuda con don Eduardo Acosta y Lara, cuya labor de investigación, recogida en su obra 'La guerra de los charrúas,' fue de consulta continua para la solución de muchos de los problemas que se le plantearon en esta novela"), no es exactamente la misma. Y es en ese pequeño desplazamiento que se juega el sentido de la nueva (¿definitiva?) novela. Si en 1988 de Mattos filia su texto con *La guerra de los charrúas* como un modo de garantizar la verosimilitud del relato—construido sobre la base de toda una labor de investigación—, en el 2000 hace explícita su distancia del rigor (ahora marcadamente "historiográfico") de Acosta y Lara (antes "don," ahora "profesor") y enfatiza la imprecisión que, en tanto objeto de la literatura, predomina en su novela. La distancia no es sin embargo completa: una vez más de Mattos coloca el método historiográfico como piedra fundacional de su ficción: su texto—le sugiere al lector—no debe juzgarse siguiendo los parámetros de verificación empírica que exige la historiografía, pero tampoco debe leerse con la suspensión del juicio que se requiere para adentrarse en el reino de la fantasía. A mitad de camino entre dos disciplinas, *¡Bernabé, Bernabé!* es una *novela* que toma prestada la precisión del *documento* para construir, esta vez, su *versión definitiva*. Las diferencias entre las dos notas de autor son mínimas y, sin embargo, cruciales para entender el sentido de la reescritura. Destaco por ahora tres puntos básicos: la explicitación de la distancia (aunque no sea total) respecto del rigor historiográfico, el énfasis en el estatuto novelesco del texto—dos aclaraciones que estaban presentes en la nota original pero que se subrayan en la nueva—y la anticipación de que se trata de una versión definitiva.

¿Qué ha pasado en estos doce años? ¿Por qué de Mattos cree necesario emprender una reescritura que es casi una reedición? ¿Qué sentidos se juegan en la repetición y en la variación que introduce lo reescrito? Volvamos por un momento a 1989: una breve mirada a los efectos de recepción de la primera versión del texto se vuelve necesaria para entender (parcialmente) el proceso.

Como mencioné en la primera sección, apenas publicada, la novela se convierte en un *best seller* y dispara una serie de debates que exceden el de la especialización académica. Pero junto con el éxito de ventas y crítica, el texto cosecha un grupo de detractores que inician una campaña de descalificación en varias publicaciones de circulación masiva y en el parlamento. El centro del problema no es, como podría esperarse, la lectura en clave presente o las alusiones a la última dictadura, sino la versión desmitificadora del pasado fundacional. Y lo más llamativo es que los que atacan la novela persiguen los mismos objetivos que los que la ensalzan: la derogación de la ley de caducidad en el inminente referéndum. La polémica que entablan Hugo Achugar y Washington Lockhart resulta especialmente esclarecedora, no sólo porque condensa los puntos más ríspidos del debate, sino porque se desarrolla al calor de los acontecimientos.[13] Es una serie de artículos que se despliega en las páginas de *Cuadernos de Marcha* entre febrero de 1989—en pleno optimismo por la suerte de la convocatoria—y mayo del mismo año—apenas quince días después de que, desalentando todas las expectativas que había disparado la recolección de firmas, se ratifique la vigencia de la ley de 1986. Las reticencias se revelan ante todo respecto de la lectura que de Mattos hace de la historia decimonónica. Lockhart acusa al escritor de corromper el pasado nacional a partir de la literaturización de hechos tan éticamente condenables como la matanza de los charrúas, de la desmitificación (en realidad, apenas aludida en la novela) de la figura de Artigas y de la relativización de los móviles que incitan a actuar a los Rivera. Su versión de la historia, dice Lockhart, no sólo destruye—en la irreverencia del tratamiento a Artigas—los cimientos de la identidad nacional, sino que—en la atenuación del accionar de los Rivera mediante la indagación psicológica de los personajes—contribuye a que se perpetúen las mismas atrocidades y a que se deje librada al azar la suerte de los habitantes contemporáneos de la campaña. Un problema, en suma, que resulta de la carencia de rigor metodológico y de la libre estetización de episodios que ya habían sido verificados empíricamente por la historiografía.

Molesto por lo que juzga una miopía de lectura, Achugar invierte los argumentos: el texto de Tomás de Mattos no debe ser leído como historia sino como novela; no debe ser juzgado mediante los parámetros de legitimidad de la historiografía sino con los de la ficción; no debe ser leído como un panorama del pasado sino en función del presente. El relato decimonónico no debe actuar como pre-texto (como un texto previo) sino como pretexto (para mover a la acción), casi como una campaña de promoción del "voto verde"—el color de la boleta que, en contraposición a la amarilla que elige la permanencia, pide la derogación de la ley de caducidad. Sin dejarse convencer por la respuesta, Lockhart redobla la apuesta. Es precisamente, señala, en relación con el presente que la novela de Tomás de Mattos se vuelve peligrosa: al estetizar lo éticamente repudiable, al diseñar su relato apartándose de lo científicamente comprobado (y es que, argumenta, el artista debe ser siempre una segunda instancia del historiador y debe moverse con una libertad restringida por lo que ya ha sido demostrado en el campo de la historiografía) y al abrazar la relatividad histórica termina justificando la última dictadura militar y abogando por la imposibilidad de llevar a cabo un juicio (si la ética es relativa, si la historia es terreno de libre creación, ¿cuál es la base objetiva sobre la que medir la responsabilidad?). Lejos de promocionar el voto verde, *¡Bernabé, Bernabé!*—dice Lockhart en mayo, con la evidencia de los hechos a su favor luego de ratificada la ley— le "hizo el caldo gordo a la amarilla" (64).

Hasta cierto punto, se podría leer la reescritura que de Mattos hace en el 2000 como un alegato—no exento de ironía: el "*ejemplar* rigor histórico," el "*profesor* Acosta y Lara"—contra las acusaciones de Lockhart. En definitiva, de Mattos reelabora cada uno de los puntos que se ponen en cuestión en el debate: agrega un par de líneas que ensalzan a Artigas, explicita su deshumanización de los charrúas como una repetición de las operaciones de deshumanización del discurso estatal e inserta un pequeño párrafo sobre el rol de los abogados y la eficacia de la incertidumbre. Si el sentido último del relato depende—en virtud de esta interpretación en clave metafórica—de la competencia interpretativa del lector, de Mattos apunta esta vez a desambiguar, despejar posibles incógnitas y minimizar las oscilaciones de sentido:

> Que Josefina se haya abstenido de juzgar, opción recomendable para todo narrador aunque piense en un único destinatario, no puede interpretarse como que recomiende a los lectores que asuman la misma actitud ... Permítaseme, pues, el atrevimiento de arriesgar algunas reflexiones. No me mueve el impulso de persuadir o proponer, sino tan sólo de incitarte a ti, lector o lectora, para que aceptes y cumplas ese cometido que te corresponde ... Un último atrevimiento: al leer esta novela, ¿no convendrá desplazar nuestra atención de los círculos iluminados por los focos hacia el vasto fondo en penumbras? (25–26)

Lo que antes era alusión se vuelve, en desmedro de la calidad intrínseca del texto, referencia explícita. El prólogo dicta las pautas de lectura a través de la voz de un narrador que ahora sí ostenta su autoridad de prologuista. La segunda versión intenta escapar (como si fuera posible) a los riesgos de la hermenéutica: el develamiento de los mecanismos de construcción narrativa busca asegurar la univocidad del sentido. En el 2000 *¡Bernabé, Bernabé!* se desdobla: es simultáneamente la novela y la clave de interpretación de la novela.

Pero el mismo texto nunca es, en realidad, el mismo texto. En el *Quijote* de Menard el narrador borgeano descubre tonos que están ausentes del *Quijote* original; la nueva versión es más sutil que su precursora; la lengua española tiene un dejo arcaizante que la vuelve asombrosa. Y es que el correr del tiempo ha modificado el sentido original. Como en el cuento de Borges, el *¡Bernabé, Bernabé!* de 1988 no es exactamente el *¡Bernabé, Bernabé!* del 2000. Hasta los párrafos que son idénticos son distintos. En 1988 la novela abría dos grandes dimensiones de lectura: por un lado, una lectura en clave histórica, que se acercaba al momento de la fundación nacional y lo ponía en perspectiva con otras masacres administradas por el Estado; por el otro, una lectura en clave presente, que la situaba (vía la asociación metafórica con el pasado más reciente) en medio de las tensiones ideológicas de los primeros años de la redemocratización; dos dimensiones que se implicaban mutuamente y que, en realidad, sólo podían ser separadas mediante un ejercicio de abstracción. En el 2000 todo lo que el original tenía de contingente altera su significado: a doce años del referéndum y bien lejos de la coyuntura refundadora de la redemocratización, también la relación con el presente de escritura exige obviamente una lectura en clave histórica. Leído en el 2000, *¡Bernabé, Bernabé!* se convierte casi en un documento ficcional de aquello que ha quedado pendiente en el campo de lo político-legal.

El correr del tiempo imprime también sus marcas en las lecturas críticas. En 1995, bien lejos del ímpetu redemocratizador, las alusiones a la novela reaparecen en la escena cultural. Varios intelectuales—entre ellos nuevamente Hugo Achugar—encuentran en el texto (el de 1988, ya que todavía faltarían cinco años para la nueva versión) la posibilidad de escritura de una "historia nacional democrática."[14] La experiencia de la dictadura—dice Achugar—se ha convertido ahora sí en parte del acervo de la tradición uruguaya; es necesario entonces encarar una reformulación de lo nacional e incorporarla dentro de una perspectiva histórica. En esta dirección, los textos—críticos, literarios, historiográficos—deberían atender a la línea abierta por la novela de Tomás de Mattos y aportar a la construcción de un relato histórico que aborde la perspectiva de los vencidos, que se abra a la pluralidad y cuestione la versión oficial sobre el pasado. Es sólo a través de esta mirada anclada en lo heterogéneo que puede resistirse un proyecto de nación homogeneizante y totalizador. Puestas en contrapunto con la primera recepción de 1989, las lecturas de 1995 revelan lo que efectivamente será el itinerario de la novela y arrojan nuevos sentidos sobre la reescritura. Si antes se exigía una lectura como metáfora del presente, varios años más tarde—ante la derrota de esta primera posibilidad—se pone el foco en su vertiente historizadora. Si antes la novela debía leerse en el contexto del debate en torno a la nueva democracia (de la posibilidad del juicio, de la reinstalación de las instituciones, de la reapertura del diálogo público, de la renegociación de un ideologema en crisis), ahora debe leérsela en cambio como la narración de una historia alternativa, democrática (y el desplazamiento semántico del término—de "presente democrático" a "historia democrática," de "democracia" como "forma de gobierno" o "ejercicio de diálogo" a "democracia" como "perspectiva plural"—alude directamente al cambio de contexto).

La reescritura del 2000 da cuenta de esta metamorfosis ideológica. Las variaciones que se introducen en la narración añaden datos, precisan fuentes, citan documentos; en definitiva, enfatizan el cariz histórico del texto y parecen legitimar un nuevo relato nacional (un relato, si se quiere, poscolonial). Como se sugiere en el nuevo prólogo ficticio, la novela construye "una perspectiva crítica que [rompe] el cántico exaltatorio de nuestra historia oficial" (23).[15]

En *Absalom, Absalom!* uno de los personajes principales intenta dar con una explicación del porqué del relato de Rosa (la mujer que, como Josefina Péguy, se embarcaba en una narración de la historia), y concluye: "She wants it told … so that people whom she will never see and whose names she will never hear and who have never heard her name nor seen her face will read it and know at last why God let us lose the War" (Faulkner 11) ("Quiere que sea contado … para que la gente que nunca verá y cuyos nombres nunca oirá y que nunca habrán oído su nombre ni habrán visto su cara lo lean y sepan por fin por qué Dios dejó que perdiéramos la guerra"). La reflexión es una puesta en abismo de la totalidad de la novela. El relato de Rosa aborda la desaparición del Sur, narra un fragmento de la historia estadounidense, clausura simbólicamente un período. El relato de los destinos desgraciados de la familia Sutpen es una alegoría—*á la* Jameson—de los costos de la consolidación nacional. Es el testimonio que una de las representantes de una etapa que se extingue quiere dar para la posteridad; el reverso de la historia que quiere dejar como legado a los lectores del futuro. Tal vez sea por eso que también la novela de Faulkner construye un espesor temporal: escrita en 1936 contiene un relato que se enuncia entre 1908 y 1910 sobre las atrocidades del período que va de 1830 a 1885. Colocadas en perspectiva, cada una de las etapas historiza y clausura la anterior: 1936 cierra 1910 y 1910 acaba con 1830–85 (de hecho, todos los personajes que quedaban de esta primera etapa mueren juntos en 1910; el incendio que acaba con ellos acaba también con la casa que era el epítome de la época). Colocadas también en perspectiva, cada una de las etapas a las que alude *¡Bernabé, Bernabé!* historiza y clausura la anterior: el 2000 cierra 1988, 1988 clausura la etapa dictatorial, la violencia de los setenta es la culminación de la consolidación decimonónica del Estado, y durante la consolidación—en 1885—Josefina convierte en historia las guerras civiles de 1831–32. *Absalom, Absalom!* y *¡Bernabé, Bernabé!* no sólo se ligan en la elección de un procedimiento narrativo, en la construcción de una versión marginal del pasado a través de una voz periférica y en la indagación literaria del fratricidio y la traición; sino también en su proceso de historización. En el 2000, el prologuista imaginario de la reescritura explicita el vínculo: la voz "Bernabé, Bernabé," dice, "se parece al clamor de David cuando halló el cadáver de su hijo, para quien reservaba la herencia del reino ... "¡Absalom, Absalom!" exclamó. Ese hallazgo lo golpeó al pequeño rey, trayéndole abruptamente la conciencia del extravío definitivo de uno de los destinos que él creía que mejor estaba cuidando" (17). Como el relato bíblico, como el relato de Faulkner, el relato de *¡Bernabé, Bernabé!* trae a la conciencia la pérdida del reino: el de los charrúas, el de los militantes de los setenta, el de la redemocratización. Leída en abismo, la reescritura del 2000 opera la conversión del pasado (decimonónico, dictatorial, redemocratizador) en historia; construye—como lo anticipa la nota de autor—la versión definitiva. Y es en este pasaje de "presente democrático" a "historia democrática" (y, por ende, de "diálogo democrático" a "relato final") que se juega el pasaje de la redemocratización a lo que me referiré en los próximos capítulos como la "post-redemocratización."

Capítulo tres

En lugar del relato

El siglo XIX como formación discursiva

> En lugar del relato, y realizando con ventaja su función, lo que debía transmitirse era el conjunto de "herramientas" con el que poder reinventar, con la espontánea inocencia de la acción, lo que hubiera sucedido en el pasado.
>
> César Aira
>
> *Un episodio en la vida del pintor viajero*

Un grupo de hombres—alpargatas, bombachón y pañuelito al cuello—toma mate en el suelo mientras evoca, ante un centenar de indignados periodistas, su tierra: las hectáreas casi infinitas donde sus hijos se mezclan con los hijos de los peones, el trabajo incesante que les deja la piel rasgada y los obliga a despertarse al alba, los animales que crían con sus propias manos esperando el momento adecuado para venderlos o matarlos. A sus espaldas, apenas unos metros más allá, otro grupo casi idéntico—alpargatas, bombachón y pañuelito al cuello—come choripán con una mano, la otra ocupada en lograr el equilibrio justo para que sea legible la pancarta: "Haga patria, apoye al campo"; "Soy argentino y estoy con el campo"; "¿Quiere leche, verdura, carne? No al gobierno. Todos con el campo." La escena, que parece decimonónica, se desarrolla en pleno 2008 y en el barrio porteño de Palermo, ahí donde hace unos siglos Rosas forjaba alianzas con gauchos, indios y estancieros, y que se ha convertido en una de las zonas más caras, elegantes y atractivas de la ciudad de Buenos Aires. El fervor gauchesco, que parece decimonónico, debe leerse dentro del marco de la globalización: tiene su origen en un decreto del 2008, por el que el gobierno argentino anunciaba retenciones impositivas móviles sobre algunos productos agropecuarios, como la soja, de buena cotización en el mercado internacional. El fervor gauchesco, típico de la globalización—donde, como diría Martín Caparrós, el pañuelito al cuello convive con el sweater sobre los hombros, las alpargatas con los mocasines y la boina con los Rayban—debe leerse también como un fenómeno decimonónico: materialización palpable de la permanencia de una formación discursiva, contiene uno por uno todos los elementos del imaginario nacional consolidado alrededor de 1880.

El año 1880 traza, como ya se ha señalado en más de una ocasión,[1] una bisagra en el imaginario argentino: una vez exorcizada la "amenaza del desierto," ya desaparecida la gran mayoría de sus habitantes, el campo (esa misma entidad abstracta que reaparece en el 2008 y que tiene la capacidad de referir al mismo tiempo a peones y a dueños de estancia, a mestizos pobres y a herederos de antepasados europeos, a carne de vaca y a soja transgénica, a caballos sin montura y a camionetas 4X4 con vidrios polarizados, a la tierra apenas unos kilómetros más allá de la capital, a la pampa y al desierto patagónico) deja de representar un peligro y se convierte en cambio en lo esencialmente argentino, en uno de los tópicos más simbólicamente productivos a la hora de definir una cultura nacional.[2] La operación—que culmina en la lectura del *Martín Fierro* que Leopoldo Lugones exhibe en el teatro Odeón ante las élites porteñas durante las conmemoraciones del Centenario—es doblemente funcional: al mismo tiempo que funda líneas de identificación cultural, organiza una toma de distancia frente a las "plebes ultramarinas" de inmigrantes que comienzan a poblar la capital (Lugones 34). El gaucho malo se metamorfosea en gaucho patriota; el gaucho rebelde en un payador que canta las bellezas del paisaje y que encarna lo auténticamente criollo, aquello que por definición se le escapa al inmigrante. Desde ese entonces, la literatura argentina—en consonancia con las otras literaturas latinoamericanas que apelan a la representación de lo telúrico para sostener la representación de lo nacional—abunda en narraciones que se construyen en torno a lo rural. Borges, Juan L. Ortiz, Martínez Estrada, Arlt, Oliverio Girondo, Juan José Saer; el campo se convierte en el punto irradiador de lo que Jens Andermann llama la "tropografía nacional"—el conjunto de figuras simbólicas que componen y sostienen el imaginario nacional y que, en Argentina, cristaliza sobre todo hacia 1880 (20).

La literatura de César Aira no es de ningún modo ajena a esta tradición de escritura: entre los setenta y el 2000 dio al menos ocho relatos que cuajaron en lo que generalmente se conoce como el "ciclo pampeano."[3] La serie, cuyo número a simple vista parece impactante, no ocupa sino un lugar marginal dentro de la producción de un autor que, desde fines de la década del ochenta, publica entre dos y cuatro novelas al año. En realidad—y a excepción de *La liebre,* que fue reeditada en el 2004 y analizada en más de una ocasión—el ciclo pampeano es lo menos leído de Aira. Dentro de una narrativa cuya marca registrada es la captura casi inmediata de materiales del presente de escritura, estos textos resultan algo anacrónicos, relatos periféricos y poco comentados. Son, sin embargo, los precursores de un modo particular de operar sobre el pasado decimonónico, los que inauguran una nueva vertiente de la literatura nacional (y regional), y los que registran de manera privilegiada la reformulación del campo cultural que se vuelve evidente después de las dictaduras y que llega a su auge con la crisis de los noventa.

La literatura de César Aira, discípula de toda una tradición de escritura, no es ajena tampoco a los elementos de la tropografía nacional. El ciclo pampeano se compone de una serie de relatos de viajes por la pampa donde, como en los relatos de viajes del siglo XIX, salen a relucir todas las figuras típicas del imaginario argentino. *La liebre,* que siempre ha sido leída como un texto central dentro de este ciclo y de la narrativa de Aira en general, las condensa todas. Están el gaucho Gauna, un baqueano experto que guía la travesía por el desierto; Clarke, un naturalista inglés de buenos modales que se interna tierra adentro en busca de la elusiva liebre legibreriana; Carlos Álzaga Prior, un pintor porteño que desea capturar estéticamente el paisaje; y hasta Rosas, cuya barbarie iletrada parece directamente salida de las páginas de *Amalia.* El desierto, como era de esperarse, es una llanura inmensa en la que sólo se recorta la línea del horizonte, habitado por indios aguerridos, cautivas aindiadas y animales de todo tipo. En realidad, los estereotipos son tan estereotípicos que terminan por saturarse y finalmente invertirse por completo. El frío naturalista inglés se quiebra emocionalmente y acaba convertido en indio. El gaucho baqueano se sobresalta cada vez que alza vuelo una perdiz, equivoca el camino y se revela emparentado con una de las familias más encumbradas de la élite criolla. El pintor aristócrata se dedica a perseguir a una india embarazada (que no es otra que su hermana) para ofrecerle matrimonio. Y los salvajes indios toman el té de las cinco, fuman hierbas medicinales y resultan expertos en lingüística, metafísica y retórica (cuando no están ocupados comiendo hamburguesas o pasándose jarras de cerveza).

Las lecturas críticas sobre *La liebre* (y las lecturas críticas sobre la narrativa de Aira en general) se han centrado sobre todo en esta estrategia de saturación y parodia de estereotipos, aunque concluyeron en dos líneas contrapuestas, a tono con la interpretación general del siglo XIX en la ficción contemporánea. Una de ellas señala, en consonancia con la lectura más formalista de la reemergencia del pasado fundacional, que sus relatos no deberían medirse en relación con discursos públicos ni políticos sino que deberían interpretarse como un argumento a favor de la autonomía del espacio literario después de la crisis de la representación. Desde esta perspectiva, Aira acude al siglo XIX en busca de procedimientos que le permitan afirmar la potencia de la narración en medio de la crisis de la literatura. La apelación a los relatos fundacionales del imaginario nacional es pura estrategia narrativa, puro procedimiento, puro mecanismo de ficción (Contreras; Fernández). La otra línea (más cerca de la teoría poscolonial) parte de una lectura similar pero deriva en un diagnóstico casi opuesto: el trabajo ficticio con los estereotipos decimonónicos—dice—no puede desligarse de los discursos públicos y políticos. El retorno al pasado no responde simplemente a un diálogo más o menos lúdico con la tradición nacional, sino que sirve más bien para invocar, saturar y desplazar aquellas figuras que han circulado por décadas en el imaginario argentino. La saturación de los estereotipos acaba finalmente en la ruptura de la oposición Otro/Mismo que se encuentra en el corazón de la identidad nacional (Garramuño; Jagoe; Kohan, "Nación"; Masiello, *The Art of Transition* [*El arte de la transición*]).

En este capítulo quisiera proponer una tercera línea de lectura que guarda conexiones con las otras dos, pero que busca extender sus alcances y entender las operaciones narrativas del ciclo pampeano dentro de este fenómeno más amplio de reescritura al que me vengo refiriendo. Quisiera proponer que la "ficción decimonónica" de Aira va más allá de la saturación y el desplazamiento de una serie de estereotipos. En la narrativa de Aira—tal como documentan *La liebre* y ese metarrelato sobre el metarrelato que es *Un episodio en la vida del pintor viajero*—el siglo XIX emerge (me atrevería a decir que por primera vez en la literatura latinoamericana) como formación discursiva, como sistema de enunciabilidad. Si la ficción que analicé en los capítulos anteriores registraba la crisis de los sujetos de enunciación, de la modalidad enunciativa y de los ideologemas propios de la formación discursiva decimonónica, la narrativa de Aira podría pensarse—como me ocuparé de mostrar en la primera parte del capítulo—como un metarrelato sobre este tipo de ficción, como una "arqueología" (Foucault) que vuelve visibles los componentes básicos del siglo XIX como formación discursiva: sus sujetos de enunciación, su modalidad enunciativa, sus reglas de formación conceptual, los mecanismos de representación que sostienen el hilo discursivo, etcétera. En este sentido, y en consonancia con la segunda línea interpretativa, los textos no pueden desligarse de una lectura política y deberían leerse, como me ocuparé de mostrar en la segunda parte del capítulo, como textos de la post-redemocratización—textos en los que el imperativo posdictatorial de retorno al pasado entra en conflicto con la evidencia de la inutilidad de este gesto en la década del noventa. Así, la narrativa de Aira marca un punto de inflexión no sólo dentro de mi libro, sino también dentro de la literatura regional (un punto de inflexión que alude a su vez a un punto de inflexión dentro de la coyuntura posdictatorial): condensa, por un lado, la ficción anterior (la de la redemocratización) y, por el otro, funciona como una especie de manual de procedimientos sobre los que trabaja la ficción posterior (la de la post-redemocratización).

3.1. *La liebre* y *Un episodio en la vida del pintor viajero:* El pasado como metaficción en la narrativa de César Aira

La liebre narra el viaje que Clarke, un naturalista inglés cuñado de Darwin, realiza tierra adentro en busca de un ejemplar exótico que por supuesto nunca encuentra (o al menos no en forma de animal): la liebre legibreriana. Montado en un caballo prestado por Rosas, el inglés se interna en el desierto junto con un baqueano que va a guiarle el camino, el gaucho Gauna, y Carlos Álzaga Prior, un porteño de clase alta, aprendiz de acuarelista. Construida, como todos los textos de Aira, en torno a una "huida hacia adelante" (Contreras 24), la narración recorre una serie de escenarios históricos: Salinas Grandes, el imperio de Calfucurá, las tolderías de los vorogas, y la batalla entre éstos y los huilliches en el corazón del reino mapuche. Al revés de *¡Bernabé, Bernabé!*, *El viaducto* o la obra de Rosencof, en los que se relataba desde otras perspectivas la historia oficial (aun con la incorporación de elementos de ficción), *La liebre* es una aventura completamente ficticia que se inserta en los pliegues de un escenario histórico. Una trama totalmente imaginaria se cuela en escenas que—como las guerras entre las comunidades mapuches—constan en la historiografía. Personajes con un referente real (Calfucurá y su familia, Juana Pitiley, la Viuda de Rondeau, Rosas, Prilidiano Pueyrredón) conviven con personajes imaginarios (los tres protagonistas, por ejemplo). Sin duda podría decirse que en *La liebre* importa menos la ficcionalización de hechos históricos que la representación de tópicos decimonónicos: el viaje por el desierto como articulador de la trama, la delimitación de sujetos sociales como eje de la narración, la autorrepresentación del narrador como letrado y traductor.

La novela se divide en dos partes bien diferenciadas: el relato principal tierra adentro, que lleva por título "La liebre legibreriana," y una primera escena que transcurre en Buenos Aires y en la que se despliegan las líneas que luego seguirá la narración. Esta primera sección avanza todos los estereotipos sobre los que se sostenía la narrativa decimonónica: desde los tópicos de los que la literatura antirrosista echaba mano para caracterizar al Restaurador (su comportamiento incestuoso, su fascinación de iletrado por la escritura, su dominio de la oralidad, su proceder gauchesco y, en un guiño de complicidad con *Amalia*, los efectos de la bebida en la resolana) hasta las alusiones al desierto como el espacio de lo siniestro dominado por el salvajismo del indio. Esta primera sección introduce también una galería de personajes-tipo que aluden a categorías que los abarcan: el naturalista inglés de buenos modales, el gaucho conocedor de la pampa, el indio aguerrido, el negro domesticado, el pintor recluido, el aristócrata mimado. Lo estereotípico de la escena no sólo surge de la repetición—por momentos incluso literal—de fragmentos de los textos más famosos del siglo XIX argentino (sobre todo de *Amalia* [Mármol] y de *Una excursión a los indios ranqueles* [Mansilla]), sino que emana sobre todo del tono del narrador en las descripciones:

> [El naturalista] se cruzó con una carreta manejada por un negro vestido de verde, un verde tan brillante como la librea de un loro. Un niño de cuatro o cinco años corría adelante apartando a las palomas que se posaban en la huella por la que avanzaba, de a milímetros, el vehículo. El tiro era todo un espectáculo: dos

> bueyes gemelos, blancos, tan mal castrados que con el paso de los años (eran centenarios) se habían deformado hasta parecer toros japoneses, con las carotas arrugadas y tantos pliegues de piel blanca en el lomo que daban la impresión de estar cubiertos de sábanas de mármol como las estatuas de Bernini en Roma ... Un poco más allá, donde la costa se precipitaba en unas pendientes vio una reunión de animalitos que a la distancia tomó por cangrejos, pero en realidad eran equidnas abiertos tomando sol. (Aira, *La liebre* 19–20)

Al igual que en el resto de la novela, la entonación general de esta primera escena en Buenos Aires es la de un gran indirecto libre (que no siempre coincide, como en este caso, con el del naturalista inglés) por el que se filtra la perspectiva de un observador ajeno, cuya mirada extranjera se posa en los objetos para exotizar por completo lo relatado. Negros vestidos de un verde tan brillante como la librea de un loro, bueyes centenarios que parecen toros japoneses, de piel tan blanca como las estatuas de Bernini en Roma; las comparaciones reúnen en una sola imagen todo el catálogo de lo exótico para el ojo occidental. Un exotismo que mezcla temporalidades y geografías hasta acabar en un delirio de interpretación casi fantástico, que recuerda los diarios de Marco Polo y las sirenas de las cartas de Colón. La mirada descriptiva se convierte en un mecanismo condensador de exotización: el narrador mira los suburbios porteños hacia donde se dirige la carreta, pero los ve a través de lentes europeas (como las estatuas de Bernini en Roma) y asiáticas (como toros japoneses), para finalmente ubicarlos en Australia y Nueva Guinea (los equidnas son una especie de erizo que sólo habita en esas tierras). La primera escena anticipa así un procedimiento que se repite en la segunda parte y que llega a su punto culminante, como era de esperarse, al introducir a los indios: "Coliqueo era alto, flaco, desgarbado, negro como un africano, con cara de delincuente chino y larguísimas crenchas aclaradas por la manzanilla. Usaba un mugriento uniforme del ejército entreabierto sobre su enclenque estructura engrasada; porque eran tan groseros que cuando se vestían igual se engrasaban la piel. Bebía, como todos ellos" (125). La entonación del narrador coloca la escena bajo la lupa del exotismo y enfatiza tanto su distancia del objeto representado—a partir del tiempo y persona verbales, de la axiología de los adjetivos (sólo desde afuera puede calificarse a alguien de "grosero"), y de las comparaciones—que acaba por volver evidente su carácter narrativo, su condición de objeto mediado por la representación. La saturación del estereotipo, su llevada al extremo, lo exagerado de la representación, terminan por poner en evidencia su cualidad de artificio. Como afirma el propio Aira en algunos de sus pocos ensayos y entrevistas ("Exotismo" 74; Berti), la clave de su literatura no radica—como proponía Borges en "El escritor argentino y la tradición"—en la atenuación del color local sino justamente en lo opuesto: en hacer como si se fuera argentino, volverse lo que ya se es por el camino del simulacro y de la ficción; operación que, dada la manera en la que históricamente se ha construido la cultura nacional, exige pasar por el tamiz de una mirada ajena, extranjera, europeizante, exotizadora.

En *La liebre* el carácter artificioso de la representación, además de desprenderse de la mirada exotizadora del narrador, se ve acentuado también por pequeños desplazamientos narrativos que irrumpen a partir de la yuxtaposición de discursos contrastantes, generalmente de la yuxtaposición entre las descripciones estereotípicas y sintagmas o diálogos que introducen una dimensión coloquial y temporal que vuelve aún más lejana la descripción anterior: "Entre los salvajes que rodeaban el fogón había estallado una reyerta. El griterío era infernal. Mientras conversaban, una parte de la mente de Clarke había seguido el progreso de la ebriedad de los indios. Los había oído pasar por el estadio del 'Cómo te quiero, hermano,' y ya estaban en las agresiones que sobrevenían siempre" (118). La incorporación de fragmentos de la oralidad típicos del presente de enunciación de la novela (o, al menos, de bien avanzado el siglo xx) vuelve las descripciones aún más lejanas, acentuando no sólo su carácter artificial sino también su carácter anacrónico: "A ver, una patinesa para el señor Álzaga Prior" (177). "[El Restaurador] se despachó medio litro de ginebra" (9). Por último, la puesta en evidencia de la artificiosidad se produce también en la novela a partir de la ruptura de las descripciones estereotípicas con la incorporación repentina del estereotipo inverso. Las imágenes de los indios engrasados y salvajes son interrumpidas por sus largos discursos sobre metafísica y semiótica. Las eruditas interpretaciones culturales del gaucho Gauna quedan en suspenso cuando cae en la cuenta de que el naturalista lo observa y rápidamente, volviéndose más gaucho que cualquier gaucho, se pone a mordisquear el pasto. Los cálculos racionales de Clarke se desvían cuando, desafiando la típica racionalidad inglesa, su credulidad o sus emociones lo vuelven incapaz de la distancia necesaria para entender lo que ocurre a su alrededor.

La hiperbolización de las descripciones, la incorporación de elementos coloquiales o temporalmente distantes y la confrontación con la imagen opuesta vuelven evidente el carácter artificial, estereotípico y mediado de los objetos representados. Finalmente, todo acaba por desestabilizarse. Como en toda la ficción de Aira, hay un punto de inflexión en el que la narración se desboca y se vuelve absolutamente delirante. El relato de viajes deviene en un melodrama. La trama concluye en una escena de reconocimiento que termina de desbaratar todas las expectativas: Clarke es en realidad el hijo primogénito de Calfucurá y Juana Pitiley; la Viuda de Rondeau es la hermana de Gauna y la ex amante de Clarke, y Carlos Álzaga Prior es el hijo de ambos. Como diría la segunda línea interpretativa, luego de un prolijo trabajo con la saturación, el desplazamiento y la inversión, la distinción Otro/Mismo (tan cara a la representación de la identidad nacional) pierde sentido.

I

Al menos desde mediados del siglo XVIII y durante todo el siglo XIX, con la emergencia de la historia natural como disciplina central y el surgimiento de la exploración territorial como estrategia principal de expansión, el relato de viaje—dice Mary Louise Pratt en su clásico *Imperial Eyes (Ojos imperiales)*—se convierte en el género privilegiado del euroimperialismo. Los narradores-viajeros (científicos, comerciantes, pintores, ingenieros) recorren los "nuevos territorios" de África y de América, y plasman en su escritura una mirada exploradora (a veces abiertamente pragmática, otras veces cargada de inocencia) que, al mismo tiempo que produce simbólicamente al "resto del mundo," inaugura un nuevo tipo de conciencia planetaria. Al observar, clasificar, catalogar y traducir los elementos del espacio explorado (el territorio, sus habitantes, las relaciones entre ellos, etcétera) y asignarles un lugar como variables dentro de un sistema preestablecido, el "ojo imperial" los naturaliza, consolida nuevos modos de subjetividad burguesa y legitima una nueva fase del capitalismo territorial (1–12). La Argentina del siglo XIX no constituye en este sentido, como ya ha sido muchas veces señalado, ninguna excepción. La literatura del período abunda en (y, en realidad, se construye sobre) narraciones de viajeros (criollos y extranjeros) que a través de sus recorridos diseñan el mapa simbólico del Estado-nación, trazan sus límites y normalizan identidades; en definitiva, que se encargan de *producir* el espacio nacional (Andermann; Montaldo, *De pronto*; Prieto; Viñas, *Literatura argentina*). *La liebre,* con su viajero científico armado de un cromatógrafo que clava "pinches en los colores blandos del crepúsculo" (19) y con su viajero artista armado de un pincel para captar el paisaje del desierto, no puede dejar de leerse desde esta constelación de sentidos. El relato remite a la típica narración decimonónica de conquista simbólica del espacio. Recuerda a Hudson, a Ebelot, a Mansilla, a Zeballos, y a la larga tradición de narradores-viajeros que fundan la literatura nacional. Ahora bien, a partir del simulacro de un típico relato de viaje, la novela no sólo—como han enfatizado las lecturas críticas—complica y quiebra la oposición Otro/Mismo que garantiza la construcción de estereotipos, sino que además ficcionaliza las coordenadas de toda una formación discursiva. El simulacro de relato de viaje hace visibles (a partir de los procedimientos narrativos de saturación, desplazamiento e inversión) las reglas de formación que sostienen el siglo XIX como sistema de enunciabilidad. Además de parodiar aquellos estereotipos que componen la tropografía nacional (el gaucho, el indio, el negro, el criollo), configura una arqueología del siglo XIX como formación discursiva; pone en evidencia aquellos mecanismos narrativos que permiten el surgimiento de la serie de enunciados que conforman el discurso decimonónico (y, con éste, el relato nacional).

Esta estrategia de simular y desplazar un típico relato de viaje para configurar una arqueología del siglo XIX como formación discursiva se vuelve doblemente visible a partir de la incorporación de un relato intercalado que funciona como una puesta en abismo de esta operación. Hacia la mitad de la novela, la narración se desvía en un *flashback* en el que Clarke le cuenta a Carlos su lejana historia de amor, una historia ocurrida algunas décadas atrás, durante un viaje de exploración a Chile y Argentina junto con una expedición compuesta de un geólogo, su hija Rossanna, un negro y un grupo de indios. El relato intercalado de esta primera expedición condensa uno por uno todos los elementos de un típico relato de viaje, y esta condensación—como ocurría con las descripciones estereotípicas—contrasta con la narración central y vuelve aún más visibles (a partir de este contraste) las reglas de formación propias del discurso decimonónico:

> Encontramos montañas de hielo negro, que se trasladaban ante nuestros ojos; bosques de gigantescos pinos azules, en los que pastaban ciervos altos como caballos; valles cubiertos de flores hasta el último centímetro de su extensión, y sobre ellos ciclópeas cornisas de nieve cuyas volutas pulía el viento … Y dondequiera que fuéramos nos seguía la mirada de Callango, ese negro demente … un histérico primitivo con rasgos feminoides … [Descubrimos] finos árboles dorados, cuya corteza tenía la textura de la piel humana, pero helada, como ningún árbol la ha tenido jamás (los mirtos europeos son tibios) … Hasta que un día … una raza de indios desconocidos, aullantes, semidesnudos, nos atacó por sorpresa, ¡a nosotros, que no les habíamos hecho nada! (106–09)

Pratt señala que a comienzos del siglo XIX el relato de viaje (con Alexander von Humboldt como epítome) combina dos líneas narrativas, la sentimental y la científica, para legitimar un nuevo tipo de subjetividad burguesa doblemente configurada a partir de la autoridad de la esfera privada y de las instituciones de saber (109–40). Ciencia y sentimiento codifican una narrativa que produce nuevos modos de legitimidad cultural al entrelazar lo privado y lo público, la experiencia y la información, el espacio individual íntimo y el espacio público de la autoridad disciplinar—dos caras complementarias en la conformación del sujeto burgués moderno. En este sentido, el relato intercalado condensa todas las estrategias narrativas que Pratt señala como típicas del relato de viaje decimonónico. Como si fuera un *alter ego* de Humboldt, Clarke sitúa su voz (su ojo imperial) en la intersección entre el discurso sentimental y el de la historia natural. Como en Humboldt, el lenguaje de las emociones se posa en los objetos para asignarles un valor que se dice privado pero que se revela cargado de contenido ideológico; un lenguaje emocional que a la par que describe (resguardado entre los límites incuestionables de la intimidad) produce el espacio colonial: los sujetos que lo habitan ("una raza de indios desconocidos, aullantes, semidesnudos"), y el territorio en el que se inscribe ("gigantescos pinos azules," "ciervos altos como caballos," "valles cubiertos de flores," "ciclópeas cornisas de nieve"). De hecho, en el breve relato cristalizan los que han sido frecuentemente señalados como los tres estereotipos post-Humboldtianos de construcción del paisaje americano: las montañas de picos nevados, la llanura extensa, el bosque abundante. Como si fuera poco, al igual que el narrador de los relatos sentimentales de viaje, Clarke representa la "zona de contacto," el espacio en el que culturas dispares se encuentran y entran en conflicto (Pratt 8), a través de la retórica de la "anti-conquista" (Pratt 9): es decir, se autoconstruye como una víctima pasiva, abrumado por un espacio exuberante que le sobreviene sin que él intervenga ("montañas de hielo negro, que se trasladaban ante nuestros ojos; … una raza [que] nos atacó por sorpresa ¡a nosotros, que no les habíamos hecho nada!" [106–09]). Pero además de narrarse a través del discurso sentimental, la zona de contacto se narra también a través del discurso de las ciencias naturales y queda delimitada al mismo tiempo por la autoridad institucional. Las ciencias naturales—disciplina que, como analiza Foucault, está en el corazón del siglo XIX como formación discursiva—sostienen las reglas de combinación, sucesión y dependencia de enunciados. Causa y efecto de esta modalidad enunciativa, el narrador se configura como el sujeto de enunciación capaz de describir, clasificar, establecer analogías y traducir ("el negro es un histérico primitivo con rasgos feminoides, los árboles tienen la corteza fría a diferencia de los tibios mirtos europeos; los ciervos son como caballos, la textura del tronco es como la de la piel humana" [106–09]). El narrador es aquel sujeto de enunciación capaz de producir orden a partir del caos y de organizar a partir de este ordenamiento la zona de contacto como espacio colonial. La narración intercalada del romance entre Clarke y Rossanna condensa así los elementos típicos del relato de viaje y, con ellos, las coordenadas básicas del discurso decimonónico: su modalidad enunciativa, sus sujetos de enunciación, sus enunciados típicos y (lo que me interesa sobre todo) las reglas de formación que permiten la emergencia de estos enunciados.

Ahora bien, las estrategias narrativas que dominan el relato intercalado contrastan con las del resto de la novela, generando un efecto similar al que se generaba con los estereotipos. En el cuerpo central de *La liebre* hay una saturación de las reglas de formación que acaba por hacer evidentes (y, en virtud del relato intercalado, doblemente evidentes), la existencia misma de esas reglas de formación. Así, la observación deviene un exceso de observación: "Los ejércitos circulaban por un plano cuyas pendientes ellos mismos producían e invertían en instantes" (190). "Había que hacer una traducción por la distancia ... Lástima la bruma, que impedía apreciar ciertos detalles" (194–95). Un exceso de observación que termina por producir efectos ópticos que impiden la garantía de la visión. De repente, por ejemplo, Clarke se ve a sí mismo desdoblado y aparecen unos patos gigantes del tamaño de pigmeos. Finalmente el narrador no puede fiarse de aquello que observa y duda de si sus visiones se corresponden con la realidad o si son el producto de la ingesta masiva de hongos alucinógenos. Y si la observación deviene un exceso de observación, la clasificación concluye por su parte en una sobreclasificación que (como ocurría con la distinción Otro/Mismo inherente a la construcción de estereotipos) acaba con la posibilidad misma del catálogo. Por ejemplo, la famosa liebre legibreriana, el objeto principal de la búsqueda científica que dispara la trama, es un animalito blanco, pero también es un diamante "que habría sido hecho por unos judíos de Amsterdam por encargo de Carlos V, para ajustarse al arco superciliar derecho de Erasmo, que habría debido usarlo como monóculo para paliar su astigmatismo, y poder 'leer,' 'leer,' lo 'legible'" (143), y es además una marca de nacimiento que llevan en el cuerpo los descendientes de Calfucurá. Y si la clasificación no es posible (si cualquier cosa puede ser cualquier otra, entonces la distinción y el catálogo pierden sentido), mucho menos posible es la traducción, que en la novela se convierte en sobretraducción: "la palabra mapuche para 'ley' significaba otras muchísimas cosas, entre ellas, sin ir más lejos 'atreverse,' 'sugerir,' 'extranjero,' 'saber,' 'palabra' y 'mapuche'" (31). Una sobretraducción que borra la posibilidad de asignar sentido al referente: "Le dijeron que efectivamente una liebrecita blanca ("blanco" se decía con la misma palabra que "gemelo") había levantado vuelo ... habían usado una palabra extra, un enclítico ("iñ") después de 'levantar vuelo,' que indicaba el pretérito de un modo algo enfático. Podía significar 'hace un minuto,' 'hace mil años' o 'antes'" (36). Si el discurso de la historia natural supone que la mirada científica es capaz de reducir la distancia entre el lenguaje y el mundo, en *La liebre* la sobretraducción aleja definitivamente el lenguaje y el mundo; rompe la ilusión mimética, quiebra la posibilidad de cualquier tipo de equivalencia. Esta distancia epistemológica se lexicaliza en la imposibilidad para Clarke de asir el significado del idioma mapuche a pesar de conocer cada uno de sus dialectos: y es que los errores producto de la deformación natural de los hablantes nativos y los errores de los principiantes coinciden y acaban así con el concepto mismo de lo gramaticalmente correcto.

Descripción, clasificación, analogía y traducción (estrategias ideológico-discursivas que sostienen el siglo XIX como sistema de enunciabilidad) se vuelven, de tan exageradas, ridículas e imposibles. El contraste entre el relato intercalado y el relato central funciona como una puesta en abismo del procedimiento sobre el que se construye la novela: repetir un texto decimonónico, reproducir sus dispositivos discursivos y sus estrategias de representación, y luego llevarlo al absurdo e invertir sus mecanismos de configuración. Metarrelato sobre la construcción del discurso decimonónico, ficcionalización de sus coordenadas básicas como sistema de enunciablidad, *La liebre* funciona como una arqueología del siglo XIX en tanto formación discursiva. No sólo vuelve evidente la composición de las figuras típicas del relato nacional (del indio, del gaucho, del extranjero, de la pampa), sino que sobre todo vuelve evidente la composición de los mecanismos narrativos que permiten la creación del relato nacional.

En *Mapas de poder*, Jens Andermann muestra cómo la producción literaria del espacio fija las condiciones de posibilidad que viabilizan la elaboración de discursos identitarios y, con ellos, la perpetuación de la hegemonía social y política. Su recorrido diacrónico distingue tres momentos bien diferenciados del siglo XIX, dominados por diversas estrategias de posicionamiento frente al espacio: la "apercepción," la "apreciación" y la "apropiación." El primero es el de los proscriptos del rosismo: desde el exilio, Echeverría, Mármol, Sarmiento y los otros románticos desterrados son los que fabrican la primera representación del espacio nacional como un modo de reconstrucción de la alianza con el Otro dominante (el extranjero) y de oposición al Otro interno. De ahí la primera imagen sobre el espacio nacional: el desierto. El espacio es *apercibido* en la doble acepción del término: es advertido desde la extraterritorialidad como la condición de posibilidad de la configuración nacional y es preparado—vaciado, desertizado—en una táctica de atracción del inmigrante que lo venga a ocupar, a poblar, a dominar. La segunda etapa se abre con la caída de Rosas en la batalla de Caseros: ahí comienza el período concreto de producción del nacionalismo territorial. Una serie de viajeros (científicos, comerciantes, soldados, artistas) describen y exploran las tierras del interior y trazan el mapa del Estado-nación. En la apreciación se juega, como ya han señalado los estudios sobre los relatos de viaje, la reducción a la territorialidad normativa del Estado y la producción de una nueva forma de autorización cultural. Una vez trazada esta topografía nacional, se vuelve necesaria la construcción de una tropografía; es decir, de figuras simbólicas capaces de sostener y afianzar la identidad nacional. Con la conclusión de la campaña del desierto, las tierras del interior se convierten en el patrimonio de la tradición en contra del creciente número de inmigrantes; desde ese entonces narrar la tradición nacional equivale a narrar la pampa decimonónica (13–21).

Es en el cruce de estas etapas que cobra sentido *La liebre*. Por un lado, se inserta de lleno en la tradición nacional y narra el pasado a través de la representación del desierto decimonónico; por el otro, se enmarca temporalmente en la etapa anterior a Caseros pero se construye a su vez en torno a un relato de viajes típico del período posterior. Las tres operaciones registradas por Andermann se entremezclan: la novela apela a una tropografía nacional ya construida y fácilmente reconocible (al imaginario sobre la identidad y la tradición post-1880), ubica la trama en la primera mitad del siglo XIX (en el momento en el que se gestan las primeras imágenes del espacio nacional), y ficcionaliza y visibiliza hasta el hartazgo los procedimientos con los que en la segunda mitad del siglo XIX los relatos de viajes diseñan el mapa del Estado-nación (el momento en el que se normalizan las identidades y se fabrican los modos de legitimación cultural que aseguran la perpetuación de la hegemonía política y social). Es decir, yuxtapone las principales instancias de representación del espacio nacional: actualiza la representación contemporánea, la traslada a su punto de origen y pone en evidencia—y somete a inversión—los procedimientos que hicieron posible su canonización. Esta vuelta particular al siglo XIX no sólo organiza un procedimiento narrativo, sino que sobre todo deriva en la construcción de un metarrelato sobre la organización de los procedimientos que sostienen la representación.

II

Si *La liebre* es una metaficción que construye una arqueología del siglo XIX, *Un episodio en la vida del pintor viajero* da todavía un paso más allá. Compone algo así como una coda metarreflexiva que permite entender las operaciones de Aira sobre el pasado fundacional, una especie de manual de lectura (y de escritura) del siglo XIX, casi un metarrelato sobre el metarrelato. Ya el primer fragmento anuncia la dirección que seguirá la novela: será una biografía de Rugendas, el pintor alemán que en 1847 viaja por segunda vez a Argentina, registra un sinnúmero de paisajes y de tipos, y desmiente la teoría de Humboldt que explica los talentos de un pintor por los excesos de la geografía. "Pero la desmentida"—concluye el primer párrafo—"en realidad había tenido un anticipo diez años antes, en la primera visita, breve y dramática, interrumpida por un extraño episodio que marcó de modo irreversible su vida" (1). Lo que sigue entonces es la narración de aquella visita, de aquel episodio y de aquella desmentida; el relato de aquella primera excursión que oficia de precursora del viaje de 1847 en el que pinta más de doscientos tipos y paisajes. La novela es la historia previa de las pinturas; el momento que antecede a la creación de los cuadros de tipos (equivalentes pictóricos, podría decirse, de los relatos de viaje); el grado cero de la representación.

Como en *La liebre*, las primeras páginas despliegan los supuestos que sostienen los relatos de viaje típicos—aunque aquí el narrador, acentuando el carácter metarreflexivo de la ficción, se coloca dentro de una perspectiva posterior; narra hacia atrás. Así sabemos que Rugendas emprende junto con Krause, otro pintor viajero, una travesía que se propone registrar gráficamente la realidad a su paso, la misión que "cien años después habría cumplido un fotógrafo" (8). Ciencia, arte y economía vuelven a entrelazarse. Los pintores viajeros buscan aprehender el mundo en su totalidad a partir del método preconizado por Humboldt, el de la fisionomía de la naturaleza: un método que pretende ordenar la suma de imágenes coordinadas en un cuadro abarcador. Rugendas lleva, de hecho, una carta con directivas en las que el propio Humboldt le exige observar las tierras americanas, clasificarlas, catalogarlas, traducirlas y luego plasmarlas pictóricamente. La fisionomía de la naturaleza tiene su contraparte redituable: los paisajes exóticos y lejanos copan el mercado europeo de cuadros y estampas. El arte produce un espacio que resulta a su vez altamente productivo. Artista, espacio y representación parecen convivir en armonía. La realidad está ahí, al alcance de la mano: sólo basta con traducirla a la pintura para lograr un reflejo casi fotográfico que, dado lo maravilloso de la naturaleza americana, no puede ser otra cosa que grandioso. Como *La liebre*, *Un episodio en la vida del pintor viajero* repite uno por uno los componentes de un clásico relato de viaje. El narrador refiere los encuentros de los personajes con una naturaleza abrumadora y exótica, sus conversaciones con baqueanos expertos en decodificar el terreno, y sus aventuras con indios aguerridos y criollos semisalvajes. Al igual que en la otra novela, el relato de los pintores viajeros no es otra cosa que el recuento de cómo éstos describen, traducen, clasifican, ordenan y catalogan el espacio colonial.

Pero el designio secreto de Rugendas, cuyo genio excede con creces el de su amigo Krause—y aquí se insinúa un primer desplazamiento de la teoría humboldtiana—, es llegar al corazón de la pampa. Como en la mayoría de los textos de Aira, la pampa es el centro geográfico que pone a prueba la posibilidad misma de la representación. El lugar en el que la llanura se une con el horizonte se convierte en el epicentro en el que la visibilidad, de tan extrema, vuelve la visión imposible. La saturación de visibilidad cae en el vacío absoluto, un vacío que desafía todo tipo de registro. Es por eso que el desierto no se deja plasmar; es el "reverso del arte" (10). Es en ese centro geográfico que la narración (como no podía ser de otra manera tratándose de Aira) se desboca. En medio de la llanura Rugendas es alcanzado por un rayo que sacude su cuerpo en convulsiones epilépticas. El pintor viajero se transforma en un monstruo: la cara desfigurada, los nervios crispados, incapaz de controlar los dolorosos espasmos; sólo sobrevive de ahí en más a base de fuertes dosis de morfina y opio. Al desarreglo de los sentidos se suma el advenimiento del malón. Una bandada de indios irrumpe en la narración y lleva a cabo lo que enseguida se revela como un simulacro de malón. Montan un espectáculo en el que alternan las acrobacias hípicas con la exhibición de falsas cautivas que son en realidad indios travestidos, terneras blancas y hasta un salmón rosado. "Habría sido imposible trasladarlo al papel"—reflexiona el narrador—"ni siquiera en alguna especie de taquigrafía" (75). Como en el centro de la pampa, el exceso de visibilidad atenta contra la posibilidad de captación. Al igual que el desierto, aquello que está más cargado de representación—el malón, tópico privilegiado de la narrativa del XIX—se vuelve irrepresentable. La saturación de sentido desemboca en el vacío; la realidad deviene una *performance* de lo real. En medio de uno de sus peores ataques de epilepsia, drogado más allá de los límites, con los sentidos alterados y la visión obnubilada por una mantilla que le permite protegerse del sol, Rugendas se inmiscuye en el *happening* del malón y halla por fin las claves del procedimiento que diez años más tarde permiten la creación masiva de los cuadros de tipo: "el indio seguía siendo indio aun fragmentado a su mínima expresión, por ejemplo un dedo del pie, a partir del cual se podía reconstruir al indio entero" (78). La pintura (y, como también nota el narrador, el relato) no depende del referente. No es el producto de la observación, la clasificación, el catálogo y la traducción de maravillosos objetos de la realidad, sino el resultado directo de la puesta en marcha de estos procedimientos. Como señala Fermín Rodríguez en su lectura de la novela: "… las coordenadas subjetivas retroceden o desaparecen, dejando expuestos los núcleos de reproducción mecánica que permiten que un relato evolucione" (*Un desierto para la nación* 58). En otras palabras, la narración es el resultado del ejercicio discursivo de traducir, catalogar, describir y clasificar, independientemente del sujeto (y del objeto) detrás de ese ejercicio discursivo. Tras este descubrimiento, Rugendas se sienta junto a los indios, saca sus materiales y comienza su trabajo: "las bocazas de labios como salchichones aplastados, los ojos de chino, la nariz como un ocho, las crenchas duras de grasa, los cuellos de toro. Los dibujaba en un abrir y cerrar de ojos" (89–90).

La descripción del cuadro no es desconocida para el lector de Aira. Con una o dos variaciones, son éstos los fragmentos que componen a los indios de todas sus novelas. Sin ir más lejos, al Coliqueo de *La liebre* ("alto, flaco, desgarbado, negro como un africano, con cara de delincuente chino y larguísimas crenchas aclaradas por la manzanilla. Usaba un mugriento uniforme del ejército entreabierto sobre su enclenque estructura engrasada" [125]). El descubrimiento de Rugendas obliga a una relectura de los dos textos (y del ciclo pampeano en general) que revela una cantidad de sintagmas que se repiten casi de manera literal, pero que se combinan de distintas formas para crear nuevos relatos. Narraciones gestadas a partir del procedimiento que se explicita en *Un episodio*, las novelas del ciclo pampeano se configuran sobre una serie fija de enunciados que se mezclan, se reordenan y reorganizan. Así, la figura del indio en *Ema, la cautiva* se convierte en un clon de las otras: "sus rasgos eran negroides, y tenía el cabello corto, erizado y grasiento" (45); "[tenía] rasgos asimétricos, negroides o indios, que le daban aire de permanente distracción o lejanía.

Los labios eran gruesos y sobresalientes" (51). Y el paisaje deviene una postal que se repite casi invariable de texto en texto:

> Encontramos montañas de hielo negro, que se trasladaban ante nuestros ojos; bosques de gigantescos pinos azules ... valles cubiertos de flores hasta el último centímetro de su extensión ... finos árboles dorados, cuya corteza tenía la textura de la piel humana, pero helada, como ningún árbol la ha tenido jamás (los mirtos europeos son tibios). (*La liebre* 106–09)
>
> Lentas pasaban las montañas frente a ellos ... montañas de hielo, lagos, ríos, bosques impenetrables. ... bosques de mirtos delicados ... suaves al tacto y fríos como el hielo. (*Un episodio* 26, 58)
>
> la línea azul de las montañas sobre el horizonte ... vastas alfombras de flores minúsculas rojas y amarillas ... se sentían gigantes sobre un bosque en miniatura. (*Ema* 37–38)

El narrador metaficcional lo explica de manera cabal: "Y era que el procedimiento fisionómico operaba con repeticiones: los fragmentos se reproducían tal cual, cambiando apenas su ubicación en el cuadro" (*Un episodio* 47). *Un episodio en la vida del pintor viajero* es, por un lado, la narración de cómo se quiebra la ilusión mimética que sostiene la teoría humboldtiana (lo que *per se* no introduce, en pleno siglo XX, ninguna novedad), y por el otro, es la narración (y esto es lo que me interesa sobre todo) de cómo se construye la representación desde los albores del relato nacional. Como anticipa el epígrafe que abre este capítulo, el siglo XIX de Aira no constituye tanto un relato como un conjunto de herramientas que permitirían eventualmente reinventar el relato. Al concluir su biografía de conversión, Rugendas ya tiene las claves que le permitirán diez años más tarde producir los retratos en cantidades masivas: "el procedimiento seguía actuando por él" (91). El siglo XIX argentino es, como ya lo ha señalado el discurso académico, el laboratorio en el que se crean las figuras típicas del imaginario argentino y la "máquina de narrar" la nación. Es el reservorio en el que se gestan los procedimientos de representación que se perpetúan más allá de los límites temporales. Como pone de manifiesto la ficción de Aira, es un sistema de enunciabilidad que dicta las reglas de formación (de clasificación, descripción, traducción, etcétera) que permiten la construcción del relato (nacional). Y son precisamente estas reglas de formación las que se ponen en marcha en sus textos y las que acaban por configurar una serie inagotable de narraciones.

En lugar del relato, las novelas de Aira proporcionan el conjunto de herramientas que permitiría eventualmente reinventar el relato. Como sugería la primera línea de lectura, proveen un arsenal de procedimientos narrativos—de hecho, diseñan un manual de escritura sobre el que de ahí en más, como exploraré en los próximos capítulos, trabajará gran parte de la literatura contemporánea del Cono Sur (además de, por supuesto, él mismo). También, como sugería la segunda línea, los textos se encargan de la saturación, el desplazamiento y la inversión de los estereotipos que componen el imaginario nacional. Pero sobre todo sus narraciones configuran, como intenté mostrar en este análisis, una arqueología del siglo XIX como sistema de enunciabilidad.

3.2. De *Moreira* a los noventa: El pasado en camino hacia la post-redemocratización

Si hay algo a lo que impulsa la ficción de Aira es a lecturas críticas que tratan de desmenuzar los procedimientos estilísticos, que intentan deslindar los complejos cruces del tejido narrativo. Mucho más arduo, en cambio, es encontrar un acuerdo sobre el modo en que deben interpretarse estos procedimientos, un acuerdo que exceda un análisis textual—disonancia que posiblemente aluda a la existencia de dos marcos teóricos en pugna después de los noventa: uno más anclado en el posestructuralismo y otro más cercano a la teoría poscolonial. La relación entre la narrativa de Aira, la historia y la política ha sido siempre un punto de conflicto para la crítica. Desde los indios expertos en genética de *Ema, la cautiva* hasta la manipulación lúdica del motivo del secuestro de personas (el tópico candente de la Argentina después del 2001) en *Las noches de Flores,* el tratamiento paródico del pasado y la mirada burlesca—cuando no irreverente—sobre el presente han llevado a que se le coloque las más diversas etiquetas: desde "despolitizada" hasta "frívola."[4] Los problemas de lectura se agudizan en las novelas del ciclo pampeano. Al trabajar en los pliegues del pasado nacional, al entrelazar hechos de ficción con eventos y personajes a los que se les puede adjudicar un referente real, al operar sobre el imaginario de la tradición post-1880, establecen evidentemente una relación con la historia. ¿Pero cómo leerla?

Florencia Garramuño—haciéndose eco de la que identifiqué como la segunda línea de lectura—ve en *La liebre* una reescritura que usa la historia para despojarla de sus marcadores reales y convertirla en ficción. Ni alegoría política, ni construcción de un relato alternativo, ni—como las metaficciones historiográficas de Linda Hutcheon—indagación en las posibilidades de representación de la historia, *La liebre* es simplemente *ahistórica*. Se despreocupa de la historia y la usa para referir a la cultura nacional y poder así desplazar las identidades nacionales y culturales. La vuelta al siglo XIX es una estrategia narrativa para llevar al lector a actualizar los estereotipos del imaginario nacional e impulsar su cuestionamiento. El pasado no interesa como relato histórico sino como un espacio de legitimación y autorización cultural que debe ser repensado. Es este gesto revisionista lo que convierte al texto en una novela de la redemocratización. Eva-Lynn Jagoe y Francine Masiello concuerdan con que *La liebre* no se ocupa de contar una historia alternativa (aunque es precisamente este gesto el que, a diferencia de lo que afirma Garramuño, hace que el texto no pueda ser calificado de revisionista), sino que pone de manifiesto la continuidad de las estrategias y figuras discursivas que han permitido durante décadas la existencia de la identidad nacional (y de sus "otros"). La puesta al desnudo de esta continuidad obedece al imperativo de duelo que es típico de la Argentina posdictatorial.

Sandra Contreras, en cambio, se distancia de la línea de lectura que entiende la vuelta al siglo XIX como una estrategia de deconstrucción de estereotipos. La ficción de Aira—dice, a tono con la primera línea—no puede medirse en relación con el poder ficcional de los relatos sociales, del Estado o de la política, precisamente porque se ocupa de desvanecer el contexto. El regreso al pasado decimonónico no es otra cosa que un "dispositivo ficcional para generar la mirada" (11). La llevada al absurdo de las identidades culturales y nacionales no es una operación de deconstrucción sino un mecanismo de invención. Aira organiza una vuelta al relato para poder empezar de nuevo, explorar desde la ficción las características del arte antes de su institucionalización. La desarticulación no es un gesto crítico sino, por el contrario, la afirmación de la potencia absoluta de la narración. Su originalidad radica en la recuperación del optimismo en las posibilidades del relato después de las antinovelas de los sesenta y setenta, después de la dictadura, después de la caída de los grandes relatos; en suma, después de la crisis de la representación.[5]

Hasta cierto punto no encuentro que estas dos líneas de lectura discrepen demasiado, y en definitiva no creo que haya un modo de resolver las disonancias sin apelar a una comprobación (imposible) de los efectos de recepción: que la llevada al absurdo del discurso decimonónico genere procedimientos que potencian la narración (punto que prueba la existencia misma del relato y que enfatiza la proliferación desmesurada de relatos) no quita que la operación se sostenga sobre un gesto deconstruccionista (de hecho, es precisamente la recuperación de la posibilidad narrativa lo que separa la *deconstrucción* de la mera *destrucción*). Pero el desacuerdo entre las dos líneas interpretativas y entre ciertas lecturas dentro de estas líneas, sobre todo en torno a *La liebre*, alude (y es esto lo que me interesa rescatar) a aquellas contradicciones que filian la novela con el subtexto ideológico de la post-redemocratización. ¿Es *La liebre* una novela que es puro mecanismo de ficción y que, por ende, no debe leerse en relación con la historia (Contreras)? ¿Es una novela ahistórica pero revisionista, como cualquier novela de la redemocratización (Garramuño)? ¿O es una novela no-revisionista, pero que presenta un trabajo de duelo que es típico de la posdictadura (Jagoe; Masiello, *The Art of Transition*)? Un recorrido diacrónico por los textos del ciclo pampeano ilumina el debate y permite situar las contradicciones como el producto de un punto de inflexión dentro de la posdictadura: el pasaje de la redemocratización a la post-redemocratización. Si la repetición de una serie de núcleos narrativos—el juego con los estereotipos, la representación del espacio como el resultado de diversos efectos ópticos, la línea recta de la llanura como el reverso del arte, los sintagmas idénticos—estimula un análisis transversal de todo el ciclo, es precisamente la relación diferente de cada texto con la historia la que exige una lectura que respete el orden cronológico de escritura. A pesar de que todos comparten una serie de técnicas que invitan a una interpretación en conjunto—como la que lleva a cabo Fermín Rodríguez en *Un desierto para la nación*, libro en el que se refiere a *La liebre*, *Un episodio*, *Ema* y *El vestido rosa* casi como si fueran un *corpus* continuo—cada texto establece una relación particular con el contexto histórico. Atender a esta relación permite trazar un arco que va desde la pampa decimonónica como lugar de experimentación político-estética en el *Moreira* de los setenta hasta la pampa decimonónica como metarrelato en los noventa. Una mirada diacrónica delinea cómo la representación del pasado fundacional—lejos de permanecer inmutable—registra el camino que va desde el optimismo pre-dictatorial hasta el ocaso de la primavera democrática; desde el impulso a la acción política hasta la desazón de la post-redemocratización (el mismo camino que, en Uruguay, marca el contraste entre el *¡Bernabé, Bernabé!* anterior al referéndum y la versión definitiva del 2000).

Así, en 1972 *Moreira* añade a la representación del campo como sede de experimentación de las vanguardias estéticas—operación que acerca a Aira al Oliverio Girondo de *Campo nuestro*—un componente eminentemente político. Si en otros países de América Latina el espacio rural es la condición de posibilidad de la lucha armada, Aira parece compensar la diferencia argentina con la saturación política del espacio rural de la ficción. En *Moreira* no sólo el cine, la fotografía y los aviones circulan el desierto argentino sino que, en un claro gesto de intertextualidad con el *Manifiesto comunista*, "un fantasma recorre las pampas" (*Moreira* 2), un fantasma al que Moreira—el gaucho malo de la tradición argentina, el que, al revés de Martín Fierro, permanece como un delincuente al margen de la ley—le hace eco con su "Sean marxistas" (75). La incitación a la política de 1972 cambia por completo en 1978, ya avanzada la dictadura militar. En vez de la sede simbólica del marxismo, la pampa decimonónica de *Ema, la cautiva* es el espacio saturado por la circulación del dinero, cuyo carácter abstracto hace que caiga—como ocurre en otro texto de Aira: *Duchamp en México*—en el absurdo. El desierto, lejos de ser el foco de la lucha política, es el lugar al que las tropas de oficiales van a enriquecerse a costa de otros. Como *La liebre*, *Ema, la cautiva* se divide en dos partes bien diferenciadas. En la primera, un ejército de soldados se interna en el desierto acompañado de un ingeniero francés y de un grupo de convictos a los que lleva con fines de explotación. Esta primera parte pone de relieve una brutalidad de la que están exentas las otras novelas de Aira. Filtrada por la perspectiva del ingeniero francés que enfatiza aún más la bestialización, la escena narra los abusos del ejército: la humillación, la violación, el maltrato y el asesinato de aquellos expulsados de la sociedad a quienes se puede someter a cualquier cosa. En contraste, y generando la impresión de que lo anterior era un relato externo incrustado en el cuerpo principal de la narración, la parte principal de la novela desarticula a través de las aventuras de Ema el mito de la cautiva. La vida en las comunidades indígenas es casi idílica: entre los indios reinan la elegancia, la cortesía y el misticismo. El relato se cierra con la imagen de las cuevas que antes eran la colonia de Nueva Roma, un lugar de peregrinación indígena que ha quedado vacío después de la "masacre" (223). En tiempos en los que las fuerzas armadas argentinas aprovechan las vísperas del centenario de la campaña al desierto para ensayar una reivindicación del accionar militar, *Ema, la cautiva* organiza una lectura del pasado fundacional que es, cuando menos, incómoda para el discurso oficial. Incluso sin apelar a una conexión directa con el contexto de enunciación, no puede dejar de advertirse que la reescritura del siglo XIX es bien diferente a la que se realiza en *La liebre* o en *Un episodio en la vida del pintor viajero*: mucho menos lúdica, mucho más urgentemente pragmática.

Pero es sobre todo el contrapunto entre estos dos textos y *El vestido rosa* lo que ilumina fundamentalmente las diferencias en relación con la historia. Catalogado por Aira como un cuento, el relato funciona como una alegoría de la nación. Casi un calco de aquellas alegorías que Jameson describe para la literatura del tercer mundo ("Third World Literature" 65–88), el texto traza una miniatura de la historia argentina a partir del recorrido de un objeto banal: un vestido rosa que una suegra confecciona para contrariar a su nuera en un pueblito de frontera. El itinerario de la prenda dibuja el itinerario de la nación. En la primera mitad del siglo XIX, Asís, el encargado de llevar el vestido hasta la casa de una familia vecina, cae en una toldería indígena y se da cuenta de que el vestido ha desaparecido. Los indios se obsesionan con la prenda, y es su búsqueda incansable por casas y poblados lo que en realidad se esconde, nos dice el narrador, detrás de la práctica del malón. En 1875—y la insistencia con la que se precisan las fechas marca una diferencia respecto de los textos posteriores, que alude sin duda a su enclave alegórico—una leva recluta a Asís para la campaña al desierto. Como en *Ema, la cautiva*, el salvajismo de las tropas contrasta con la cortesía de las tolderías. Para ese entonces, Asís ya ha recuperado el vestido y es la prenda lo que el propio Roca esgrime como prueba para demostrar la existencia de aquellos indios que en realidad nunca ha logrado ver. Roca y sus oficiales convierten a Asís en un padre que busca desesperado, con la reliquia del vestido en mano, a su niñita raptada por el malón. El vestido rosa es la comprobación material de la crueldad de esos salvajes que Roca nunca encuentra porque—como sugiere el narrador—o bien ya han muerto víctimas de las sucesivas campañas y epidemias, o bien se han diluido en el resto de la humanidad y ahora son en verdad esos mismos soldados que avanzan sobre la pampa. La ofensiva al desierto deviene, como diría Viñas, un paseo a la estancia familiar: no tanto una batalla como una repartija de tierras y propiedades que permiten que el general-ministro se haga de "un prolijo moño de gloria, como último y definitivo turista ontológico" (51) y que el Sarmiento del relato afirme desde la capital que el indio ya no existe. La escena final dibuja un pueblo que comienza a ser surcado por ferrocarriles—ferrocarriles que, desliza el narrador, se apagan en 1970. Asís, domesticado y convertido en juez de paz, recupera definitivamente el vestido para regalárselo a su nieta recién nacida. Por fin se ha consolidado el "buen ciudadano" y los indios, ya desvanecidos, se convierten en el "emblema de la virilidad argentina" (65).

Escrito en 1982, *El vestido rosa* construye una alegoría que encierra una desmitificación de la campaña al desierto. Es casi la puesta en ficción de *Indios, ejército y frontera*, el texto que Viñas escribe en el exilio mexicano hacia la misma época con la explícita intención de cuestionar la exaltación promovida por las fuerzas armadas y de trazar un paralelo en el que los indígenas del siglo XIX son los precursores de los desaparecidos de la última dictadura militar. Como *¡Bernabé, Bernabé!*, el cuento de Aira plasma en la ficción aquello que Viñas denuncia en el ensayo: el hilo que conecta las masacres decimonónicas en nombre de la consolidación del Estado-nación con las que suceden en el presente de escritura; en definitiva, los costos del proyecto modernizador.

La relación con la historia no es entonces la misma en todos los textos del ciclo pampeano. Aunque la complejidad de la narrativa de Aira atenta contra la postulación de una mera equivalencia, un breve recorrido diacrónico muestra más bien que su literatura está bien lejos de ser ahistórica. Es precisamente la relación con la historia la que permite postular una periodización marcada por el desvanecimiento progresivo de la que, por identificarla de alguna manera, podríamos llamar "cualidad referencial" (y que es la responsable de que los relatos sean muchas veces catalogados de ahistóricos): una periodización que empieza con la arenga marxista de Moreira, cristaliza en la denuncia de los dos textos escritos durante la dictadura y concluye en *La liebre* y en *Un episodio en la vida del pintor viajero*.[6] Un recorrido diacrónico muestra cómo la ficción decimonónica de Aira va despegándose cada vez más de una función referencial y volviéndose cada vez más un ejercicio discursivo (o un ejercicio de puesta al desnudo del ejercicio discursivo). Expone cómo su narrativa va volviéndose paulatinamente una arqueología, una ficcionalización progresiva del siglo XIX como sistema de enunciabilidad. E insisto en el término "progresivo" porque todos sus textos están compuestos de esos sintagmas despegados de su referente que se repiten de manera casi literal, pero es recién en los de los noventa que se vuelven del todo visibles las reglas de formación que sostienen el siglo XIX como formación discursiva. Es entonces que emerge por fin el siglo XIX como sistema de enunciabilidad.

Me gustaría sugerir que es esta emergencia (y la consiguiente pérdida de cualidad referencial) lo que convierte a *La liebre* y a *Un episodio en la vida del pintor viajero* en novelas de la post-redemocratización: novelas en las que el imperativo posdictatorial de retorno al pasado (y, con él, cierta esperanza respecto de la posibilidad de intervención sobre el presente de escritura) se ve confrontado con la certeza de su inutilidad en la Argentina de los noventa—la Argentina de las leyes de Punto Final y Obediencia Debida, la Argentina de los indultos menemistas y de lo que Nelly Richard llamaría la "amnesia neoliberal" (en Richard y Moreiras, *Políticas y estéticas* 45). En este sentido, las novelas (lejos de ser ahistóricas) deben entenderse como un "índice histórico," como un espacio en el que pueden leerse—como ocurría con el *¡Bernabé, Bernabé!* del 2000—las contradicciones ideológicas de ese momento que llamo "post-redemocratización." La emergencia del siglo XIX como metarrelato admite así una doble lectura: por un lado, es un índice del auge de los noventa (de la victoria de los noventa) y, por el otro, un índice de su crisis (de su fracaso). Es decir, por un lado, la emergencia alude, en virtud de su pérdida de cualidad referencial, a la sensación de inutilidad de todo intento de retorno al pasado; y, por el otro, al volver visibles las reglas de formación que sostienen el siglo XIX, pone al desnudo los mecanismos de configuración que rigen la formación ideológico-discursiva del liberalismo.[7] En definitiva, pone en evidencia su crisis en tanto sistema de enunciabilidad.

Es éste el subtexto ideológico que sobrevuela la ficción que analizo en el resto del libro, y son éstas las contradicciones que negocia la narrativa que abordo en los próximos capítulos. Bisagra dentro de la coyuntura posdictatorial, punto de inflexión que registra la redefinición del campo cultural que comienza a gestarse después de las dictaduras y que llega a su apogeo en los noventa; la literatura de César Aira inaugura una nueva etapa (al mismo tiempo que clausura la anterior) en la ficción de la región: de la redemocratización a la post-redemocratización. Si, como había sugerido en el primer capítulo, la literatura de la redemocratización (con *Respiración artificial* a la cabeza) podía resumirse con un condicional real ("si es, entonces es"), la de la post-redemocratización (con Aira a la cabeza) podría ser esquematizada con uno hipotético ("si fuera/hubiera sido, entonces sería/habría sido"). Es decir, si la literatura de la redemocratización dudaba de la historia oficial y situaba en la exhibición de esa duda sus esperanzas de intervención sobre el presente de escritura, la de la post-redemocratización se desentiende por completo (como resultado del pesimismo que circula en su presente de escritura) de la historia oficial. Si aquélla exploraba el revés del relato y construía una narración alternativa (la masacre de los charrúas, las vidas de los intelectuales marginales, la derrota de Artigas, el colapso del proyecto balmacedista, la violencia de las campañas al desierto), ésta se aleja cada vez más de un contenido referencial para exhibir en cambio los procedimientos que permiten especular con una serie ilimitada de contenidos. En lugar del relato, y realizando con ventaja su función, los textos de la post-redemocratización (con Aira en el centro) proporcionan el conjunto de herramientas con el que poder reinventar, con la espontánea inocencia de la acción, lo que hubiera sucedido en el pasado.

Capítulo cuatro

Perspectivas dislocadas

La reformulación del lector en los noventa neoliberales

> Pedagogic side of this undertaking: to educate the image-making medium within us, raising it to a stereoscopic and dimensional seeing into the depths of historical shadows.
>
> (Faceta pedagógica de este proyecto: tomar el medio creador de imágenes en nosotros y educarlo en la visión estereoscópica y dimensional de la profundidad de las sombras históricas.)
>
> Walter Benjamin
> *The Arcades Project*

Unos años después de *La liebre*, y al mismo tiempo que *Un episodio en la vida del pintor viajero*, la pampa decimonónica vuelve al centro de la escena cultural argentina en una novela de Martín Kohan, uno de los integrantes más activos del círculo intelectual local—profesor en la Universidad de Buenos Aires, columnista del diario *Perfil*, uno de los escritores más visibles en la esfera pública desde finales de los noventa, y ganador del Premio Herralde por su libro *Ciencias morales*. En *Los cautivos: El exilio de Echeverría* un grupo de gauchos tan estereotípicos como los de Aira merodea Los Talas, la estancia en la que Esteban Echeverría se refugió en 1839 escapando de Rosas y en la que gestó, entre otras cosas, *El matadero*. Vigilados por la sombra del poeta que se adivina detrás de las ventanas del casco principal, los paisanos rondan la casa y sólo una chica, la Luciana, se atreve a cruzar el umbral. Lo que ocurre adentro no pasa de la especulación. En esta primera parte, el relato se detiene solamente en los bordes de la pampa, en el deambular cotidiano de los gauchos que esperan en vano (como el lector) noticias del interior de la estancia. Si la primera sección describe a los gauchos ("los cautivos" de la novela), la segunda se enmarca en la ciudad de Colonia en Uruguay, a la que llega la Luciana en busca de Echeverría, que ha dejado Los Talas y permanece exiliado en el país vecino. Mientras sigue sus pasos por los rincones más remotos de la ciudad, la chica espera en vano (como el lector) una pista sobre el paradero del héroe.

Es en esta tensión entre las expectativas que genera la lectura y la frustración de esas expectativas que se juegan los sentidos centrales de la novela. La tensión entre lo que se anticipa y la imposibilidad de su concreción pone de manifiesto—me gustaría argumentar en este capítulo—las tensiones ideológicas entre el lector, la literatura y el intelectual en los noventa neoliberales. La ruptura de lo esperado registra la existencia de un lector que en los noventa cumple una función enunciativa similar a la que cumplía dentro de la formación ideológico-discursiva del liberalismo en el siglo XIX y, al mismo tiempo, al poner al desnudo la continuidad de esta función, abre la posibilidad de su reformulación como lector. Como la de Aira, la "ficción decimonónica" de Kohan (a través de estrategias de saturación y desplazamiento que llevan la marca de la metaficción airana) alude al mismo tiempo a la victoria de los noventa y a su fracaso. Es un índice de cómo la literatura de los noventa renegocia su posición en pleno neoliberalismo y en plena post-redemocratización. En la primera sección, voy a ejemplificar estas ideas a partir de un análisis de las relaciones conflictivas entre el narrador, el lector y las reglas del mercado editorial sobre las que trabaja *Los cautivos.* En la segunda parte del capítulo, voy a detenerme en las tensiones ideológicas que registran los discursos en pugna sobre la figura de San Martín en las ficciones históricas de Sudamericana. Me interesa cómo el contrapunto entre el *best seller* sobre el prócer de José Ignacio García Hamilton y *El informe: San Martín y el otro cruce de los Andes* de Kohan muestra una vez más cómo el siglo XIX es la dimensión narrativa que permite leer la redefinición del campo cultural que se desarrolla en los noventa.

4.1. Tensiones al límite: El lector y el mercado editorial en *Los cautivos* de Martín Kohan

> Nadie sabe por qué razón andaban siempre juntos Tolosa y Gorostiaga, si no hacían más que pelearse todo el día. (Debe hacerse a un lado, por anacrónica y por impertinente, toda

> interpretación que aspire a la psicología; interpretaciones del tipo: andaban siempre juntos justamente porque peleaban) … Ahora, por ejemplo, iban cabalgando a la par, el uno y el otro, a campo traviesa. (La idea es figurada: faltando señales o referencias que indicaran un sentido determinado, no había manera de establecer si en tal o cual dirección se marchaba a campo traviesa. Y sin embargo estos jinetes presentían, con una especie de instinto animal que acaso les contagiaban las bestias por ellos montadas, que andaban a campo traviesa) … Pero la doma de Orteguita duró casi quince minutos, sin que el caballo se sosegara y sin que se eyectara el domador. (Es nuestra la medición del cuarto de hora. Los paisanos, imprecisos, entendieron que la doma duraba "mucho.") (Martín Kohan, *Los cautivos* 13–28)

I

Dos jinetes que cruzan la pampa inauguran *Los cautivos*. Dos gauchos que montados en sus caballos recorren la llanura para unirse al resto de los paisanos que, como ellos, pasan sus vidas a la intemperie. El lector, mientras tanto, espía en los entretelones de la cotidianeidad de estos personajes a los que ya conoce desde la escuela primaria: el gaucho, hombre de campo que llega a dominar la naturaleza a fuerza de confundirse con ella; la pampa, llena de insectos y animales, sin más relieve que una línea en el horizonte; y en cualquier momento seguramente algún malón que interrumpirá el relato para agilizar la trama y suspender el aliento.

Desde el primer párrafo, el lector de *Los cautivos* sabe qué esperar, y es con la certeza de esa expectativa que comienza el relato: será—como lo es gran parte de la narrativa de/sobre el siglo XIX—un texto acerca de la pampa escrito para deleite del lector urbano y culto. En realidad, la novela de Kohan no sólo recuerda cualquier texto del siglo XIX, sino que se asemeja en particular a *un* texto del siglo XIX: *La cautiva*, el poema con el que Esteban Echeverría inaugura en 1837 la literatura argentina—alusión que sugiere el título y no así el encuadre de la ficción, que se enmarca en el momento y en el lugar en el que el poeta escribe, entre otras cosas, *El matadero*. Como en el poema, la narración se recorta contra el escenario de una historia de amor (María y Brián / la Luciana y Echeverría); el derrotero de una mujer dibuja el camino de la trama (María atravesando el desierto / la Luciana cruzando la pampa y el río); y hay una voz que codifica su saber sobre el desierto y lo hace accesible a un lector ajeno a ese entorno. Lo que anticipa Echeverría en la advertencia que precede a su texto bien podría reflejar los principales designios de la novela de Kohan. También éste parece querer "pintar algunos rasgos de la fisonomía poética del desierto" (Echeverría 117), y los títulos que encabezan los capítulos de la primera parte ("La lombriz," "El chajá," "Las chicharras," "Los grillos") se encargan ya de construir por sinécdoque—al igual que los que dividen las secciones del poema ("La alborada," "El pajonal," "La quemazón")—esa fisonomía.

Ahora bien, la voz que canta en *La cautiva* porta un saber que se le escapa al receptor, y esta asimetría de saberes (real o fingida) es el punto de partida del poema. El gesto de describir, traducir y fundar un espacio—el "gesto performativo" de los románticos, como lo llama Beatriz Sarlo ("Prólogo" xiv)—depende de un lector (real o ficticio) que desconozca la nomenclatura del desierto. Exige un interlocutor (una *figura* de interlocutor) al que el poeta pueda ofrecerle en verso un universo exótico, que empieza a ser domesticado—al menos ya ha sido inventado, procesado y conjurado—por la escritura del letrado. Espejo de la voz principal que observa, define e inaugura, el lector que supuestamente ignora lo relatado (un lector que desconoce pero que, como el escritor anticipa, se convertirá en cómplice de su relato) cumple una función enunciativa clave de la que depende el gesto performativo del poema. Es gracias a la existencia (real o fingida) de un lector que es ajeno al contenido del relato pero que comparte los supuestos, creencias, valores y códigos del sujeto de enunciación, que puede organizarse (y llevarse a cabo) este gesto performativo.

Pero si la voz que relata *La cautiva* porta y traduce un saber sobre la pampa, el narrador de *Los cautivos* lo comparte de antemano con su destinatario, que antes de empezar la novela ya es capaz de marcar la extensión del espacio, de medir la longitud del tiempo y hasta de ofrecer una interpretación psicológica del gaucho. El lector de *Los cautivos* ya sabe de lo que habla el narrador, ya conoce lo que va a relatarle y, en definitiva, hace uso del mismo código para develar ese espacio al que no pertenece, un código al que el narrador apela y al mismo tiempo refuerza en sus incursiones parentéticas: "Su propuesta les resultaba perversa, irracional, una herejía. (No teniendo normas, razón ni religión, mal podían los paisanos pensar en tales términos. Son palabras con que nosotros traducimos las suyas, para poder así entender mejor" [53]). El lector es capaz de incorporar la otredad y, mediante un simple ejercicio de traducción, volverla parte del universo que comparte con el narrador ("es nuestra la medición del [tiempo]," "son palabras con que nosotros traducimos las suyas"). *Los cautivos* se abre con un guiño que apela a la complicidad de un "entre nos" que funda desde la primera línea una alianza entre el escritor y el lector. La complicidad de un "entre nos" que no sería posible sin la existencia de toda una formación discursiva que se plasma en Echeverría y que, vía Sarmiento, sostiene la cultura argentina. La complicidad de un "entre nos" que, podría decirse, prueba el éxito del gesto performativo que en el siglo XIX realizaba el poema. En la novela de Kohan (como ocurre en un primer momento en las de Aira) el lector-cómplice reconoce uno por uno los componentes típicos del relato nacional: los gauchos, borrachos y primitivos, se mimetizan con la tierra; los federales no se distinguen de éstos más que por el uniforme; el poeta encarna la suavidad europea típica de los unitarios, y la llanura es una extensión completamente vacía donde no hay nada para ver porque todavía no ha llegado el progreso junto con las vías del tren. La escena de apertura se revela así el punto clave de la narración; no sólo porque inicia el relato, sino sobre todo porque es ahí que se diseña el pacto de lectura del que dependen las estrategias narrativas de la novela.

Pero, ¿quién es ese lector que se bosqueja en el texto? ¿Quiénes forman parte de esa primera persona del plural que lleva adelante la narración? Dejo tan sólo por un momento la escena inaugural para referirme brevemente a sus condiciones de producción. *Los cautivos* se publica en la colección "narrativas históricas" de la editorial Sudamericana, una colección que se lanzó en 1996 como resultado de un estudio de mercado que indicaba que las narraciones históricas eran las favoritas de los lectores de clase media y media-alta, especialmente de las mujeres de alrededor de cincuenta años (Ludmer, "Temporalidades" 93–110). En efecto, durante estos últimos años las listas de los libros más vendidos en Argentina (y en América Latina en general) reflejan el boom de relatos que, en su mayoría publicados en esta colección, siguen un mismo patrón: son novelas que indagan en la vida privada de algún prócer de la patria, que imaginan detalles de su intimidad que no han quedado registrados en los anaqueles de la historia oficial, y que dibujan un costado secreto y débil, en el que el amor y las mujeres ocupan un lugar primordial. Estos textos (algunos ejemplos: *Vida de un ausente: La novelesca biografía del talentoso seductor Juan*

Bautista Alberdi; Camila O'Gorman: La historia de un amor inoportuno; Amadísimo patrón: Eugenia Castro, la manceba de Rosas) emprenden, como analiza Kohan, un "rescate humanizador" de los próceres de la patria ("La humanización" 1083); generan la impresión de que se puede conocer de cerca el pasado de los héroes; y construyen así, en palabras de Ludmer, una "ficción de intimidad de la historia de la nación" ("Temporalidades" 93; *Aquí* 46).

Los cautivos no sólo se inserta en esta colección, sino que activa ya desde el paratexto todos los supuestos que dispara (véase el apéndice).[1] Repitiendo el modelo de las otras novelas de la serie, un retrato de Echeverría ocupa el primer plano de la portada y se impone a la fotografía de dos gauchos que cumplen con alguna imprecisa tarea campestre. La contratapa trae una foto del umbral del casco principal de Los Talas, que promete una narración que cruce la puerta de esta estancia de la que el lector probablemente nada sabe, pero que anticipa más de una escena de la vida privada. En la finca—como reseña el texto que sigue a la fotografía—Echeverría se refugia para escribir poemas, "hay también una mujer que espía" y un autor que "descubre un aspecto inusual de la novela histórica: la intimidad y la subjetividad que le aportan su verdadera dimensión narrativa."

Una mujer, poemas, un retrato en primer plano del rostro del héroe, una puerta cerrada en la que se detiene la lente de la cámara, y un índice que se reparte entre los animales de la pampa y una consignación al detalle de fechas y horarios. El paratexto sugiere lo que el lector busca: un acercamiento microscópico a la cotidianeidad del poeta; la pampa como telón de fondo. Cuando deje de observar el retrato y abra el libro que unas gordas letras en cursiva anuncian como "los cautivos" para aclarar luego que se trata de "el exilio"—la vida secreta, la que se sustrae de la vigilancia pública—"de Echeverría," el lector ya intuirá el contenido. Una vez empezada la novela, la escena inaugural lo hará asentir más de una vez: cuando compruebe que es "nuestra" la medición del tiempo, cuando concuerde con que los paisanos en cambio sólo dirían "mucho"; cuando entienda lo que es una "idea figurada" y bucee en su imaginación la estampa de algún jinete que casi se confunda con su animal. Y, más adelante, seguirá asintiendo cuando se tope con la superstición de los gauchos, que confunde la divisa punzó con una cinta que ahuyenta la envidia y la mala suerte, y seguramente podrá asignarle algún rostro de los que pueblan su realidad inmediata a la "gente inculta" entre la que el narrador rastrea," en nuestros días, creencia semejante" (79); seguramente esa misma gente que—como también observa el narrador—antepone un artículo al nombre propio, como *la* Luciana. Más cerca aún de su presente, el lector asentirá todavía más. Al fin y al cabo, los gauchos tampoco suenan tan ajenos. La escena en la que adhieren por reflejo a las consignas de los oficiales rosistas, por ejemplo, le recordará una escena familiar: habrá oído no hace mucho que el reparto de sidra y pan dulce (¿o era un pancho y una coca?) asegura la fidelidad política entre gente poco educada. Habrá asistido alguna vez a algún encuentro en el que el dueño de casa le explique a su empleado que las cosas que andan sueltas, aunque no tengan marca y pareciera que nadie las usa, son parte de su propiedad privada. Y tal vez habrá escuchado no hace tanto frases como las siguientes: "Estoy como se me canta el orto" (16); "No tengo ni la más puta idea" (47); "¿De qué espíritu me hablás, puta del orto, si yo veo cada noche cómo te garcha ese cretino?" (87).[2]

Es que los gauchos de *Los cautivos* hablan de manera bastante más bárbara que los bárbaros de *La cautiva* ("Ya pagaron / del cristiano los caudillos / el feudo a nuestro poder. / Ya los ranchos do vivieron / presa de las llamas fueron, / y muerde el polvo abatida / su pujanza tan erguida" [Echeverría 57]). Su habla se parece en realidad mucho más a la de los salvajes de *El matadero* ("—Ahí se mete el sebo en las tetas, la tipa ... Che, negra bruja, salí de aquí antes de que te peque un tajo" [Echeverría 12]). De hecho, las observaciones de Piglia sobre el cuento de Echeverría bien podrían referirse a la novela de Kohan:

> En el cuento de Echeverría todo está centrado en el cuerpo y el lenguaje (marcado por la violencia) acompaña y representa los acontecimientos. Por un lado un lenguaje "alto," engolado, casi ilegible: en la zona del unitario el castellano parece una lengua extranjera y estamos siempre tentados de traducirla. Y por otro lado una lengua "baja," popular, llena de matices y flexiones orales. La escisión de los mundos enfrentados toca también el lenguaje. El registro de la lengua popular, que está manejado por el narrador como una prueba más de la bajeza y animalidad de los "bárbaros," es un acontecimiento histórico y es lo que se ha mantenido vivo en *El matadero*. ("Echeverría" 122–23)

También en Kohan se escenifica el enfrentamiento entre dos lenguajes: el engolosinado y culto del narrador, y el lenguaje bajo y vulgar del pueblo. Pero si en *El matadero* la incorporación del lenguaje popular refuerza la distancia del narrador (y su capacidad de manipulación y dominio), en *Los cautivos* genera un efecto doble. Marca por un lado, como en el cuento, la distancia entre dos mundos y, por el otro, los acerca en el tiempo. Los gauchos de *Los cautivos* no suenan tan ajenos: hablan, de hecho, como se habla en el momento de escritura de la novela. Más cerca aún de su presente, el lector asentirá todavía más. Ahora sí sabe perfectamente qué esperar. Está a punto de sumergirse en la intimidad de un héroe de la patria, de explorar los recovecos de la vida en las pampas y de conocer detalles olvidados de la historia nacional, y tiene ya los elementos (como no deja de recordarle el narrador en los paréntesis) para entender exactamente de qué se trata—tan exactamente que hasta puede establecer conexiones con el presente y con la gente que rodea ese presente.

Será tal vez por lo evidente de las expectativas que generan narrador y paratexto que uno puede imaginarse la extrañeza del lector cuando pasen las páginas y nunca encuentre a Echeverría. Durante toda la primera sección ("Tierra adentro"), su figura se adivina detrás del umbral de la estancia pero nunca se materializa. Finalmente la silueta se desvanece cuando una partida de federales violenta la puerta e irrumpe en la casa. Durante la segunda parte ("El destierro"), su rastro se evapora en la ciudad de Colonia, a la que llegan tras sus pasos la Luciana y el relato, para encontrar sólo sus huellas en la piel de otra mujer. Y ni siquiera en el "Epílogo" los repatriadores de cadáveres pueden dar con él: su cuerpo no se aloja en la tumba de ningún cementerio. Es con la constatación de la imposibilidad de conocer al prócer—al que el lector no sólo esperaba conocer sino además conocer en detalle—que se cierra la novela: "Esteban Echeverría nunca fue encontrado. Su cuerpo itinerante, o lo que quedó de él, nunca apareció" (170). La frustración será aún mayor cuando el lector haya cerrado el libro y comprobado que, en vez de las anticipadas escenas de amor—que quedan al resguardo detrás de la ventana—, la novela se ha regodeado en escenas de sexo que sólo algunas veces son brutales, pero que son siempre "desviadas": las de Maure y la Luciana, que resultan (como en realidad se ha revelado desde el comienzo; al fin y al cabo, Maure siempre la llama "M'hija") padre e hija, y la de Estela Bianco (una prostituta frecuentada por Echeverría) y la Luciana, una escena de lesbianismo en la que cada mujer busca en la otra los rastros del amante perdido.[3]

El pacto de lectura, tan prolijamente organizado, se quiebra. Seguramente entonces el lector empieza a desconfiar y ya no asiente con la misma firmeza cuando se califica a los gauchos de "impíos" o "brutos." No sabrá de repente si las aclaraciones parentéticas refuerzan su perspectiva, o si francamente se burlan de ella. En realidad, ahora que lo piensa, algunas afirmaciones le parecen algo exageradas, irónicas y acaso hasta desubicadas: "(Los sucesivos pasos de este razonamiento [del gaucho Maure] no se dieron de una vez. Entre uno y otro, transcurrieron semanas. Tampoco fueron expresados con tanta claridad. Pero el magma gelatinoso de los pensamientos de Maure, que eran prelingüísticos, necesariamente se aclara en su transposición al lenguaje" [100]).

Y es éste el mecanismo narrativo central de *Los cautivos:* la construcción meticulosa de un pacto de lectura, la confirmación cómplice de sus componentes y, finalmente, la ruptura de ese pacto y la consiguiente dislocación de las secuencias discursivas que lo sostienen. A partir de la repetición, la reafirmación del acuerdo implícito y el posterior desplazamiento, la novela desnaturaliza ciertos enunciados (y ciertas funciones enunciativas) que el lector de Sudamericana seguramente reconoce como evidencias—enunciados y funciones enunciativas que le resonarán como verdades no dichas, y que remiten tanto a los saberes de la tradición nacional como a los que circulan en los noventa.

II

Ahora bien, en el poema de Echeverría hay un punto de inflexión que parte en dos la estructura, reorganiza la trama, define la axiología de los personajes e impulsa la metamorfosis del desierto—de abierto, tranquilo y grandioso a sombrío, pavoroso y vasto. Este punto de inflexión, como es de esperarse, es el malón: "Entonces, como el ruido / que suele hacer el tronido / cuando retumba lejano, / se oyó en el tranquilo llano / sordo y confuso clamor; / ... de turba inmensa en el viento / se dilató sonoroso, / dando a los brutos pavor. / ... el duro suelo temblaba, / y envuelto en polvo cruzaba / como animado tropel ..." (129). Con la potencia de un trueno los indios arrasan con la población, se llevan cautivas, degüellan niños y celebran un festín con las vísceras del ganado robado mientras se relamen de sangre chorreante. Ésta, la imagen inaugural de la literatura argentina, funda las líneas de representación que recorrerán el archivo nacional: la doble vertiente de la "barbarie indígena," la que la convierte en productiva fuente de fascinación estética y en estrategia de manipulación política; la figura privilegiada de la tropografía nacional y aquello que debe ser dominado para desarrollar la riqueza estatal. "El Desierto es nuestro," pregona Echeverría en la advertencia, "es nuestro más pingüe patrimonio, y debemos poner nuestro conato en sacar de su seno, no sólo riqueza para nuestro engrandecimiento y bienestar, sino también poesía para nuestro deleite moral y fomento de nuestra literatura nacional" (117).

También en *Los cautivos* los indios prometen ser el núcleo de la fisonomía poética del desierto. No sólo encabezan uno de los capítulos junto con la serie de animales que conforman por sinécdoque la pampa, sino que también acá la irrupción del malón interrumpe y cambia el flujo del relato. El ataque de los indios en la novela es casi un calco del que emerge en el poema: "La tierra perforada tembló, estremecida, y los paisanos, acovachados en sus entrañas, se encogieron con temor. Oyeron un ruido lejano pero inmenso, un ruido parecido al de las explosiones o al de los derrumbes" (89). También aquí los "brutos" (aunque en este caso el término se refiere a los gauchos y no, como en el poema, a los caballos) sienten pavor ante el confuso ruido que retumba como un trueno lejano y hace temblar el suelo. Las imágenes de la novela reproducen las primeras imágenes del archivo estético nacional. Sólo que esta vez lo confuso del ruido se debe a que el malón no es *como* un trueno, sino que *es* un trueno. A lo largo de todo el capítulo los gauchos, refugiados en grutas subterráneas, oyen e imaginan los destrozos: los alaridos de los animales aterrorizados, el estruendo de los árboles devastados, el brillo disparado por el fuego que seguramente está acabando con sus viviendas, las gotas que se filtran por la tierra y que no pueden ser más que la sangre del ganado masacrado. Cuando finalmente salen a la superficie, el lector comprende que los personajes no acaban de sobrevivir a los saqueos del malón sino a una tormenta eléctrica. Sólo uno de ellos entiende lo ocurrido (a pesar de que, al menos desde *Facundo*, si hay un saber que no se le niega al gaucho, ese saber es precisamente el de la naturaleza): la Luciana, la única que puede leer correctamente, la que se encuentra fuera de lugar, la que se corre de la representación del gaucho delineada en la novela; una dislocación que resulta de la alfabetización a la que la somete Echeverría—y más tarde volveré a esto.

La escena del malón pone de manifiesto una vez más las estrategias narrativas de *Los cautivos*—que recuerdan a su vez las estrategias de Aira analizadas en el capítulo anterior. La escena dispara expectativas ancladas en la existencia de toda una formación discursiva, enseguida las frustra, se desvía, e impulsa una desnaturalización que vuelve visible esa formación discursiva previa. Pero la escena del malón revela además, y es esto lo que me interesa sobre todo, la presencia de un segundo lector: el que ya conoce bien el poema de Echeverría, el que tiene las destrezas necesarias para anticipar, entender y disfrutar el desplazamiento. En definitiva, la escena remite a un lector que, a falta de un mejor nombre, voy a llamar "entrenado"; un lector que no compró la novela porque sea un consumidor habitual de la colección que lanzó Sudamericana, sino porque la escribió Martín Kohan, una de las figuras más visibles de la comunidad intelectual post-1990.

El juego de tensiones con este segundo lector es similar al que se establece con el primero. *Los cautivos* activa desde el comienzo una serie de supuestos en común: moviliza las expectativas sobre la tradición estética nacional, actualiza las interpretaciones de *La cautiva*, y apela a figuras y tópicos inmediatamente reconocibles para el lector entrenado en el canon cultural argentino. Establece después un pacto de complicidad—dispara una fascinación anclada en el reconocimiento de un caudal de textos y saberes compartidos. Y finalmente tensa al límite los códigos hasta llevarlos al absurdo.

Las estructuras parentéticas admiten así una doble lectura, una para cada tipo de receptor. Las incursiones del narrador en los paréntesis apuntan también, aunque de otra manera, al segundo lector. Para éste, las aclaraciones—además de ejercer la fascinación del "entre nos"—interrumpen el ritmo del relato (recordemos la introducción: "Nadie sabe por qué razón andaban siempre juntos Tolosa y Gorostiaga, si no hacían más que pelearse todo el día. (Debe hacerse a un lado, por anacrónica y por impertinente, toda interpretación que aspire a la psicología ..."). La saturación de saber impide el flujo de la narración ("Ahora, por ejemplo, iban cabalgando a la par, el uno y el otro, a campo traviesa. [La idea es figurada: faltando señales o referencias que indicaran un sentido determinado ...]"). La interpretación deviene una sobreinterpretación ("la doma de Orteguita duró casi quince minutos, sin que el caballo se sosegara y sin que se eyectara el domador. [Es nuestra la medición del cuarto de hora ...]"). La superposición de narradores—el del cuerpo principal, el que irrumpe en los paréntesis—colma la lectura hasta el exceso, crea un círculo interpretativo del que no se puede salir, exhibe la asfixia del saber, el agobio de la vigilancia teórica. En definitiva, la novela muestra la imposibilidad de salirse del código—la imposibilidad de dejar la interpretación en suspenso, la imposibilidad de olvidar el conocimiento previo—y, al mismo tiempo, lo absurdo de un código en el que lo que se codifica siempre en el fondo permanece incodificable, un resto que no puede asirse del todo. Imposible es no explicar, pero toda explicación se toca a fin de cuentas con un imposible: "No se trataba, de más está decirlo, del aceitado mecanismo de un desacuerdo racional. (Hablar, como lo hicimos, de "argumentos" o de "hipótesis" es, incluso, exagerado, es impropio, es una concesión generosa pero inexacta a los atributos de estos hombres)" (50). El "nosotros" se expande para incluir también al lector entrenado y lo muestra tan ajeno al otro universo—que no puede dejar obsesivamente de traducir—como el primer lector. También él es portador de un saber que deforma y distorsiona y que, mirado con algo de distancia, roza el ridículo. Como los dos lectores, también los dos narradores finalmente no se distinguen más que en lo formal: los dos apelan al mismo código y comparten el mismo lenguaje, sólo que el que interrumpe en los paréntesis intenta en vano salirse para explicarlo. Los dos narradores y los dos lectores se ven confrontados con la hiperbolización de su propia imagen; la saturación de sí mismos los coteja con su propio absurdo.

También en este punto *Los cautivos* se mueve entre *La cautiva* y *El matadero*, entre las figuras simbólicas que inaugura el poema y los lenguajes en contrapunto que se enfrentan en el cuento. Por un lado, la figura ausente de Echeverría remite a la figura que, vía *La cautiva*, perdura en el imaginario nacional: la de Echeverría como el símbolo del escritor, como el epítome del poeta ("puro escritor; algo más que un 'hombre de letras,' algo más intenso: un hombre de la escritura, un hombre de la escritura literaria" [Laera & Kohan 9]). Y, por otra parte, la puja entre lenguajes (materializada en la tensión entre el texto principal y los paréntesis) escenifica el mismo absurdo de la interpretación al que alude *El matadero* y en el que Kohan se detiene en un análisis del cuento. La ampulosa verborragia del letrado (la del unitario y la del narrador) que se opone al lenguaje popular del matadero—dice Kohan sobre el texto de Echeverría, aunque podría estar hablando de su propio texto—

exhibe la más plena confianza en la racionalidad comunicativa y, al mismo tiempo, exhibe sus límites: "el unitario agota sus parrafadas más elocuentes sin convencer a nadie y el narrador esgrime una moraleja final tan inapelable como ineficaz" ("Las fronteras" 200). Como el letrado de *El matadero*, el narrador de *Los cautivos* lleva la racionalidad comunicativa hasta el hartazgo, hasta el borde, hasta el punto que, de tan exagerada, vuelve la comunicación (y la narración) imposible, hasta exhibir sus límites: "A juzgar por las apariencias, la casa estaba vacía. (Los paisanos, en realidad, no juzgaban, más bien presentían o intuían, o en el mejor de los casos prejuzgaban, casi siempre por vía de error. Lo de juzgar lo decimos nosotros. Sí les cabe, en cambio, y mucho, la idea de apariencia, ya que el suyo era un mundo enteramente llano, hecho todo de superficies y carente por completo de alguna forma de profundidad)" (34).

Como ocurría con el lector de Sudamericana, la novela establece también un juego de tensiones con este segundo lector. También para éste *Los cautivos* construye un cuidadoso pacto de lectura, esboza luego un guiño de complicidad y, finalmente, lleva al absurdo el pacto compartido hasta dislocar las secuencias discursivas (y, sobre todo, las funciones enunciativas) que lo sostienen. A partir de la repetición, la saturación y el desplazamiento, la novela exhibe los límites del intelectual como figura y del discurso intelectual en tanto discurso de interpretación—figura y discurso que remiten al mismo tiempo a los orígenes del Estado-nación y a los noventa.

III

En su análisis de *La cautiva* Fermín Rodríguez observa, siguiendo a Mitchell, que el encuadre de la escena es fundamental para el resultado final del poema: la fundación del desierto ("Un desierto de ideas" 149–70; *Un desierto para la nación* 213–32). Para que exista un paisaje (en este caso, el desierto) es necesario un marco que trace un límite entre la escena y el espectador; es decir, que convierta aquello que el espectador está viendo en una escena. El marco cumple así una función doble: por un lado, encapsula la escena y la transforma en paisaje (enmarca) y, por el otro, asegura la distancia del espectador (demarca). Esta operación de encuadre atraviesa el poema de Echeverría hasta concluir en la formación del desierto.

El poema se enuncia a partir de una mirada que, ubicada siempre fuera del marco, observa la naturaleza, describe el territorio y funda por fin el desierto como espacio. Una mirada externa que resulta crucial para establecer el contraste con aquellos elementos que sostienen la construcción del paisaje: los indios. Del otro lado del marco, los indios no se distinguen del resto de la escena, son parte del paisaje, indisociables de las fuerzas de la naturaleza, deshumanizados por una descripción que los enmarca y los convierte en un cuerpo indiferenciado que sostiene el desierto como espacio. La operación de encuadre es entonces tanto estética como ideológica: "anticipa la unidad geopolítica de la nación por venir—una nación para el desierto que recién alcanzará sus límites en 1880, cuando el Estado, borrando del mapa a los pueblos nómades, termine de realizar la producción de vacío que la literatura había comenzado por sus propios medios" (Rodríguez, "Un desierto de ideas" 157).

La operación de encuadre registra la función enunciativa clave que cumple el lector (y la lectura) dentro de la formación discursiva decimonónica. Si el establecimiento de un marco es fundamental para la conversión de la escena en paisaje (con todas las connotaciones ideológicas que este proceso implica), la figura del lector es la condición de posibilidad para el establecimiento del marco. Una figura que, como puede advertirse a partir de *La cautiva*, es doble. Refiere en una primera instancia a la mirada externa del letrado que, detrás del marco, observa los elementos, lee el paisaje, traduce su significado y enuncia su lectura; y remite además al lector-cómplice que, también detrás del marco, se convierte en el destinatario de la lectura del letrado (y lleva a cabo así una lectura en segundo grado: lee la lectura del letrado). Como deja entrever el poema de Echeverría, primera manifestación de la ideología liberal latinoamericana—diría Hernán Vidal, que en su análisis del texto rastrea en el romanticismo los núcleos precursores del liberalismo—, el lector cumple una función enunciativa clave dentro del siglo XIX como sistema de enunciabilidad. Permite la operación de encuadre que es necesaria para demarcar los límites del espacio nacional; sostiene, en tanto traductor y destinatario, el gesto performativo del poema, y vuelve posible la construcción de la apercepción (Andermann) que inicia el proceso de territorialización normativa del Estado. En otras palabras, es la figura cómplice del lector (y no sólo, como en general se enfatiza, la del escritor) la que vuelve posible la "desertización" necesaria para que se termine de construir la nación argentina.[4]

"Es nuestra la medición del tiempo," "son palabras con que nosotros traducimos las suyas"; casi podría decirse que *Los cautivos* no es otra cosa que la ficcionalización de la operación de encuadre típica del siglo XIX. Los paréntesis que interrumpen la narración no hacen más que traer al cuerpo del relato a aquellos lectores que se encuentran del otro lado de la escena, no hacen más que lexicalizar la función enunciativa del lector, y explicitar el marco desde el que se mira. Un marco que no sólo registra la existencia, como en *La cautiva*, de un doble lector y de una lectura doble, sino que además sugiere su permanencia en el tiempo. A partir de la cuidadosa conexión entre dos momentos específicos (el siglo XIX, los noventa), la novela registra la presencia de un (doble) lector que continúa cumpliendo una función enunciativa similar al (doble) lector del poema. Un doble lector que, detrás del marco, vuelve posibles las labores de interpretación y traducción que permiten la delimitación (y exclusión) de sujetos sociales—operaciones ideológico-discursivas que son centrales, como acabo de mencionar, para el período de formación del Estado-nación, pero también, como voy a retomar en la última sección, para el momento en que se efectúa el proceso de marginalización social más grande de las últimas décadas en América Latina: los noventa neoliberales.

Ahora bien, sabemos por los teóricos del discurso el rol que cumplen las secuencias discursivas en la configuración ideológica de la subjetividad. Toda secuencia discursiva es, dice Jean-Jacques Courtine (5–128), una lexicalización de un preconstruido; una materialización de un elemento que pertenece a una formación ideológica determinada; un fragmento de un discurso social más amplio; un ideologema. Es decir, la secuencia "estos jinetes presentían, con una especie de instinto animal que acaso les contagiaban las bestias por ellos montadas, que andaban a campo traviesa" (28), para usar un fragmento de *Los cautivos*, no solamente narra el recorrido de dos gauchos a caballo por la pampa, sino que además lexicaliza una serie de ideologemas propios del siglo XIX (la asociación típicamente romántica entre geografía y psique, por ejemplo). Claro que, si las secuencias discursivas están siempre atravesadas por la ideología, también están, al mismo tiempo, necesariamente atravesadas por el olvido. El sujeto de enunciación no es consciente del componente ideológico de su discurso; nadie es nunca consciente de su ideología, precisamente porque la ideología se aloja, explica Louis Althusser, en el inconsciente (25). Las secuencias discursivas se le presentan al sujeto de enunciación como algo obvio, natural, algo ya sabido, algo que reconoce (y que repite) como una evidencia. Las secuencias discursivas son así parte de aquellos rituales de reconocimiento que permiten la transmisión y permanencia de la ideología, que llevan adelante el proceso constante (e inconsciente) de identificación subjetiva. Es por eso que—sugiere Michel Pécheux—en la posibilidad de la "des-identificación" (es decir, en la posibilidad de traer a la conciencia aquello que se agazapa en el inconsciente) radica la posibilidad de la transformación política. En la posibilidad de visualizar, al menos por un momento, los componentes de una formación ideológica (es decir, en la posibilidad de reconocer que ciertos enunciados son en realidad ideologemas) radica la posibilidad de distanciarse de ella y, tal vez, de ponerla en cuestión.

Esta tensión entre identificación y desidentificación, entre la reafirmación de una verdad no dicha y su desnaturalización, se encuentra en el corazón de *Los cautivos*. La novela de Kohan configura primero un pacto de lectura que se apoya en secuencias discursivas que son parte de un ritual de reconocimiento colectivo; secuencias discursivas que el lector percibe como evidencias naturales, como obviedades compartidas, como algo que, "entre nos," ya es sabido (las personas incultas anteponen un artículo al nombre propio; la gente poco educada adhiere por reflejo y por conveniencia material a las consignas de ciertas agrupaciones políticas; es necesario vigilar a los empleados domésticos para que no se hagan de lo ajeno). Y, luego, al quebrar ese pacto de lectura, disloca las secuencias discursivas que lo sostienen, pone de manifiesto su configuración ideológica y vuelve posible la desidentificación del lector. Más allá de que este efecto de desidentificación realmente se produzca (posibilidad cuya comprobación no sólo es imposible sino además inútil a la hora de analizar la *figura* del lector *en* la novela), la tensión entre identificación y desidentificación registra la existencia de un doble lector que cumple en los noventa neoliberales una función enunciativa similar a la que cumplía durante el siglo XIX y, al mismo tiempo, al poner al desnudo esta función, abre la posibilidad de su reformulación como lector (abre la posibilidad de su desidentificación). Como la ficción decimonónica de Aira, *Los cautivos* alude simultáneamente al auge de los noventa neoliberales y a su fracaso—es decir, a su crisis como ideología, a la visibilidad de sus ideologemas y funciones enunciativas.

Hay en todas las novelas de Kohan un personaje que condensa el procedimiento narrativo central, alguien que cumple con el mismo proceso que el lector del texto. En *Los cautivos* este personaje—como sugiere la metamorfosis de su nombre, que pierde el artículo hacia el final del relato—es la Luciana. Es ella la que en la narración sufre el mismo proceso de desidentificación al que se somete al lector. Al cruzar el umbral de la casa principal de la estancia cruza el umbral de su tipo. Aprende a leer; destreza que en la novela significa menos aprender a descifrar el sentido de las letras que aprender a mirar desde otro lugar. Al fin y al cabo, es la única que entiende qué fue realmente el malón, y no porque haya sabido de fenómenos meteorológicos o antropológicos—saber que, como decía, le ha sido adjudicado al gaucho al menos desde Sarmiento—sino porque supo colocarse por fuera de las expectativas, leer desde otro lugar, dislocar su perspectiva.[5]

4.2. Imágenes anquilosadas y discursos en pugna en la ficción histórica de Sudamericana

El Artigas democrático de Rosencof, el trágico Balmaceda al borde del fracaso que pinta Darío Oses en *El viaducto*, el Bernabé traicionero denunciado por de Mattos, el Rosas convencional y el Roca de bronce que recorren las ficciones de Aira, el evanescente Echeverría que escapa a la novela de Kohan; la gran mayoría de los textos que abordé hasta ahora deslizan, aunque no haya sido el objeto principal de mi análisis, algún prócer entre los pliegues de sus páginas. Parecería que la representación narrativa del siglo XIX exige siempre una toma de posición, aun cuando se opte por el descarte, respecto de la representación narrativa del héroe decimonónico. Y es que, como ya ha sido tantas veces analizado, la configuración de un panteón ocupó un lugar clave en el diseño del Estado-nación. El proceso de construcción del héroe tuvo una alta operatividad simbólica: permitió organizar un esquema axiológico, esbozar tipos sociales, actualizar sentimientos de pertenencia nacional (y al mismo tiempo delimitar el significado de lo nacional) e incluso dotar a la idea de patria de una suerte de espesor temporal—todas operaciones fundamentales dada la carencia de pasado histórico de las sociedades latinoamericanas en formación. De ahí que, como señala Anna Makolkin (*Anatomy*; *Name, Hero, Icon*), en todas las latitudes y en todos los tiempos se haya recurrido a la figura del héroe como instrumento promotor de unidad cultural y modelo de comportamiento colectivo. Se la haya enarbolado como estandarte político y como inspiradora de las causas más diversas. La configuración de héroes se ha convertido, en virtud de su recurrencia, en una constante transhistórica, un signo cultural universal.

Pero si bien es cierto que—desde los griegos hasta la actualidad—la figura del héroe ha permeado siempre el imaginario universal, cierto es también que a veces registra momentos de mayor intensidad. El siglo XIX latinoamericano es precisamente uno de ellos; las últimas dictaduras militares, otro de los contextos de eclosión. Las celebraciones del centenario de la campaña al desierto en Argentina, la utilización de Diego Portales como emblema del pinochetismo en Chile, la construcción del mausoleo de Artigas en Uruguay; la manipulación del panteón nacional fue una de las estrategias de cohesión que compartieron los tres regímenes militares para asegurar su hegemonía. Será por eso que—posmodernidad de por medio—uno esperaría que la apelación a los próceres de la patria menguara con la caída del autoritarismo militar. Y sin embargo, como la enumeración que inaugura esta sección deja entrever, la posdictadura asiste a un verdadero auge de la representación narrativa del héroe nacional. Series de televisión y programas radiales como *Algo habrán hecho por la historia argentina* o *El gen argentino*, películas como los filmes sobre San Martín y Belgrano que recorren festivales nacionales e internacionales, y un sinfín de novelas que, como las de la editorial Sudamericana, pueblan las colecciones de ficción histórica de consumo masivo; los héroes nacionales se encuentran en el centro de la escena cultural contemporánea.

Pero a diferencia de los estudios sobre el siglo XIX, que acuerdan en el uso fundamentalmente político de esta figura, la visión posdictatorial es más bien—en consonancia con la visión general sobre la representación contemporánea del pasado decimonónico—despolitizadora. Tal vez porque se la asocia enseguida con el nacionalismo imperante en la época militar, tal vez porque se la enmarca dentro de la moda de la novela histórica o tal vez porque se la ubica dentro del contexto de la posmodernidad y se da así por sentado el desvanecimiento de aquel potencial del que gozaba en el XIX; lo cierto es que se atiende poco a las implicancias políticas de la reemergencia del héroe nacional. Y, sin embargo, es éste un sitio privilegiado para realizar una lectura política de la producción cultural: es decir, para leer los discursos en pugna y las tensiones ideológicas que se enfrentan en un momento histórico determinado y que quedan plasmados en el campo de la cultura. El revuelo que generó en Argentina la insinuación, hecha por un grupo de historiadores a comienzos del 2000, de que José de San Martín tenía sangre indígena es un gran ejemplo en este sentido.[6] El reclamo de historiadores y ciudadanos, que llegó a la Cámara de Diputados y a la Secretaría de Cultura de la Nación y que casi termina en una extracción de ADN al cuerpo del prócer, permite leer las tensiones raciales y de clase que se alojan en el corazón de la identidad nacional.

De ahí que la colección "narrativas históricas" de Sudamericana sea fundamental para efectuar un análisis político de la cultura post-1990. Las novelas de la serie construyen a sus próceres de acuerdo con pautas genéricas bien específicas que permiten leer la configuración ideológica de la cultura contemporánea. ¿Cuáles son las connotaciones políticas de esta representación particular del héroe nacional? ¿Qué espera (y encuentra) el lector de Sudamericana al acercarse a esta colección? ¿Cuáles son los valores, supuestos y creencias que estas narraciones articulan (valores, supuestos y creencias que evidentemente son compartidos por gran parte de la sociedad latinoamericana, dado el éxito de ventas)? El prócer de Sudamericana deja de ser así un mero personaje que protagoniza estas ficciones para convertirse en un ideologema (o en una condensación de varios ideologemas), en una materialización narrativa de un discurso social más amplio. Es desde esta perspectiva que me interesa abordar la novela sobre San Martín que, apenas unos años antes que *Los cautivos*, Kohan publica en esta colección. Como ocurre con el texto sobre Echeverría, el juego de tensiones con el lector de Sudamericana permite, por contraste, rastrear sus expectativas, y registra así la permanencia en los noventa neoliberales de ciertos núcleos típicos de la formación ideológica del liberalismo.

I

Como ocurría con *Los cautivos*, cuando acabe *El informe: San Martín y el otro cruce de los Andes* (1997) el lector de Sudamericana quedará, cuando menos, frustrado. Al terminar la novela no sabrá nada sobre los amoríos del héroe, no se habrá regodeado en detalles ocultos de su vida íntima ni tampoco podrá reconstruir eventos que le hayan sido escamoteados a la historia oficial—promesa con la que se juega desde el título: el *informe* que documenta el *otro* cruce de los Andes. Desafiando una vez más las pautas genéricas que exige la colección en la que se inserta, el San Martín de *El informe* está hasta último momento al borde de correr la misma suerte que el Echeverría de *Los cautivos*: ser expulsado por completo de la narración. En la novela se cruzan tres niveles de relato: el informe histórico sobre la ciudad de Mendoza que Alfano, un historiador amateur, le envía al doctor Vicenzi, un historiador profesional; las cartas que escribe Vicenzi cuestionando la metodología del informe; y la narración de cómo Alfano se involucra en una trama policial al convertirse en testigo involuntario, y luego en el principal acusado, de un crimen en un correo. La figura de San Martín está hasta el final ausente de todos los niveles del relato. El informe histórico sobre Mendoza, el marco esperable para su aparición, comienza con el regreso a la ciudad de algunos soldados que escoltan a los españoles que han sido vencidos en la batalla de Maipú. Después vira por completo hacia la historia del romance entre Juan, uno de los soldados españoles cautivos, y Lucía, una de las damas mendocinas que apoya la gesta patriótica de los Andes. Un San Martín ausente se cuela en esporádicas menciones y parecería que, como Echeverría, nunca va a aparecer en la superficie del relato hasta que finalmente irrumpe unas páginas antes de que concluya la novela: "Asomaba ya el sol, y el primero de sus nobles rayos refulgió en la testa de nuestro colosal Libertador ... A lo lejos se divisaba la inmensa cordillera, esa inmensa cordillera que él, más grande aún, había vencido. La más alta cumbre, el vuelo de un cóndor, el mismo cielo, todo ... se empequeñecía en presencia de este magno titán" (234). Luego de esta entrada triunfal a la novela, San Martín no sólo indulta a Juan, que estaba condenado a la pena de muerte, sino que además lo transforma en su hijo simbólico, mientras pronuncia las famosas máximas que le escribe a su hija Merceditas y que todo niño argentino recita de memoria en la escuela primaria. Ahora sí, constata Alfano en el informe, San Martín se había transformado en "padre de Juan Ordoñez, al igual que padre de usted, y padre de usted, al igual que padre mío" (235).

La representación de San Martín se abre por completo de la regla genérica de humanizar al héroe e indagar en su cotidianeidad.

Lejos de un prócer de "carne y hueso," la breve y única aparición del personaje condensa las imágenes más petrificadas de la iconografía nacional, las más enquistadas en el imaginario popular: el Libertador que cruzó los Andes, el progenitor amoroso que se ocupa de la educación de su hija y, por fin, el Padre de la Patria; las tres imágenes que—como señala Kohan en *Narrar a San Martín,* un libro en el que analiza la construcción de la figura del prócer a través de la historia—los argentinos asocian instantáneamente con su héroe. La incrustación de la imagen más anquilosada de San Martín escapa a las expectativas del lector de Sudamericana y pone de manifiesto una diferencia radical con el resto de las novelas de la colección. A diferencia del prócer típico de Sudamericana, el San Martín de Kohan nunca exhibirá sus debilidades y pasiones, nunca mostrará la contracara que escapa a la versión oficial, nunca se saldrá de su estampa mitológica para revelar los vicios del "hombre normal." El final de la escena, que es también el final de la aparición, lo confirma:

> Pronunció el Libertador estas palabras con la vista perdida en la lejanía del horizonte, en las alturas de las nieves eternas … Fueron palabras tan cristalinas como el aire de Cuyo. A Juan le quedaban, pese a ello, un par de dudas. La parte de los insectos, para ser sincero, no la había pescado bien. Y mucho menos había entendido por qué el Libertador lo había tratado de niña … Tal vez le había querido decir maricón, y los campeones de la libertad tenían esa clase de sutilezas … Juan nada preguntó … Si decía algo inconveniente bien podía estropearlo todo. Quedándose así, se dijo Juan Ruiz a sí mismo, calladito, muzzarella, aparentemente lo iban a perdonar. (*El informe* 234–35)

Rodeado de una aureola de nieves eternas, poseedor de palabras tan cristalinas como el aire de Cuyo, San Martín es todo lo contrario a lo que esperaba el lector. Y si el contenido del relato frustra toda expectativa previa, otro tanto podría decirse de la forma: también en este sentido se quiebran todas las expectativas alentadas por las pautas genéricas de la colección. El párrafo citado, un extracto del informe de Alfano, es todo lo contrario a un documento historiográfico; rompe con todas las reglas que legitiman este tipo de narración. El historiador filtra su subjetividad, imagina los pensamientos—anacrónicos—de las grandes figuras de la patria y se abusa del indirecto libre. Los saltos de registro y la incorporación de voces coloquiales ("pescado," "maricón," "muzzarella") no hacen más que enfatizar el desajuste. Y de eso se trata principalmente *El informe*. No es en realidad ni una novela histórica, ni una novela sentimental ni una novela policial: es una novela sobre la manera en la que se configuran los relatos y se construyen los verosímiles discursivos. De ahí que la estructura se organice en la tensión entre los informes de Alfano y las críticas de Vicenzi. Si el documento de Alfano quiebra todas las premisas sobre las que se asienta la validez del relato histórico, las cartas de Vicenzi se encargan de delinearlas y, al hacerlo, acentúan el contraste. Con Vicenzi y con Alfano entran en conflicto dos modos de escribir la historia: el de la historiografía—que pide atenuación de la subjetividad, conocimiento exhaustivo de las fuentes, rigurosidad metodológica—y el de la ficción—que autoriza la imaginación, las suposiciones, los cambios de tono y hasta el viraje a la novela sentimental. "Los hechos que usted refiere no pertenecen a la historia. Queda fuera de mi jurisdicción establecer si serían o no adecuados para integrar una de esas novelas de amor de las que gustan las señoras" (136), se queja Vicenzi. "Una de esas novelas de amor de las que gustan las señoras"; detrás del reclamo de Vicenzi se dibuja el lector de Sudamericana. Se adivina, nada más y nada menos, que la persona que en ese momento lleva el libro de Kohan entre sus manos. Las protestas de Vicenzi iluminan el informe de Alfano, y el informe—una miniatura de las novelas de la colección—alude a su vez a las limitaciones del género y pone en duda sus pretensiones. Como el informe de Alfano, las novelas históricas de Sudamericana—se sugiere por extensión—no son historia: son novelas de amor para señoras.

Pero tampoco queda en pie el discurso de Vicenzi. En la prolija redacción de las cartas (siempre fechadas, firmadas, ordenadas por incisos) también se cuelan voces ajenas a su tan mentada rigurosidad metodológica. "Para el científico, la historia y la ficción nunca se mezclan" (70), enuncia Vicenzi instando a Alfano a abandonar la perspectiva subjetiva; y, acto seguido, escribe: "los tucumanos son ladrones, y los santiagueños lerdos y perezosos, como es de público conocimiento" (71). También en el discurso de Vicenzi se filtran los estereotipos y las representaciones que circulan el imaginario popular; tampoco el científico de la historia puede despojarse de su subjetividad. Aunque Vicenzi despida a Alfano y decida buscar los servicios de alguien afín a su metodología, su propio discurso no se salva de caer en el ridículo: "Se considera a la redacción del informe y no a la lectura como criterio de lo que debe abonarse" precisa en la carta de ruptura de la relación laboral, y agrega: "Consultar al respecto los precedentes jurídicos en casos de platos servidos en restaurantes y devueltos por el comensal a medio consumir" (138).

Ahora bien, el absurdo de estos dos tipos de discurso histórico—el del informe novelesco y el de la ciencia—contrasta en la novela con la exhaustividad de la narración en los segmentos que relatan la vida de Alfano y su aventura policial. El narrador de ficción que domina este segmento está al tanto de todos los detalles de la trama: los precisa, los compara, los coteja y los asienta en la novela. No se pierde en especulaciones. Sólo observa, certifica y reporta lo que observa. Es dueño de la objetividad de la que el historiador carece. El discurso de ficción parecería portar así la rigurosidad que se le escapa al discurso histórico: "Camina ahora media cuadra por Freire, y dobla por García del Río: de un lado, las casas bajas y luminosas; del otro, el parque. Cruza la calle Pinto, y luego la calle Zapiola, y luego la calle Conesa … Camina por Moldes unas quince o veinte cuadras, exactamente hasta llegar a Blanco Encalada. A medida que va pasando de Saavedra a Belgrano, Alfano encuentra menos plazas, plazoletas, parques o bulevares" (20–21).

El informe esboza entonces los mecanismos discursivos de tres géneros diferentes—el de las narraciones histórico-sentimentales al estilo Sudamericana (condensadas en el informe de Alfano), el del documento histórico-científico encarnado en Vicenzi y el del relato policial—y luego los tuerce y contamina. La narración histórico-sentimental y el documento científico portan rasgos de la ficción, y los segmentos que se esperan puramente ficticios llevan las marcas del discurso científico. A primera vista, la novela anticipa entonces una estructura especular: diseña dos esferas discursivas (la de la historia y la de la ficción), llama la atención sobre sus mecanismos de legitimación y promete un cruce. Sin embargo, también esta promesa se frustra. Al terminar, se vuelven a mezclar todas las esferas. Finalmente nos enteramos que el romance relatado por Alfano consta en una fuente de la historia oficial (en la historia de Mitre), pero ocurrió en San Luis y no en Mendoza. El recto Vicenzi no sólo cae en el ridículo, sino que termina sacando a Alfano de la cárcel sobre la base de falsos testimonios. Y los bordes del relato policial, que había sido hasta entonces el reducto de la rigurosidad, se diluyen en el interior de la novela y la trama nunca se cierra. El lector de *El informe* queda, cuando menos, desasosegado: no sólo todos los verosímiles se mezclan, rompen y cruzan; sino que ninguno de los tres niveles del relato concluye. No se sabrá nunca qué fue del romance entre Juan y Lucía, cómo quedó la "Historia de Mendoza," ni de qué manera se resolvió el crimen del correo. *El informe* rompe con todo intento de armonía. Lejos de naturalizar las marcas discursivas para que aflore el contenido de la historia, el relato exhibe su entramado narrativo y confronta al lector con sus mecanismos de legitimidad y configuración.

Igual que *Los cautivos*, *El informe* escapa a las convenciones que exige su canal de publicación; y no sólo les escapa, sino que abiertamente las parodia. La tensión entre las expectativas de lectura y su frustración permite registrar la configuración narrativa de este tipo de relato, sus mecanismos discursivos, sus modos de contar la historia. Confronta al lector de Sudamericana con la opacidad del lenguaje, con el carácter necesariamente narrativo de los hechos históricos, y con los componentes ficticios de las biografías de próceres. Como en *Los cautivos*, la tensión entre las expectativas y su frustración trae al centro del relato la figura del lector de Sudamericana (sus creencias, sus supuestos, sus actitudes frente a la narración) y, al mismo tiempo, abre la posibilidad de su reformulación como lector (desnaturaliza estas creencias, estos supuestos, estas actitudes frente a la narración).

Hay en todas las novelas de Kohan, como mencioné en la primera sección, un personaje que condensa el procedimiento narrativo central, un personaje que lleva a cabo el mismo proceso que el lector. En *Los cautivos* era la Luciana la que se sometía a un proceso de desidentificación: se abría de las convenciones de su tipo, desoía las voces de los otros gauchos, dislocaba su perspectiva y comprendía la verdad del malón. En *Dos veces junio* había un instante similar: cuando el personaje principal optaba, a contramano de los demás, por el dial de música clásica. *El informe* repite el patrón. Un día Alfano elige, apartándose de la proliferación de novedades con las que lo abruman los diarios, el resumen mensual del noticiero. Un día se ve confrontado con los mecanismos de configuración del relato histórico y, tras comprenderlos, hace su selección: "Todo depende del cristal con que se mire. Es el diario un cristal, y es la historia otro: lo que adquiere dimensiones significativas al ser mirado bajo el cristal del diario, se revela minucia al ser mirado bajo el cristal de la historia … No era un principio de renuncia a la realidad, todo lo contrario, sino un principio de mayor rigurosidad selectiva" (114).

II

Ahora bien, los mecanismos narrativos de *El informe,* el modo en que funciona su renegociación de las pautas genéricas de Sudamericana y los alcances de su desnaturalización de los verosímiles discursivos de este tipo de relato se entienden mucho mejor si se contrasta la novela de Kohan con una novela típica de la colección; una como la que escribió José Ignacio García Hamilton en el 2000 y que se ha convertido—polémica por el análisis de ADN mediante—en el ejemplo más acabado de ficción histórica sobre próceres.

En *Don José: La vida de San Martín* una reproducción del óleo del héroe ocupa—como en *Los cautivos*, como en *El informe*—casi toda la portada (véase el apéndice).[7] Como en las otras novelas de la serie, el paratexto enmarca el relato dentro de los lineamientos del género. "José Ignacio García Hamilton nos permite recuperar en este libro la imagen de un José de San Martín de carne y hueso, con humillaciones y esperanzas, alejado del perfil de héroe mitológico elaborado por la historia oficial," resume la contratapa, precedida por los retratos de Remedios de Escalada, la esposa del héroe, y Rosa Campusano, su amante guayaquileña. Ya desde antes de comenzar, la novela promete también cumplir punto por punto con los dictados de la colección. Intentará poner al desnudo la cotidianeidad del prócer, revelar su cara oculta, imaginar su vida privada (la vida de *don* José) y, por supuesto, indagar en sus aventuras sentimentales. En definitiva, apuntará a correr el velo de la historia oficial para que aparezca el hombre común, con sus debilidades y pasiones. El paratexto promete una vez más una ficción de intimidad de la nación, un develamiento de aquello que ha sido obliterado, una versión irreverente de la historia oficial. *Don José* se ubica así también dentro de esta nueva corriente del relato histórico que se ha vuelto popular desde mediados de los noventa y que apela, como decía Kohan, a un rescate humanizador de los héroes de la patria como punto de partida para una desmitificación de la historia oficial.

Pero—a diferencia de *El informe*, a diferencia de *Los cautivos*—el relato no se aparta esta vez de las pautas del género. Combina la minuciosidad de datos históricos con la novela erótico-sentimental. La narración se reparte casi matemáticamente entre la consignación al detalle de fechas de eventos patrióticos—similar a la expansión de una típica recta cronológica—y escenas de amor propias de las novelas sentimentales. Aunque bastante más explícita en la representación de la sexualidad que los romances fundacionales del siglo XIX, también en *Don José* la conjunción de erotismo, raza y etnicidad sostiene la trama. Además de la mujer amada, que es siempre—no importa su origen—de tez blanca, cabellos rubios y ojos claros, hay sirvientas negras, lujuriosas y exóticas, que contonean constantemente sus caderas, y también algunos indios, que no sólo son desleales y violentos, sino que, como si fuera poco, están llenos de piojos. Diseminados una y otra vez por todo el texto, estos atributos físicos preparan el terreno para la que será la principal falencia de San Martín: su supuesta filiación mestiza, condición en la que el narrador insiste de todas las maneras posibles—a través de descripciones, diálogos e indirectos libres de los otros personajes.

Pero, sobre todo, *Don José* se acerca a la narrativa sentimental decimonónica en la exaltación del valor de la familia. La política, las relaciones sociales y el ser humano se muestran en la novela como elementos ambiguos y llenos de debilidades, pero la idea convencional de familia permanece intacta. Tertulias, saraos y reuniones políticas; todo encuentro funciona en el relato como una excusa para el recuento de alguna genealogía familiar. La narración se regodea en los detalles de cada unión matrimonial, cada nacimiento y cada nueva fusión de apellidos. Casi parece la versión contemporánea de *Las beldades de mi tiempo*—la novela que Santiago Calzadilla, miembro de la élite argentina de fines del siglo XIX, escribió en 1891 sin más trama que la descripción pormenorizada de las mujeres de su época y de sus felices enlaces; un texto escrito como estrategia de legitimación y afán de preservación de aquel grupo que comenzaba a perder protagonismo con la llegada masiva de inmigrantes. El final de *Don José* resulta en este sentido más que elocuente. Una serie de escenas domésticas muestra a San Martín, ya viejo y exiliado en París, jugando con sus nietas y conversando con su hija; paseando con ellas por los jardines y cariñosamente preocupado por sus futuros. Los avatares de las repúblicas americanas se suceden del otro lado del océano; la historia quedó interrumpida. San Martín, que como hijo—según se encarga de recordar a cada instante la novela—roza la ilegitimidad y esconde un pasado turbio, se redime en tanto padre y en tanto abuelo. Finalmente, al mismo tiempo que al panteón nacional, logra ingresar al panteón familiar. Y es que, ahora sí, "tenía mucho menos aspecto de indio" (315). Por fin entonces es capaz de encabezar una genealogía. Linaje familiar y linaje nacional se funden y se implican mutuamente. La pertenencia a uno garantiza la pertenencia al otro. Y así es como se cierra la novela: con un epílogo que no registra el legado histórico de San Martín o el desenlace de los acontecimientos políticos en los que había tenido parte, sino los datos de sus descendientes—de sus nacimientos, sus bodas y sus muertes.

"La irreverencia escolar es a la reverencia escolar lo que los recreos son a las horas de clase, el complemento contrastante que les permite funcionar" (175), dice Martín Kohan en *Narrar a San Martín*, refiriéndose a las novelas que, como *Don José*, insisten en develar el pasado de hombres de carne y hueso de los grandes próceres. La creencia de que hay un héroe de la historia cuya humanidad tiene que recuperarse no sólo redunda, como la irreverencia escolar, en un gesto inútil—la heroicidad emerge intacta de la embestida—sino que se sostiene sobre una concepción falsa: que el héroe ha sido deshumanizado por la historia oficial. En su libro Kohan hace un recorrido por el modo en que Sarmiento, Bartolomé Mitre, Ricardo Rojas y Eduardo Gutiérrez fundan la representación de San Martín y organizan su entrada al panteón nacional. Como se encarga de mostrar, estas primeras imágenes no sólo componen un San Martín "humano," con sus debilidades y fisuras, sino que además indagan también en su vida privada y en los recovecos de su intimidad. La historia oficial no recoge, concluye Kohan, el relato petrificado de los manuales escolares, sino que consigna los vaivenes de la heroicidad. Es por eso que la pretensión de estos nuevos textos descansa sobre una premisa falsa que echa por la borda su proclamada intención: si la historia oficial no ha deshumanizado al héroe, la humanización que realizan las novelas no va pues a lograr poner en cuestión la historia oficial. El gesto de rebeldía cae en el vacío. A pesar de la irreverencia, el héroe continúa siendo héroe (de hecho, Kohan señala que el caer y el rehacerse es uno de los mecanismos centrales de construcción de la heroicidad) y el relato histórico sigue su curso. Las novelas dejan intocados—y acá se detiene su análisis—los cimientos de la argentinidad.[8]

La observación se ajusta de manera cabal a la novela de García Hamilton. Hacia el final del relato las flaquezas de San Martín que la narración ha delineado—la confiscación de bienes para financiar su campaña, la desobediencia a sus superiores que lo aleja de Argentina, su gusto por el alcohol y su adicción al opio—no han logrado derribar el mito. Son realmente detalles menores—que en rigor ya constaban en Rojas, en Mitre y en otros referentes de la historia oficial. Si, como dice Teresa Basile, los tres mecanismos típicos en la construcción del héroe son la afirmación de su filiación con los orígenes nacionales, de su potencial homogeneizador y de su capacidad para fundar un linaje (1203–14), el San Martín de García Hamilton deviene hacia el final de la novela la expresión más acabada del héroe nacional. Su parte en la gesta patriótica vuelve a verificarse con aparente rigor documental y, tras su "blanqueamiento" racial y político, se lo deja listo para encabezar una estirpe nacional anclada en lo familiar. Al fin y al cabo, su falta más grande es su supuesto mestizaje.

Se podría, de hecho, dar un paso más allá y decir que la novela no sólo deja intocados los cimientos de la argentinidad, sino que además registra la permanencia de una serie de ideologemas típicos del siglo XIX, especialmente la intersección entre las nociones de familia, raza y patria. Y aunque esta intersección se pone ya de manifiesto en el contenido, son los mecanismos narrativos—en particular, el cruce complementario entre el discurso de la historia y el discurso de la ficción—los que vuelven posible su construcción. También en este sentido, en el sentido formal, las novelas históricas de Sudamericana guardan una relación con la literatura decimonónica. Como señala Doris Sommer, era precisamente sobre el cruce de estos dos tipos de discurso—el de la historia y el de la narración sentimental—que los romances nacionales decimonónicos organizaban su interpelación (*Foundational Fictions* 1–58). Si la consignación precisa de fechas y el explícito encuadre temporal servían como marco para que las élites criollas anclaran la historia de la patria (es decir, ayudaban a inventar un pasado nacional allí donde no lo había), las peripecias sentimentales de los personajes exhortaban a la consolidación de un proyecto nacional al mismo tiempo que lo legitimaban. Era entonces gracias al entrecruzamiento complementario de historia y romance que las novelas lograban interpelar al lector de un modo que ni la historiografía ni la ficción hubieran logrado por sí mismas. El éxito del cruce—de este movimiento simultáneo de instigación e historización—queda consignado, sugiere Sommer, en la escolarización de estos romances nacionales durante 1880 y las primeras décadas del siglo XX. A la hipótesis de Sommer podría objetársele una yuxtaposición de instancias de lectura. La dimensión historizadora, con excepción quizás de *Amalia*, funciona una vez que efectivamente pertenecen al pasado hacia fines del siglo XIX y comienzos del XX; habría que ver qué ocurre en su horizonte de recepción inmediato cuando sólo el cariz exhortativo parece poder percibirse con comodidad. Sin embargo, respecto de novelas como las de García Hamilton, la hipótesis de Sommer resulta, a pesar del cambio de contexto, más que sugerente. En realidad, podría decirse que, excepto por el lenguaje y los consiguientes saltos de registro—el narrador, por ejemplo, observa: "Godoy era débil como gobernante y cornudo como marido" (32) y San Martín usa frases como "Estamos meados por los perros, hombre" (65)—la estructura profunda de la novela es casi un calco de la estructura profunda del romance nacional del siglo XIX.

En *Don José*, como en las otras novelas típicas de la serie, la coexistencia aparentemente incontaminada de estas dos esferas discursivas—la de la historia y la del romance—sostiene la narración. Aunque tiene un valor performativo mucho menor que el de un romance decimonónico (no está escrito por un "forjador de la patria" ni será leído por otros forjadores de la patria), el cruce de estas instancias documenta (y permite) la continuidad de ciertos ideologemas típicos del siglo XIX. El listado de los hechos históricos en los que participó San Martín legitima el relato oficial (del que, en este punto, no se distancia en absoluto) y perpetúa la heroicidad del prócer. El recuento de las aventuras sentimentales registra (y vuelve posible) la centralidad de las nociones de raza y familia en la definición de la identidad nacional. En otras palabras, es en el cruce entre historia y romance que la novela construye el verosímil discursivo que plasma (y asegura) la permanencia de estos ideologemas. Cuando apela al discurso histórico—a la constatación de fechas, a la referencia documental—ratifica la vigencia de los eventos que conforman la historia de la patria. Cuando apela al discurso de la ficción—a la narración de las aventuras amorosas de San Martín—certifica la continuidad de ciertos ideologemas centrales del liberalismo decimonónico (familia, raza, patria).[9] El buceo en los rincones de la vida privada del héroe, lejos de aportar una mirada irreverente, alude a la prolongación del esquema decimonónico de identidad nacional. En este sentido, el paratexto establece una relación de simetría con el cuerpo principal de la novela. Tanto en la dedicatoria como en las fuentes y reconocimientos figuran familias de doble apellido—clara marca de estatus en Argentina—que remiten a la clase media-alta del país, a varias de las familias que han estado tradicionalmente a la cabeza del destino nacional. Estas listas que rodean el libro no desentonarían en realidad dentro de la narración; encajarían cómodamente dentro de alguno de los linajes familiares en los que se detiene el relato. El texto de García Hamilton—exactamente al revés de *El informe*—instala, a partir del cruce complementario entre historia y ficción, un diálogo armónico entre autor, narrador y receptor. Un diálogo que no incomoda ni perturba, sino que más bien registra (y revigoriza) el "entre nos."

Una mirada a los efectos de recepción reivindica, aunque a primera vista parezca mostrar lo contrario, esta lectura. Ni bien comienza a circular, *Don José* provoca un revuelo que se registra en las tapas de los diarios principales del país, en varios programas de radio y televisión y hasta en la BBC de Londres. El motivo no es otro que aquel que enfatizaba la narración: el origen mestizo de San Martín. Patriotas indignados y ciudadanos tolerantes se trenzan, como mencioné al comienzo del capítulo, en una discusión que acaba en un pedido judicial para que se haga un ADN—operación que finalmente nunca se lleva a cabo—al cuerpo del Libertador (véase Ludmer, *Aquí* 44–57 para más detalles). García Hamilton siente que satisfizo su cometido. Como declara en varios reportajes, la polémica certifica que logró su intención: poner en cuestión el relato oficial, horadar la identidad nacional y desmitificar al héroe. Su plan es parte—revela entonces—de un proyecto más amplio; un proyecto que abarca una serie de novelas (*Simón: Vida de Bolívar; Cuyano alborotador; Vida de un ausente: La novelesca biografía del talentoso seductor Juan Bautista Alberdi*) y los segmentos televisivos y radiales que comparte con Felipe Pigna y Pacho O'Donnel, los dos referentes más notorios de esta nueva corriente de rescate humanizador. Un proyecto que busca, según dice, desmitificar la historia oficial para resucitar el pensamiento liberal decimonónico.[10] Aunque sus declaraciones ponen de manifiesto más de un contrasentido—por ejemplo, la versión de la historia oficial que quiere cuestionar es precisamente la que fue creada por el pensamiento liberal que quiere resucitar—, no me interesa tanto ahondar en ellas como señalar sus implicaciones para la lectura de la novela y para este tipo de relato histórico en general. *Don*

José agita—junto con la colección de Sudamericana, junto con la corriente de rescate humanizador—la superficie de la identidad nacional pero registra la continuidad—y, probablemente, permite la continuación—de algunos de los ideologemas básicos que desde el siglo XIX sostienen su configuración. La novela genera revuelo, pero los mismos términos del revuelo—la condición mestiza de San Martín—muestran la permanencia del modo de entender lo nacional diseñado por la élite liberal decimonónica y corporeizado en el lector de Sudamericana en los noventa. En este sentido, y a pesar del rechazo que suele generar,[11] la colección "narrativas históricas" tiene un valor fundamental como documento cultural. Permite leer los supuestos, creencias y actitudes de gran parte de la sociedad argentina durante una época crucial. Lejos de un material que debe ser descartado, puede ser un sitio privilegiado para llevar a cabo un análisis de la cultura nacional post-1990.

III

En su libro sobre el impacto del neoliberalismo en el imaginario nacional, Grimson y Kessler señalan que una de las principales transformaciones socioculturales que ocurren en la Argentina de los noventa es la disolución del lazo social (66). La contraparte del creciente desempleo y del aumento acelerado de la pobreza en el nivel económico es la marginalización en el nivel social. Sobre todo hacia la mitad de la década, cuando la crisis comienza a ser innegable, la idea de que el problema fundamental es la existencia de un grupo de individuos que viven como parásitos del Estado sin aportar a la comunidad (amparados en la delincuencia, en el clientelismo, en la falta de educación) prevalece en ciertos sectores de la población. De ahí que los noventa traigan aparejada una "hipervisualización" de las diferencias; diferencias de clase y, de manera inédita, raciales y étnicas (118). En este último sentido, los noventa constituyen un punto de inflexión que divide en dos la historia del discurso nacional. Entre 1880 y mediados de los noventa—una vez alejada la "amenaza indígena" y acabada por ende la necesidad de verbalizar la demarcación racial—la identidad argentina se sostiene sobre un discurso homogeneizador que sólo es posible gracias al borramiento de estas diferencias. En la Argentina "europea," con sus habitantes "blancos" que "descienden de los barcos," las diferencias se disuelven y se desplazan hacia una categoría que toma prestado un término racial para referir en realidad a una posición de clase: el "negro." "Negro," término que amalgama bajo una misma etiqueta a mestizos e indígenas argentinos y a inmigrantes fronterizos (de *ciertos* países fronterizos: especialmente, Bolivia y Paraguay, pero nunca Chile y Uruguay), remite a una persona pobre. Es una categoría que, al mismo tiempo que permite una demarcación de clase, borra (paradójicamente, si se tiene en cuenta su origen discursivo) las distinciones étnicas y raciales. Pero los noventa cambian por completo la configuración del imaginario nacional y, además de enfatizar como pocas veces antes las distinciones de clase, traen al centro del discurso social aquellas diferencias raciales y étnicas que habían permanecido invisibles durante más de un siglo. La categoría "negro," que se expande cada vez más junto con los índices de pobreza, se fragmenta en nuevas categorías que, ahora sí, verbalizan la diferencia étnica: al "negro" se añaden el "boliviano," "paraguayo" y "peruano." Aunque existen algunos cambios sociodemográficos concretos que explican esta visibilidad repentina—el aumento de la pobreza y su presencia metropolitana, el hecho de que el proceso de migración interna lleva a los inmigrantes fronterizos de las provincias a la capital y de que la proporción de esta inmigración fronteriza es por primera vez mayor respecto de la inmigración extranjera en general[12]—me interesa sobre todo destacar la sugerencia de que esta hipervisualización puede entenderse como una contraparte discursiva de los efectos de la economía neoliberal. Al culpar a los negros, bolivianos, paraguayos y peruanos de la falta de empleo, del alza en los índices de delincuencia y del empobrecimiento general, el discurso social (junto con el discurso político oficial) "deseconomiza," "extranjeriza" y "desnacionaliza" los efectos negativos del neoliberalismo. La hipervisualización (étnica, racial, de clase) se convierte así en una narrativa legitimadora del modelo económico imperante. Es un índice de un modelo económico en crisis y, a su vez, una de las condiciones de posibilidad de su permanencia. También en este sentido los noventa se conectan con el proceso de configuración nacional del siglo XIX. Como ocurrió con los indígenas hasta al menos 1880, la demarcación racial (y, en el caso de los noventa, de clase y étnica) sienta las bases de un modelo económico. Un modelo que, en los dos casos, postula la exclusión de una serie de sujetos sociales como un medio necesario para lograr una modernización nacional anclada en la entrada al mercado internacional—volveré sobre esta periodización en el último capítulo.

Podría decirse que las novelas de Kohan traen al centro del relato las tensiones ideológicas que recorren este momento de transformación sociocultural. Sus relatos no tratan de bolivianos, paraguayos o peruanos, pero registran las operaciones de encuadre y las funciones enunciativas que vuelven posible la demarcación de sujetos sociales (como pone en evidencia el narrador transhistórico de *Los cautivos*) y los mecanismos narrativos que sostienen ciertos ideologemas raciales y de clase que resultan clave para la consolidación del (neo)liberalismo (como pone en evidencia la contaminación de verosímiles discursivos en *El informe*). La tensión entre las expectativas y su frustración, entre la complicidad del "entre nos" y su ruptura, muestra así el auge de los noventa neoliberales (la existencia de esta formación ideológico-discursiva) y, al mismo tiempo, exhibe su entramado enunciativo, pone al desnudo su configuración, vuelve visibles sus ideologemas, y alude así a su crisis como ideología.[13]

Dice Damián Tabarovsky que los noventa portan su propia marca cultural: la "escritura en positivo," la "escritura a salvo," garantizada ya sea por las reglas del mercado editorial (con la ficción histórica de consumo masivo como epítome) o por las convenciones de la escritura académica (23). Impecable cruce entre la academia y el mercado, la narrativa de Kohan establece un juego de tensiones con sus respectivas pautas genéricas que constituye, tal vez, la única posibilidad de renegociación de una ética intelectual en los noventa. Sus novelas configuran un cuidadoso pacto de lectura garantizado por la prometida repetición de estas reglas y, una vez "a salvo," dislocan las secuencias discursivas que lo sostienen. Es a partir de este juego que documentan la función enunciativa que cumple el lector dentro de la formación ideológico-discursiva del liberalismo decimonónico y la que cumple dentro de la formación ideológico-discursiva del neoliberalismo en los noventa. A través de este cruce conflictivo vuelven visible su figura y abren la posibilidad de su reformulación. La tensión entre las expectativas y su frustración ficcionaliza el marco desde el que se mira, trae al lector al cuerpo del relato y permite, tal vez, la dislocación de su perspectiva.

Capítulo cinco

Un camposanto sin límites

El fin del siglo XIX y la crisis del 2001

> La pampa, en cambio, era lo eterno. Un camposanto sin límites es lo más parecido que uno puede hallar.
>
> Roberto Bolaño
> "El gaucho insufrible"

En el 2007 una pequeña editorial argentina publica un libro curioso, que contiene un solo poema pero que remite en realidad a otro y, de algún modo, al discurso poético (y literario) en general: *El Martín Fierro ordenado alfabéticamente* de Pablo Katchadjian. Comenzando por "A andar con los avestruces," Katchadjian reorganiza el poema de Hernández listando sus versos por orden alfabético. El resultado es, por supuesto, un nuevo texto: uno con nuevos sonidos, con un nuevo ritmo y hasta con nuevos sentidos. Un texto nuevo que, sin embargo, no llega del todo a ser otro texto. César Aira explica este fenómeno apelando a la especificidad literaria: "La prueba extrema de formalismo es colgar un cuadro al revés, patas arriba … [Pero] en literatura las formas están preformadas por sus contenidos, y la comunicación se resiste a desalojar el discurso … No, el escritor no puede colgar el libro al revés" ("El tiempo" 1). A diferencia de la pintura o de la música, artes más cercanas a la abstracción, la literatura se resiste, en virtud de los componentes materiales de su discurso, al formalismo puro. Incluso el gesto de Katchadjian—gesto que parece tener su anclaje en la experimentación más puramente estética y que se vale del género literario con más posibilidades de deshacerse de lo conceptual—excede los límites de lo formal. La nueva forma no es cualquier forma. Los nuevos sonidos no son cualquier sonido. El nuevo poema no es cualquier poema. Es nada más y nada menos que el *Martín Fierro* ordenado alfabéticamente; texto que "por estar instalado en la memoria de los lectores argentinos se entrega a todas las prestidigitaciones del reconocimiento" (Aira, "El tiempo" 1). Es precisamente lo inevitable de este reconocimiento lo que lleva a Aira a imaginar uno de sus típicos condicionales hipotéticos (uno de esos condicionales que revolucionaron el campo cultural de la región). Leyendo a Katchadjian, Aira imagina una generación de lectores que, ignorantes del original, crezcan recitando de memoria este nuevo *Martín Fierro*. ¿Qué pasaría si estos lectores imaginarios conocieran las desventuras del gaucho solamente en orden alfabético? ¿Cómo sería si el verso "Yo tenía unas medias botas" concluyera el relato en el desierto? ¿Cambiaría algo si la trama de aquello que Borges catalogó como "poema-novela" se rehiciera siguiendo una línea sonora? En definitiva, ¿qué ocurriría si este nuevo texto no arrastrara ecos previos? La generación hipotética crecería—concluye Aira, tras barajar diferentes opciones—con una nacionalidad distinta; si no mejor, al menos más arriesgada.

Esta múltiple escena de lectura—Aira leyendo a Katchadjian leyendo a Hernández—me parece pertinente a la hora de inaugurar el último capítulo. Por un lado, condensa de manera gráfica el punto de partida que dio origen a este libro: la imposibilidad de hacer caso omiso de las resonancias ideológicas que conlleva la reemergencia del siglo XIX. Por otra parte, y más específicamente, provee el marco adecuado para abordar la cantidad de reescrituras del gran poema nacional que puebla la escena cultural posterior al 2000. El *Martín Fierro*, reescrito una y mil veces desde su canonización en las primeras décadas del siglo XX, reapareció con más fuerza que nunca, rebasando una vez más la esfera de la literatura. Al poema de Katchadjian—y teniendo en cuenta solamente lo ocurrido a partir del 2000—deben agregarse la canción de Juana Molina (2000), el largometraje de Gerardo Vallejo (2006), la película de Norman Ruiz y Liliana Romero con dibujos animados de Fontanarrosa (2007), *El Guacho Martín Fierro* del paraguayo Oscar Fariña (2011) y los dos textos a los que me dedicaré en este último capítulo: la novela *El sueño del señor juez* de Carlos Gamerro (2000, 2005) y el cuento "El gaucho insufrible" del chileno Roberto Bolaño (2003). En todos los casos, reescribir el poema de Hernández hace que los nuevos textos no puedan ser nunca, bajo ninguna circunstancia, cualquier texto. La generación hipotética de Aira se desvanece así para abrirle paso a nuevos condicionales hipotéticos. ¿Qué pasaría si, como ocurre en la versión animada, el relato se acabara ahí donde termina "La ida," con Fierro convertido en desertor? ¿Qué efectos se generarían si, como en la canción de Juana Molina, la historia se volviera casi inaudible, camuflada en la voz de una mujer? ¿Y si, como en la adaptación de Fariña, el gaucho malo se reencarnara en un "pibe chorro" (en un habitante actual de un barrio marginal)?[1]

Es, de hecho, uno de estos condicionales hipotéticos lo que se aloja en la base de la novela de Carlos Gamerro—escritor argentino de ficción que comparte un itinerario similar al de Martín Kohan: es novelista, profesor universitario, y colaborador en suplementos culturales que se publican en diarios de circulación masiva. ¿Qué pasaría si en 1877, cuando está a punto de consolidarse el Estado-nación, surgiera un elemento disruptivo que lo impidiera? ¿Cómo cambiaría la historia si el gaucho agraviado por la ley (como aquel que imaginó Hernández) se internara en el desierto pero, en vez de regresar plagado de consejos, volviera con los recursos necesarios para subvertir el poder del Estado? *El sueño del señor juez* plantea así una reescritura (en clave airana) del *Martín Fierro*, tanto de "La ida" como de "La vuelta." Una reescritura en la que irrumpen una dimensión experimental y una dimensión utópica que exceden las posibilidades de la gauchesca decimonónica y que adquieren sentido con la crisis del 2001 como trasfondo. La dimensión experimental nos confronta con la crisis de los ideologemas de "ciudadanía," "nación" y "ley" que, como nos recuerda el poema de Hernández, están en la base del Estado liberal. La dimensión utópica alude al inminente "retorno de lo político" que ha sido señalado como una de las marcas de las sociedades latinoamericanas a partir del 2000. Puestas en contrapunto con su presente de enunciación, las nuevas dimensiones de la ficción de Gamerro—dos dimensiones que exceden y contradicen la lógica del original—exhiben la crisis total del siglo XIX como formación ideológico-discursiva y anticipan un nuevo momento histórico.

Es también a partir de este doble movimiento—la crisis total del siglo XIX, la irrupción de un nuevo momento histórico—que en la última parte del capítulo propongo abordar la reelaboración del *Martín Fierro* que (vía "El Sur" de Borges) formula Roberto Bolaño en su cuento "El gaucho insufrible." Mi propuesta de análisis apunta a una ampliación de las lecturas ya existentes. Aunque se lo ha interpretado como una repetición del gesto anti-nacionalista que Borges había esbozado en 1944, el Sur metatextual de

Bolaño da un paso más allá, y acaba simbólicamente no sólo con una versión particular del nacionalismo, sino con una formación ideológico-discursiva completa. Por otra parte, a pesar de que se lo ha visto solamente como un epílogo de la tradición literaria rioplatense, este Sur translingüístico funciona como una alegoría del fin del siglo XIX y como una fantasía de religación de literatura y política que exceden las fronteras nacionales y exigen una mirada regional. Índices del agotamiento y precursores de un nuevo momento, *El sueño del señor juez* y "El gaucho insufrible" clausuran así el camino transitado en estos cinco capítulos: el que empezaba con el condicional real planteado por Piglia ("¿Hay una historia? Si hay una historia, ésta empieza hace tres años" [*Respiración artificial* 131]) y llegaba a su apogeo en la metaficción de los noventa. Es, entonces, con la narrativa de Bolaño y con la ficción de Gamerro—ficción que, como veremos, replica esta periodización en su causalidad interna—que se cierra este libro.

5.1. Nación, ley y ciudadanía en *El sueño del señor juez* de Carlos Gamerro

> —Y ahora digamé, por favor,
> ¿qué quieren decir los sueños?
> —¿Qué es esto? ¿Una payada?
> —Algo así, pero no con usté.
>
> Carlos Gamerro
> *El sueño del señor juez*

En 1933 un grupo de *gangsters* recorre el territorio estadounidense buscando nuevos asentimientos. Poco a poco, la nación ha ido cobrando forma y definiendo sus fronteras. Pero en algún remoto lugar del sur todavía existe una plantación que perdura sobre la base de la esclavitud. Obedeciendo a un impulso moral, la hija del jefe de la partida decide quedarse, liberar a los esclavos y convertirlos en una comunidad regida por la democracia. Se propone incorporar los resabios de un pasado premoderno a la perennidad del espacio nacional. Testigo del cambio de era, el único reloj de la plantación deja de marcar la hora cuando los dueños de la hacienda pierden el control. Por un momento, mientras se reorganiza, la comunidad permanece suspendida fuera del tiempo—una ucronía—en un lugar imaginario dentro de un territorio en formación—una utopía.

Manderlay, la película del cineasta danés Lars von Trier, parece más un experimento científico que uno estético. Hay un laboratorio idealmente construido, cerrado a los estímulos externos (la plantación). Están los elementos constantes que garantizan el buen funcionamiento (una casa principal, un lugar donde reunirse, un jardín que no se toca, unas tierras que cultivar; la escenografía mínima marcada con tiza sobre el suelo). Están las variables dependientes que se someten a un cambio (los personajes-tipo del relato: los blancos opresores, la blanca idealista, el blanco apostador, el negro llorón, el negro orgulloso, el negro hablador, el negro camaleón). Y están también las variables independientes que impulsan la acción y generan reacciones en los otros elementos (la libertad, la igualdad, la justicia y la democracia). *Manderlay* es un experimento sobre cómo responden los miembros de una comunidad a los estímulos de la democracia, cómo reaccionan cuando se los confronta con la posibilidad de la libertad, y cómo actúan cuando se los convierte en parte del espacio nacional. Y si el cineasta es el científico que monta el experimento, el espectador es el "observador neutral" de las acciones y reacciones; el que mira, juzga y evalúa. Es aquel que, fuera de escena, acompaña uno por uno los pasos que llevan a la conformación del nuevo espacio. Como buen espectador avezado en este tipo de experimentos, Benedict Anderson indica que la sensación de simultaneidad ocupa un lugar crucial dentro de este proceso (*Imagined* 14). La certeza de que todos los miembros de una comunidad coinciden en un tiempo "homogéneo y vacío," en un tiempo que los une y atraviesa, es fundamental para crear la percepción de pertenencia. Ajustar el reloj es el primer paso para que un grupo de individuos se transforme en una nación. Será por eso que en *Manderlay* la primera asamblea de la nueva comunidad somete a debate público la hora, vota democráticamente una de las propuestas y echa a andar las agujas.

También un reloj—parado—custodia Malihuel, un pueblo imaginario de algún rincón de la provincia de Santa Fe. Corre el año 1877, bisagra que anuncia el comienzo de la consolidación del Estado liberal en Argentina, y el juez de paz Urbano Pedernera se propone hacer de ese pueblo marginal una comunidad moderna; convertir el rancherío en ciudad; lograr que ese territorio que aún es parte del desierto cruce la frontera y sea una pieza del espacio nacional. Las agujas del reloj no marcan aún la hora. Malihuel no se ha incorporado todavía al tiempo homogéneo y vacío que atraviesa la nación. Permanece fuera del calendario, igual que Manderlay antes de que se aboliera la esclavitud. Como von Trier, Carlos Gamerro lanza en su novela un experimento. *El sueño del señor juez* es una maqueta de la fundación nacional; un modelo a escala del momento que precede la formación de la Argentina moderna. De ahí que en ese espacio en miniatura se encuentre cada uno de los componentes necesarios para configurar la nueva nación: los sujetos sociales básicos (letrados, gauchos, indios y cautivas), las oposiciones binarias fundamentales (civilización y barbarie, oralidad y escritura, naturaleza y cultura), y el escenario mínimo para que estos componentes se crucen, se combinen y se pongan a interactuar (una escuela, una pulpería, un juzgado, un calabozo, algunos ranchos y un mangrullo).

Ahora bien, en todo experimento hay siempre al menos un elemento que se introduce para desestabilizar el ambiente previo e impulsar cambios. En la novela de Gamerro ese elemento, a diferencia de otras narraciones de la fundación nacional, es el sueño. Cada noche y cada siesta el juez Urbano Pedernera sueña que los habitantes del pueblo llevan a cabo acciones que de día serían consideradas un delito. En los sueños de Pedernera los vecinos de Malihuel se dedican a robar ganado, a mancillar los edificios públicos y a contrabandear con los indios. Y lo peor es que en las pesadillas, además de cometer delitos, se burlan de su autoridad. Un paisano se atreve a besarlo en la boca, un gaucho audaz hace pis en las paredes de su oficina, y otro degenerado lo observa mientras se acuesta con su mamá. Pero si en la vida real los delitos oníricos no presentarían ningún problema (y quedarían recluidos en el inconsciente individual), en la novela se transforman en un elemento disruptivo que amenaza con hacer tambalear todo el experimento. Las acciones de los sueños no figuran en el librito de instrucciones que Urbano sigue a rajatabla; no han sido codificadas por el saber legal. Y sin embargo (o tal vez precisamente por eso) estos crímenes irreales perturban al juez e interrumpen sus deseos de modernización. Lo molestan de tal manera que obstaculizan la continuidad de su empresa. Lo distraen hasta tal punto que parece casi imposible que pueda alcanzar con éxito la incorporación del pueblo al territorio nacional.

I

Es sobre todo esta representación particular del delito lo que hace que *El sueño del señor juez* se desvíe del *Martín Fierro* (y del género gauchesco y de la literatura decimonónica en general).[2] Y es que—a diferencia de lo que ocurre en la novela de Gamerro y como ya ha sido señalado en más de una ocasión—el delito ha sido siempre una herramienta útil para el Estado.[3] No sólo porque, como dijo Marx, alimenta toda una serie de ocupaciones rentables (jueces, abogados, policías, académicos, sociólogos) sino sobre todo porque ayuda a trazar fronteras sociales. Concepto exclusivo-inclusivo, separa al "delincuente" del "buen ciudadano," y en ese ejercicio de separación pone en juego la existencia de los dos términos. En ese acto divisorio los construye a ambos como figuras discursivas que marcan relaciones de pertenencia y exclusión. Y aunque la utilidad del delito es una constante que recorre la historia—para comprobarlo basta con leer las tapas de los diarios o atender a las campañas electorales de la región—, es durante el siglo XIX, en plena etapa de configuración de las fronteras nacionales, que adquiere una relevancia aún mayor. En los textos del siglo XIX (desde Hernández hasta Cambaceres, desde Sarmiento hasta Holmberg), el delito ocupa un lugar central que, en vez de entorpecer el proyecto nacional, resulta funcional a su delimitación. El *Martín Fierro* es, como enfatizó más de una vez Josefina Ludmer, el mejor ejemplo en este sentido. El camino que va desde "La ida" hasta "La vuelta" marca el recorrido que transita el gaucho desde "delincuente" hasta "ciudadano." El gaucho criminal y desertor a través del cual Hernández plasma en "La ida" su denuncia del programa sarmientino se ha transformado en "La vuelta" en un gaucho patriota y civilizado cuya voz (en primera persona) es instrumental para la consolidación del Estado-nación.

El sueño del señor juez se aparta en este sentido de su original decimonónico. Aquí el crimen, en lugar de contribuir al establecimiento de límites que resulten útiles a la configuración nacional, confronta al lector con la existencia, el absurdo y la arbitrariedad de esos mismos límites. El delito, en vez de acelerar el programa civilizador, lo interrumpe y pone de manifiesto sus contradicciones ideológicas. El desvío del original tiene por supuesto su contraparte formal. Al tono realista del texto de Hernández (enfatizado por la mímica de la oralidad del gaucho) se le opone la dimensión experimental del de Gamerro (introducida por un elemento del orden de la fantasía: el sueño). Al monólogo que sostiene el poema (en el que el "pícaro convertido" narra su historia y deja su legado moral para enseñanza de sus hijos) se le opone el carácter dialógico de la novela. *El sueño del señor juez*, lejos de ser el relato en primera persona de un locutor ficticio que naturaliza una serie de conceptos que están en la base del Estado-nación liberal, cobra la forma de una payada en la que la negociación de sentido muestra cómo esos conceptos familiares son en realidad ideologemas. Y es así como se abre la novela: con una disputa sobre los significados de sueño y delito. Una disputa en la que el juez Pedernera acusa al gaucho Rosendo Villalba de haberle orinado en sus pesadillas de la noche anterior las paredes del juzgado:

> —Y, vos, gaucho bruto, andá diciéndome qué hacías acá ayer a la noche miándome las paredes a lo perro ... ¿A ver? Decí que no fuiste. ¿A ver? Estoy esperando ...
> —Con todo respeto don Urbano, yo a la noche no me moví del rancho. Si alguno le vino con cuentos ...
> —Yo te vi, yo mismo, con estos ojos ... ¿Qué te creíste que no me voy a enterar de lo que pasa en mis propios sueños?
> —Don Urbano, le juro que yo no fui. Se habrá confundido en la oscuridá.
> —¿Ah, sí? Estaba clarito como el día, fijate vos.
> —Disculpemé si no lo seguí bien, pensé que me dijo anoche. Anoche no había luna.
> —No habría pero igual se veía todo.
> La duda había empezado a aparecer en los ojos del reo. El juez intercambió con el sargento un guiño cómplice ...
> —Mire, si fue así le pido disculpas —balbuceó confundido el reo—. Le aseguro que no hubo intención ...
> ... Una vez que el sargento trajo papel y tinta comenzó a instruir el sumario, copiando laboriosamente las frases del manoseado librito de instrucciones ... —Hay que firmar primero. ¿Tenés quién te firme? Qué vas a tener, si son todos analfabetos acá. A ver, sargento ... (10–11)

El fragmento escenifica la tensión que recorre la novela: la tensión entre el representante del poder oficial y el gaucho por el sentido de las nociones de delito, ley y ciudadanía—una tensión que remite menos a una disputa semántica que a una ideológica; que refiere menos a un enfrentamiento por un castigo puntual que a una competencia por la hegemonía. Así, en un principio la afrenta que Rosendo efectúa en los sueños del juez se traduce para éste en un delito que debe someterse a las leyes de verificación empírica que rigen el mundo real y que sostienen el aparato jurídico. Rosendo es culpable porque cometió un crimen y hay un testigo (el propio Urbano) que puede corroborarlo. El juez parece haber sorteado el obstáculo que supone el carácter irreal del delito del gaucho mediante una transposición directa del terreno de la realidad al terreno de lo onírico. Pero Rosendo capta la estrategia y, por un momento, la balanza se inclina a su favor: la noche anterior no había luna; es imposible que el testigo haya podido ver; y, si el testigo no puede certificar lo que vio, la prueba del delito tambalea. Es entonces que el juez decide desplazarse por un instante a la lógica no-causal del otro mundo—en el sueño no es necesario que haya luz para que se vea—y apropiársela para vencer el duelo e imponer su autoridad. El sumario se cierra entonces con la firma del sargento que, sustituyendo la de Rosendo, certifica el documento a través del cual el gaucho se confiesa culpable y acepta la pena de un mes de trabajo voluntario.

La oscilación de poder entre el magistrado y el gaucho no hace más que desnaturalizar la noción de ley y exponer su carácter relativo y arbitrario. Exhibe la diferencia entre el ideal de justicia y su aplicación, la discrepancia entre su dimensión normativa y su dimensión práctica, la distancia insalvable entre su contenido enunciativo y su función performativa. El movimiento oscilante de la escena despliega frente a los ojos del lector aquel doble sistema de justicia (el central de la ciudad y el consuetudinario del campo) que, como señala Ludmer, da origen al género gauchesco y es el punto de partida de la delincuencia del gaucho (*El género gauchesco* 21). El enfrentamiento muestra también el rol central que la dicotomía oralidad/escritura ocupa en la construcción de ese doble sistema de justicia. Quien, como Urbano, pueda hacer uso de la parafernalia jurídica (de los testigos, la retórica, el manual de instrucciones, el ceremonial) puede aplicar la ley más allá del contenido del código legal. El que porte el saber legal y el que administre la ley del Estado (el que pueda hacer un uso ostensible de su aparato retórico) detenta la autoridad. Aquel sujeto de enunciación cuya legitimidad pueda anclarse en el saber escriturario domina por sobre aquel que sólo puede ampararse en la oralidad y la tradición—dicotomía que resulta aún más evidente y artificiosa debido al carácter liminal de Urbano, que se encuentra en el borde de ambos mundos ("miándome"). Y como si la disputa inicial y la figura ambigua de Urbano no fueran suficientes para exponer el funcionamiento ideológico de la dicotomía, la novela incorpora un personaje cuyo antagonismo la enfatiza todavía más: el viejo Santoro, el sabio del pueblo que conoce el origen de los sueños y proclama la inocencia de las conductas del mundo onírico. El saber de Santoro queda (como el del viejo Vizcacha en el poema de Hernández) relegado en contraposición al del letrado y, sin embargo, es reconocido como el correcto a ojos del lector. Así, el movimiento pendular de esta primera escena (que condensa el movimiento pendular de la novela en su totalidad) nos confronta con el procedimiento mediante el cual la ley se elabora como objeto de discurso en el interior del sistema de enunciabilidad decimonónico.

Y la exhibición del carácter ideológico de la noción de ley conlleva necesariamente la exhibición del carácter arbitrario, diferencial y relativo de las nociones de delincuente y ciudadano. Expone la mutabilidad e interdependencia de ambas nociones. Frente a los ojos del lector Rosendo se transforma alternativamente en delincuente o en ciudadano según su posición relativa respecto del concepto de ley. La mutabilidad opositiva de estas nociones se ve enfatizada más allá de la primera escena a través de las combinaciones y los cruces que realizan los personajes en el resto de la novela. No sólo Rosendo oscila entre las dos categorías: los otros paisanos alternan entre ser percibidos como una cosa o la otra según cómo Pedernera administre la justicia. *El sueño del señor juez* puede leerse en este sentido como una ficcionalización del universo que Giorgio Agamben describe en *Homo Sacer*. El relato lexicaliza la lógica del "poder soberano" (el cuerpo político capaz de suspender la ley y decretar el estado de excepción) y su dependencia relativa del "homo sacer" (aquel sujeto que se incluye en el orden jurídico solamente en virtud de su exclusión). La narración alude a los mecanismos por los cuales el centro del poder político se construye en una necesaria relación de oposición respecto de la periferia. Y no parece casual que esta ficcionalización se realice a partir de una reescritura del género gauchesco, aquel género que tiene su punto de origen precisamente en el movimiento pendular y cíclico (llevado hasta la exageración en la novela de Gamerro) entre ley, crimen y poder soberano.

En la película *Manderlay* de Lars von Trier hay un punto en que se quiebra el experimento, un momento en que la democracia cae por su propio peso. Una tormenta acaba con las cosechas y por varios días los miembros de la comunidad sufren la escasez y el hambre. Una chica se enferma de neumonía, una mujer roba la comida de la enferma, y la chica (probablemente a causa de su enfermedad y no del hambre) muere. Adentrados en los mecanismos de la democracia, los miembros de la comunidad lanzan una votación y deciden que la mujer merece la pena de muerte. La escena es el punto de inflexión a partir del cual el experimento de la película se desboca. La adopción a rajatabla de la democracia ya no deriva sólo en el absurdo (como cuando se vota por unanimidad que uno de los ex esclavos deje de reírse de sus propios chistes) sino incluso en la violencia y la muerte. Algo similar ocurre en *El sueño del señor juez*. El carácter relativo, arbitrario y manipulable de la ley se vuelve tan obvio que el proyecto de Urbano se encuentra al filo del fracaso. Así, hacia el final de la primera parte los paisanos parecen advertir la configuración ideológica de cada una de estas nociones y comienzan entonces a indagar en su propio mundo onírico en un intento deliberado de manipulación. Una mujer envidiosa exige penas porque sueña que otra le roba al marido, un vecino paranoico pide justicia porque sueña que otro lo asa como una res, y hay otro que inventa sueños—que por supuesto nadie puede comprobar—en los que los lugareños le deben animales o le regalan comida. Es justo en ese momento—cuando el experimento de configuración nacional está a punto de caer por su propio peso—que Urbano sueña que tiene sexo con la mujer de Rosendo y éste, agraviado, decide irse del pago. Su vida en las tolderías indígenas volverá a torcer el rumbo del ensayo.

II

"Hasta los indios no alcanza / la facultá del gobierno" (Hernández 83) dice el gaucho Martín Fierro cuando, agobiado por los abusos de la autoridad, decide romper el instrumento e internarse en el desierto. La primera parte de *El sueño del señor juez* concluye precisamente allí donde termina "La ida" en el poema de Hernández.

Como Cruz, Fierro y sus respectivos hijos, Rosendo—víctima una vez más del efecto de diferencia entre la ley y su aplicación—se va del pago. Cruz, Fierro y Rosendo quiebran con su grupo de pertenencia para buscar en el mundo indígena las claves de una ley diferente. Se colocan deliberadamente fuera de la esfera del (todavía no del todo consolidado) Estado moderno. Pero los resultados son bien diferentes, e incluso diametralmente opuestos. "La vuelta" canta en 1879—con el desierto definitivamente conquistado—la conversión del pícaro en ciudadano, del delincuente en cantor, del gaucho malo en gaucho patriota. Martín Fierro recupera su guitarra para dejarles a sus hijos su legado. Su relato no es otra cosa—en términos althusserianos—que el relato de su interpelación ideológica como sujeto del Estado. Y podría decirse que el instante de interpelación es el instante en que reconoce su pertenencia a la comunidad nacional en la figura de la cautiva que está siendo maltratada por los indios. Rescatar a la cautiva es el doble invertido de romper el instrumento. Es el instante a partir del cual Fierro decide tejer su alianza con el Estado, incorporar como propia su moral heterónoma, acogerse a su ley. De ahí en más se organiza la vuelta al seno familiar regida por la doctrina liberal del Estado-nación consolidado; el pasaje en que el poema se convierte de denuncia en programa.

La experiencia de Rosendo es una prolija inversión de la de Fierro en clave airana. En lugar de con indios despiadados que lo aprisionan, se topa con despojos deshilachados que no tienen qué comer y que huyen aterrorizados a medida que se abre paso. En vez de con una cautiva maltratada, se encuentra con dos: un travesti que le cuenta sus biografías imaginarias y una mujer que está ahora a cargo de la toldería. Si la cautiva de Fierro impulsa la vuelta a la ley del Estado, la de Rosendo le da sin saberlo las herramientas para subvertirla. Intentando explicarle en qué consiste la representación teatral, le brinda la clave para tener el control definitivo sobre el mundo onírico: "Vas al teatro y estás como soñando despierto, y tu sueño es lo que esas personas disfrazadas hacen ahí adelante, y cuando la obra termina se encienden las luces y despiertas" (65). En vez de a "hacerse amigo del juez," lo que Rosendo aprende en su excursión al desierto es a trastocar, mediante la llevada al extremo del saber del magistrado, su poder. La tercera parte de la novela revierte así la primera. Cuando Urbano se acuesta, los paisanos de Malihuel (haciendo uso de los saberes que Rosendo aprendió en el desierto) lo desnudan, se burlan de sus atributos, lo hacen volar por los aires, le hacen parir un hombre. Cuando el juez se duerme, los gauchos tensan al límite el simulacro del sueño, y por la mañana borran todos los rastros y vuelven al orden diurno. Como observa Fermín Rodríguez, en esta última sección "Lo reprimido—los gauchos, los indios, las mujeres—retorna a reclamar por sus derechos avasallados" (*Un desierto para la nación* 331). El carnaval generalizado rinde sus frutos: el poder no se anula sino que cambia de manos. Centro y periferia se reciclan. La ecuación subalternidad/hegemonía queda invertida. Cuando meses más tarde ocurre la ceremonia de fundación de la ciudad, Pedernera la preside como pidiendo disculpas, cede su tierra a los paisanos y se esfuma. La tercera parte de la novela de Gamerro reescribe "La vuelta" y deja que se filtre una dimensión utópica que escapa al poema original. Epílogo del género gauchesco, invierte su función y cierra así la cadena de usos propuesta por Ludmer—primero el uso del cuerpo del gaucho para las guerras patriotas, después el uso de su voz por la cultura letrada en el género gauchesco y finalmente el uso de ese género como instrumento civilizador (*El género gauchesco* 1–23). Ya no es un elemento civilizador sino un elemento que exhibe la contracara de ese mismo proceso. Un elemento que al interrumpir ficcionalmente el momento de interpelación ideológica (como le ocurre a Rosendo con las cautivas) expone el proceso de interpelación.

En la última escena de *Manderlay* vuelve a irrumpir el reloj. Una vez que colapsa el experimento, Grace intenta escapar de la plantación pero pierde el coche de su padre por llegar tarde a la cita. Si hay algo que no puede someterse a debate público es la medición de las horas, recuerda burlonamente la voz en *off*. Y la advertencia es menos una advertencia sobre el carácter universal del tiempo (o de su medición) que sobre los vacíos de la democracia y las limitaciones del Estado-nación moderno. También al final de *El sueño del señor juez* vuelve a irrumpir el reloj. Antes de irse definitivamente del pueblo, Urbano intenta darle cuerda al reloj parado, pero la esfera se resbala de entre sus dedos y se astilla en mil pedazos contra el suelo. El experimento ha concluido. Malihuel logró subvertir las leyes que rigen la incorporación al espacio nacional. Permanece fuera del tiempo—una ucronía—en un lugar imaginario dentro de un territorio en formación—una utopía.

Existe, dice Fredric Jameson leyendo a Gissing, un vínculo ineludible entre utopía y experimento (*Political Unconscious* 185–205). Generalmente, y tal como queda plasmado en la literatura, la imaginación de un mundo alternativo cobra la forma de un espacio experimental: un espacio ficcional regido por las leyes del laboratorio, en el que los elementos que lo componen pueden ser sometidos a combinaciones, cambios y reversiones en un ambiente controlado. Como no podía ser de otra manera, Jameson propone que este vínculo debe entenderse desde un punto de vista ideológico. La mezcla entre experimento y utopía hace de este espacio ficcional un lugar desde el que es posible leer los ideologemas que recorren el discurso de un momento histórico determinado. Combinaciones, cambios y reversiones son la contraparte formal de un deseo social, aluden a algún tipo de fantasía colectiva, y apuntan además a las demandas insatisfechas que dieron origen a esta fantasía.

Es precisamente a partir de esta doble dimensión (la utópica y la experimental) que Elsa Drucaroff marca en el prólogo a *El sueño del señor juez* las dos líneas de interpretación en las que se ubica la novela: "una, la necesidad de denunciar, de hacer saber que lo que existe proviene de un horror previo, que la actual injusticia viene de lejos; la otra, la reparadora maravilla de imaginar lo que podría o debería haber ocurrido, construir un pasado utópico" (6). Por un lado, Gamerro emprende un experimento destinado a exponer los ideologemas que están en la base del Estado liberal. Por el otro, construye una fantasía en la que el funcionamiento de estos ideologemas se revierte. Esta doble dimensión queda plasmada también en su doble inserción editorial: el texto se publica primero como novela histórica en Sudamericana, y después en la colección "literatura fantástica y ciencia ficción" de la editorial La Página, editorial en la que el diario *Página/12* publica la narrativa que considera "política." Pero, además, es esta doble dimensión lo que distingue a la ficción de Gamerro de su original decimonónico, y permite así rastrear las fantasías y las demandas que recorren su presente de enunciación. ¿Qué pasaría si cuando está a punto de consolidarse el Estado-nación surgiera un elemento disruptivo que lo impidiera? ¿Cómo cambiaría la historia si el gaucho agraviado por la ley (como aquel que imaginó Hernández) se internara en el desierto pero, en vez de regresar plagado de consejos, volviera con los recursos necesarios para subvertir el poder del Estado? Mezcla de experimentación y utopía, en *El sueño del señor juez* gauchos, indios y letrados se cruzan, se invierten, se desplazan y se combinan para articular una respuesta a estos condicionales hipotéticos;

condicionales que remiten a su vez a los interrogantes abiertos por la crisis institucional, económica y política que atraviesa la sociedad argentina en el momento en que se escribe la novela. La dimensión experimental expone aquellos ideologemas que se han hecho trizas en el presente de enunciación (ley, nación, ciudadanía), muestra su funcionamiento opositivo, y exhibe sus orígenes históricos. La dimensión utópica captura el inminente retorno de lo político (que, suele decirse, tiene una fecha precisa de regreso en la región: el 20 de diciembre del 2001).[4]

5.2. Causalidad y asfixia: De 1877 al 2001

Pero ya Bakhtin anunciaba en su estudio sobre Rabelais el carácter efímero del carnaval. El mundo paralelo regido por una lógica diferente a la de la Iglesia y el Estado se interrumpe una vez concluido el tiempo de la fiesta. La abolición de jerarquías, el derrocamiento del orden y la subversión de valores son sólo provisorios y encajan dentro—y Robert Stam agrega: contribuyen a la perpetuación—del esquema dual del mundo medieval. El carnaval de Malihuel no es en este sentido una excepción. En el último párrafo de *El sueño del señor juez* el narrador proyecta su mirada hacia el futuro y anticipa que los vecinos convertirán la simulación en una fiesta de una vez al año. Cada tercer domingo de marzo los paisanos descuelgan la estatua de Urbano, que deliberadamente quedó sin soldar, y repiten las acciones de aquel sueño colectivo con el que finalmente habían logrado sustraerse al poder del Estado. La estatua se deposita en su lugar al amanecer, y el rito se suspende hasta el próximo año. Lejos de interrumpir el tiempo homogéneo y vacío, el carnaval se convierte en un ritual cronometrado por el tiempo moderno del Estado. Al cerrar la novela, el narrador profetiza el fin del experimento de subversión. Malihuel ya no será ni una utopía ni una ucronía, sino una parte integral del territorio nacional.

La profecía se cumple dentro de la ficción de Gamerro. En *El secreto y las voces*, la otra novela en la que el autor revisita el mismo espacio, Malihuel ya es una parte funcional (y bien representativa) de la Argentina de alrededor de 1990. La pulpería es un bar, un hotel bordea la laguna, las multinacionales están por acabar con la fábrica local de fideos, y la estatua de Urbano fue definitivamente soldada a su caballo. El experimento de *El sueño del señor juez* no termina con el cierre del texto original. En *El secreto y las voces* Gamerro ensaya una segunda parte que contiene a su vez dos pequeños experimentos que tienen de nuevo a Malihuel como escenario. El primero, de corte policial, podría formularse como lo hace Fefe, el personaje principal, al comienzo del relato: ¿qué pasaría si en un pueblo chico en el que todos se conocen se hubiera cometido un asesinato? ¿Y si además ese crimen hubiera ocurrido hace veinte años y todos los habitantes hubieran estado al tanto? El segundo experimento es el que desemboca precisamente en ese asesinato y transcurre por ende veinte años atrás; es el "curioso experimento con seres humanos" (239) que realiza el jefe de policía de Malihuel en 1977 y que podría enunciarse de este modo: ¿qué ocurriría en un pueblo que se ha plegado a las leyes del mundo moderno, si irrumpiera un elemento que le recordara el triste origen de su modernidad y pugnara por cambiar el modelo? *El secreto y las voces* es la narración superpuesta de estos dos experimentos. La anécdota principal se enmarca cerca de 1997 cuando Fefe, un hombre que de chico pasaba los veranos en Malihuel, decide volver al pueblo para interrogar a los paisanos sobre un homicidio perpetrado hace veinte años. A su vez, las respuestas de los vecinos retrotraen la narración a 1977 cuando el jefe de policía asesina, a sabiendas de todos, a uno de los habitantes cuya voz disidente entorpece los designios de la gente más importante de la ciudad. *El secreto y las voces* es una serie de testimonios confusos, contradictorios y esquivos (las voces) de los que Fefe logra finalmente extirpar una historia (el secreto). La *y* que divide los sustantivos del título tiene menos un valor de conjunción que un valor temporal: primero hay un secreto (un asesinato que todos conocen) y luego vienen las voces (el palabrerío que encubre el secreto, aquello que permite que el asesinato quede en el olvido). La *y* tiene también—certeza que dispara la novela—un valor causal que permite la lectura al inverso del título: hay voces y por eso hay un secreto. Y ésa es precisamente la conclusión a la que llega Fefe: "El crimen perfecto es justamente aquél que se comete a la vista de todos, porque entonces no hay testigos, sólo cómplices … Darse cuenta de que se puede callar en voz alta, que el chisme de pueblo puede funcionar al revés. Que el silencio también viaja de boca en boca" (232). Hacia el final de la novela los dos experimentos tienen sus respectivas respuestas: la muerte (el secreto) y la amnesia (las voces). Si hay un elemento disruptivo se lo elimina con la complicidad de todos y, una vez eliminado, será un secreto que permanecerá en el olvido gracias a la proliferación de voces que entorpecerán la recuperación de la memoria.

Si *El sueño del señor juez* es una sinécdoque de la Argentina decimonónica, *El secreto y las voces* es una historia en miniatura—mucho menos alusiva, mucho más evidente—de la Argentina reciente. El relato que finalmente Fefe despeja de entre la maraña de confusos testimonios contiene todos los elementos del pasado nacional cercano. Un breve resumen: Darío Ezcurra es un "subversivo" que escribe panfletos políticos en el periódico local. En 1977 el jefe de policía recibe la orden de aniquilarlo. Un terrateniente que se ve amenazado por la doctrina anticapitalista de Ezcurra colabora con la muerte. Todo el pueblo lo sabe y consiente. Durante una noche en la que a un partido del mundial de fútbol se le suma una actuación de Sandro (cantante popular famoso en los setenta por sus baladas de amor; todo un epítome de la privatización de la vida pública de la época), Ezcurra es secuestrado en medio de la euforia de las celebraciones, torturado, asesinado y luego arrojado a la laguna. Su madre es la única que lo busca y, desesperada, enfrenta a los habitantes del pueblo que la bautizan "la vieja loca"—el mismo mote que se ha usado desde la dictadura para deslegitimar a las Madres de Plaza de Mayo—hasta que finalmente el comisario la mata y la hace también desaparecer. En 1983 sobreviene una inundación que arruina y pierde todos los documentos del pasado. A partir de ahí sólo quedan voces cómplices que eluden la historia, confunden versiones y tergiversan los hechos. Al final del relato Fefe, que además es ex combatiente de Malvinas, descubre que Ezcurra era su padre y deja Malihuel resuelto a unirse a H.I.J.O.S., la organización que nuclea a los hijos de desaparecidos, y a empezar una causa judicial. La historia de la novela es una prolija historia en miniatura de la historia del país. Los dos experimentos apuntan a despejar (y a parodiar) las dos incógnitas que acechan la Argentina reciente: cuál fue el papel de la responsabilidad civil durante la última dictadura y cómo se puede narrar la historia desde el vértice de lo que Beatriz Sarlo llamó la "cultura de la memoria."[5]

Pero no voy a ahondar en la resolución ficcional de estos interrogantes. Me interesa más bien rescatar la periodización que Gamerro construye en la intersección de *El sueño del señor juez* y *El secreto y las voces*. La historia de Malihuel—la historia argentina—se traza en la confluencia de tres momentos: la consolidación del

Estado liberal a fines del siglo XIX, la última dictadura militar—el momento en que sueldan la estatua de Urbano "no fuera a ser que los milicos lo tomaran a mal, tan ilusionados que estaban con los festejos de la conquista del desierto … nuestro fundador, héroe de la guerra santa contra el bárbaro que cien años después sus camaradas de armas vuelven a derrotar" (*El sueño* 216)—y los noventa con su amnesia particular (hecha posible por el borramiento del 83) en que la proliferación de voces sobre el pasado reciente lo convierten en el mejor guardado de los secretos: "Esperaba una conspiración de silencio, no una de locuacidad" (*El secreto* 73). La periodización que proponen estas dos novelas se extrapola a la ficción de Gamerro en general y diseña una causalidad interna que acaba por conectar los tres momentos.

Así, *La aventura de los bustos de Eva* y *Un yuppie en la columna del Che Guevara* son dos relatos que en los noventa el exitoso gerente de finanzas de la empresa Tamerlán e hijos hace de su pasado montonero, dos relatos disparados por el póster del Che que su hijo colgó en su habitación y con los que busca conjurar la historia de su militancia para asegurar que no vuelva a repetirse. El recuerdo se remonta a 1975 y recupera en clave de novela de aventuras la tensión de la época corporeizada en los dos núcleos que la historia se encargará de desplegar: el origen de la violencia dictatorial y el vaciamiento ideológico del peronismo que deviene en el menemismo. A su vez, este absurdo ideológico en el que desemboca el peronismo sirve de marco a *Las islas* (novela de 1998, adaptada luego para teatro y puesta en escena durante el 2011), donde una versión en órgano Yamaha de la marcha peronista oficia de música de espera en la secretaría de inteligencia de Estado (SIDE) menemista. Es 1992 y Tamerlán e hijos ya copa una torre de cristal en Puerto Madero, la zona de Buenos Aires que se desarrolló durante el menemismo y que es generalmente percibida como su epítome. La torre de enfrente la ocupa Surprise, una multinacional de origen español que hace de sus operaciones en Argentina un epílogo de la conquista en su 500 aniversario. En el centro de este escenario hipermoderno Felipe Félix (Fefe en *El secreto y las voces*) recorre una vez más una serie de testimonios deliberadamente distorsionados para despejar un asesinato. Entre la proliferación de voces asoma una, la de una chica que estuvo detenida durante la dictadura militar, que provoca un quiebre en el personaje y en la narración. A partir de su testimonio Felipe no puede dejar de rememorar su pasado en Malvinas y esta memoria se adueña casi por completo de la trama. La absurda empresa de recuperación de las islas remite a la empresa absurda de la modernización tal como la planteaba la dictadura argentina, absurdo del que deja constancia el diario del mayor X, jefe de un centro de detención clandestino y más tarde jefe de un regimiento en Malvinas. La novela se transforma en un mundo claustrofóbico en el que todo lleva la marca indeleble de las islas. El final del texto pone en abismo la estrategia de la narrativa de Gamerro en general. Agobiado por los recuerdos, Felipe intenta dormir arrullado por un cuento de hadas. Se trata de la fábula de una princesa que se convierte en sapo y que sólo va a salir del mundo de los sapos cuando realmente aprenda a apreciarlo. Cada mañana se despierta creyendo que por fin ha logrado querer el lugar y se ha producido la metamorfosis, pero al abrir los ojos ve su piel escamosa y se encuentra con su esposo-sapo durmiendo babeante a su lado. Como del mundo de la fábula, del mundo claustrofóbico y asfixiante de la ficción de Gamerro no se puede salir. Las novelas refieren unas a otras en un laberinto especular. Desde que su propio pasado aflora de entre los testimonios falseados en *Las islas* Felipe está "condenado a recordar" (475); y de esta condena a recuperar la historia surge *El secreto y las voces*; y *El secreto y las voces* nos lleva a *El sueño del señor juez*; y todas desembocan en las dos novelas sobre la militancia de los setenta. Las narraciones de Gamerro crean un mundo autónomo y cerrado—miniatura, por otra parte, del mundo real—en el que los escenarios se repiten, en el que hay siempre tres momentos (fines del siglo XIX, los setenta y los noventa del siglo XX) que se aluden entre sí y por el que los personajes deambulan sin salida.

Cuando en 1978 el ejército argentino comienza, en vísperas del Centenario, la reivindicación de la campaña al desierto, David Viñas escribe en el destierro mexicano *Indios, ejército y frontera.* Su intención queda expuesta desde el prólogo: mostrar cómo la última dictadura militar puede ser leída como una continuación de la tarea de Julio Argentino Roca; cómo los indios de fines del siglo anterior prefiguran a los desaparecidos de éste. La analogía de Viñas tiene, como toda analogía, un tercer elemento que sirve para establecer el vínculo: la modernización. A un siglo de distancia, el régimen militar y la república que se consolida a fines del XIX proponen un proyecto estatal cimentado en la entrada al mercado internacional como vía de modernización. Civilización, progreso, occidente; las mismas figuras conceptuales pueblan los dos discursos e instan a la homogeneización interna, aun a costa de la eliminación física. Como Hernán Vidal, Viñas rastrea al romanticismo los orígenes de esta ideología. Así, el Estado liberal inaugurado por Roca es la implementación (aunque defectuosa) del programa de Sarmiento, Alberdi, Echeverría y la generación del 37; un programa que se nutre en una primera instancia de la conquista del desierto y que en ese sentido entronca con la línea de la colonización española. Varios años más tarde Viñas expande la recta cronológica: los artículos que componen *Menemato y otros suburbios* repiten la idea y proponen que el menemismo es la culminación del proyecto que surge en los albores del Estado argentino. El Teatro Colón, el Kavannagh y Puerto Madero; tres emblemas que remiten unos a otros como espejos. Una vez más, la búsqueda de inserción en el circuito económico global a expensas de la exclusión social. En este sentido, el neoliberalismo menemista deviene la culminación del liberalismo del XIX.

La idea de Viñas anticipa una línea de lectura de la historia argentina que se ha vuelto casi un lugar común desde al menos mediados de los noventa—una lectura que se encuentra de hecho en la base de *The Untimely Present*, el ya canónico libro de Idelber Avelar en el que la afirmación de que las dictaduras fueron las gestoras de la transición del Estado al mercado sostiene los análisis textuales. El mejor índice de su preeminencia es tal vez la certeza con la que Santiago Colás afirma en *Postmodernity in Latin America* (*Posmodernidad en América Latina*) que la historia argentina se resume en el enfrentamiento de dos fuerzas opuestas: la que—alineando a Rosas, Yrigoyen y Perón—se construye en oposición a una minoría conservadora vinculada con el capital internacional, y la que basa su identidad en el modelo económico de agro-exportación que nace a fines del XIX y que encarna en la última dictadura cuya continuación lógica es el neoliberalismo menemista. La potencia de la afirmación radica menos en su contenido—al que podría objetársele en primer lugar que una de las fuerzas se define sólo por oposición a la otra, como si careciera de programa propio—que en la certeza de su univocidad. Esta lectura de la historia no es *una* lectura sino *la* historia; no es una posibilidad sino la única. Ni siquiera hace falta aclarar fuentes o especificar perspectivas; porta la legitimidad del consenso colectivo.[6]

Pero no quisiera detenerme en una matización de esta lectura de la historia argentina, sino más bien indicar cómo ha ido cobrando vigencia a partir de mediados de los noventa hasta convertirse en el ideologema que condensa toda una época. Parecería que en los levantamientos de diciembre del 2001 cristalizó una periodización que, con mayor o menor grado de conciencia, recuerda la de Viñas; una periodización que asoma detrás del sintagma que resume el momento: "el modelo está agotado." La idea—tan versátil que puede registrarse en las consignas del movimiento piquetero, en la retórica del gobierno de Néstor Kirchner, en las nuevas películas de Solanas y en varios análisis sobre la crisis del 2001, desde Naomi Klein hasta Hardt y Negri—necesariamente se apoya en una propuesta de historización particular.[7] Hablar del agotamiento de un modelo presupone la delimitación del período que ese modelo abarca. Exige el recorte de un principio y un fin. Desde esta perspectiva, las narraciones de Gamerro (igual que las de Kohan, que se sostienen sobre una causalidad interna similar)[8] podrían leerse como una puesta en ficción del ideologema que resume la época. Su causalidad interna funciona como una bisagra que, al mismo tiempo que clausura un período (el que va de fines del XIX hasta fines de los noventa), anticipa la inauguración de otro nuevo (el que se abre con la crisis del 2001, el del retorno de lo político).

5.3. "Vacas, gritaba, ¿dónde están?": "El gaucho insufrible" de Roberto Bolaño

> Pensaba que nada sería como antes si no volvía el ganado. Vacas, gritaba, ¿dónde están?
>
> Roberto Bolaño
> "El gaucho insufrible"

Es precisamente a partir de esta periodización—a partir del ideologema del agotamiento del modelo—que se lee "El gaucho insufrible," el cuento del chileno Roberto Bolaño que la editorial Anagrama publica en España en el 2003. En el cuento, que se plantea explícitamente como una reescritura de "El Sur" de Borges con la crisis del 2001 como trasfondo, un abogado afectado por la pérdida de sus ahorros decide abandonar una Buenos Aires caótica cruzada por bloqueos de calles, mendigos y protestas para refugiarse en el campo. Pero al igual que Dahlmann, el personaje principal del cuento de Borges, el abogado Pereda viaja hacia la pampa cargado de expectativas literarias y nostálgicas que se quiebran una vez que llega al lugar. De hecho, más que a la pampa, el lector de Bolaño siente que ha sido transportado al centro de una novela de Aira. Los gauchos no andan a caballo, sino que van en bicicleta o hacen dedo. Los paisanos no están interesados en batirse a duelo en una pulpería y prefieren en cambio jugar al Monopoly o discutir eventos deportivos. Y la pampa, en vez de una tierra fértil llena de riquezas naturales, es un campo estéril donde los pocos animales que quedan no logran reproducirse y donde, en lugar de vacas pastando, hay una plaga de conejos que devora cuanto tiene a su alcance.

Influidas tal vez por el ideologema que circula el discurso social del momento o quizás obligadas por las referencias temporales que se deslizan en la trama, las lecturas de "El gaucho insufrible" se deciden por una interpretación alegórica. A través de una reescritura del texto de Borges—reescritura a su vez del poema de Hernández—el cuento de Bolaño alude a las transformaciones en la "esencia" argentina después del 2001 (Corral), sugiere la necesidad de reformular los orígenes después del colapso de la economía y la política (Faverón Patriau), y utiliza el tópico del viaje a la pampa como una estrategia que permite mostrar la inestabilidad de la nación argentina (Amícola) y el surgimiento de una "subjetividad post-estatal" (Figueroa 157) que ha quedado al margen de las instituciones públicas. Después de la crisis del 2001 y en medio del caos argentino, "El gaucho insufrible" se lee, al igual que "El Sur," como un gesto antinacionalista. Como en el cuento de Borges, la vuelta al campo (que es en realidad una vuelta a la tradición literaria) atenta contra el nacionalismo argentino al poner de manifiesto la condición discursiva y artificial de la identidad nacional.

Cada uno de los elementos de "El gaucho insufrible" sostiene esta lectura. De hecho, es el propio narrador quien cruza su relato con el de Borges ("[Pereda] recordó, como era inevitable, el cuento *El Sur*, de Borges, y tras imaginarse la pulpería de los párrafos finales los ojos se le humedecieron" [24]) y quien brinda todas las pistas necesarias para que el lector vea en el viaje a la pampa una alegoría de la crisis nacional: "En pocos días Argentina tuvo tres presidentes. A nadie se le ocurrió pensar en una revolución, a ningún militar se le ocurrió la idea de encabezar un golpe de Estado. Fue entonces cuando Pereda decidió volver al campo" (20). Sin embargo, si se atiende al cariz metaliterario y translingüístico del Sur de Bolaño, podría decirse que el texto da un paso más allá del gesto de Borges y amplía los alcances de la alegoría. En el cuento del 2003 la pampa no es solamente, como en el de 1944, una cifra simbólica del nacionalismo, sino una cifra simbólica de una formación ideológico-discursiva completa, de todo un sistema de enunciabilidad (de ahí que la pampa no sea percibida, como lo era en Borges, como una construcción literaria, sino como una construcción metatextual). Es en este sentido que "El gaucho insufrible" funciona como una alegoría del presente de enunciación: una alegoría que excede la crisis argentina del 2001 para remitir a la reformulación del campo cultural que se lleva a cabo en toda la región durante los noventa y que tiene su punto de eclosión en el 2001. Esta ampliación temporal y geográfica explica por qué el texto está escrito en "lenguaje Anagrama" y no, como uno esperaría, en español rioplatense. Atender a esta diferencia de matices (en vez de un discurso nacionalista, toda una formación discursiva; en vez de una alegoría nacional, toda una alegoría regional) me parece crucial a la hora de entender las implicaciones ideológicas de la reemergencia contemporánea del pasado fundacional, y el momento transicional que el 2001 marca en el itinerario de esta reemergencia.

I

> En el suelo, apoyado en el mostrador, se acurrucaba, inmóvil como una cosa, un hombre muy viejo. Los muchos años lo habían reducido y pulido como las aguas a una piedra o las generaciones de los hombres a una sentencia. Era oscuro, chico y reseco, y estaba como fuera del tiempo, en una eternidad. Dahlmann registró con satisfacción la vincha, el poncho de bayeta, el largo chiripá y la bota de potro y se dijo, rememorando inútiles discusiones con gente de los partidos del Norte o con entrerrianos, que gauchos de esos ya no quedan más que en el Sur ... Desde un rincón, el viejo gaucho extático, en el que Dahlmann vio una cifra del Sur (del Sur que era suyo), le tiró una daga desnuda que vino a caer a sus pies. Era como si el Sur hubiera resuelto que Dahlmann aceptara el duelo. (Borges, "El Sur" 528–29)

Vuelvo a citar la escena central de "El Sur" porque creo que es acá donde mejor se pone en juego la diferencia con el cuento de

Bolaño. La anécdota es conocida: en 1939 Juan Dahlmann, sintiéndose "hondamente argentino" (525), emprende un viaje (real o alucinado: da igual en este caso) a la estancia que heredó de sus antepasados. En el viaje no sólo recorre la geografía de la patria, sino que también, como él mismo sospecha, avanza hacia el pasado. Un pasado épico, literario, nostálgico, hecho de duelos y cuchillos, y con el tono de ciertas estrofas del *Martín Fierro*. Un pasado que cobra forma en esa figura "fuera del tiempo, en una eternidad" con la que se encuentra en la pulpería. Es en ese gaucho vestido con su traje típico—ese gaucho extático, atemporal como una piedra, inmóvil como una cosa; ese gaucho que está en realidad disfrazado de gaucho—que Dahlmann reconoce una cifra del Sur; un Sur que él pasa a encarnar cuando acepta la daga y se somete a un duelo que sólo puede acabar con su muerte (que es, por transitividad, la muerte del Sur).

Las fechas que se deslizan en el cuento son, como cada palabra en la narrativa de Borges, clave para la interpretación del gesto final con el que se cierra el texto. Junto con Dahlmann, cuyo abuelo llegó a la Argentina en 1871, se bate a duelo ese pasado "más antiguo y más firme" (526), ese Sur en mayúsculas, que hace del gaucho, de la pampa y de algunas estrofas del *Martín Fierro* el centro de la épica nacional. Con la muerte de Dahlmann muere cierta exaltación nacionalista de la patria que tiene su punto de anclaje en los discursos del Centenario en los que Leopoldo Lugones orquesta la canonización definitiva del poema de Hernández. Que ese duelo—que esa muerte del nacionalismo—ocurra en 1939 no es casual. El año 1939, el comienzo del nazismo, marca un punto de inflexión en la obra borgeana: de la poesía al cuento, de la épica nacional a la literatura universal, del nacionalismo al criollismo, de la pampa a las orillas. Con el duelo de Dahlmann, como sugiere Emilio Renzi en *Respiración artificial*, Borges clausura el siglo XIX, y plasma su rechazo a una definición nacionalista de la identidad argentina.[9] Escrito en 1944 (inmediatamente después del golpe de estado de 1943 y en pleno ascenso del peronismo) este gesto antinacionalista no puede no leerse como un gesto político, un gesto a través del cual Borges proyecta (paradójicamente) el deseo de una literatura que sea un espacio autónomo, una utopía post-nacionalista y post-política (Dove).

En su estudio sobre la construcción del Sur en la cultura argentina, Eva-Lynn Jagoe enumera cuatro representaciones típicas: el

Sur como un espacio de potencial modernización, de gran utilidad para el Estado y sus proyectos de civilización y expansión; el Sur como un espacio vacío y solitario ("desertizado"); el Sur como un sitio de gestación de la imaginación literaria; y el Sur como un lugar en el que experimentar la finalidad de la muerte. Cada una de estas representaciones—que más de una vez se combinan, se cruzan o se contradicen—vuelve posible una definición particular de nación (13). Ahora bien, si el Sur del cuento de Borges representa un tipo de discurso nacional específico (el del nacionalismo épico del *Martín Fierro* vía Lugones), el del cuento de Bolaño no remite a *una* representación particular, sino que condensa (y desplaza) *todas* las representaciones a las que alude Jagoe.

Así, Pereda llega a la estancia guiado por la promesa de explotación de la tierra. Mientras en Buenos Aires todo colapsa, hay diez tipos de moneda y la gente común apela a las ollas comunes para echarse algo en el estómago, en la estancia no faltará—piensa el abogado—algo que comer y será posible usar ganado y tierra para empezar algo de provecho. Pero ya desde el principio el personaje se enfrenta con la imposibilidad del proyecto materializada en la plaga de conejos: "Vacas, gritaba, ¿dónde están?" (44). La pampa del cuento es un páramo estéril que frustra cualquier deseo de modernidad—frustración que encuentra su epítome en los gauchos que, en lugar de trabajar la tierra, libran interminables y utópicas partidas de Monopoly. El campo, lejos de ser el reservorio de la riqueza estatal y el espacio potencial de una futura modernidad anclada en la entrada al mercado internacional como lo soñaron los intelectuales y estadistas del siglo XIX, es un despojo auxiliado por una ONG española que llega al Tercer Mundo con fines asistencialistas. El mismo desplazamiento se lleva a cabo en relación con la desertización del espacio. Cuando Pereda llega a la estación de tren más cercana a la estancia, su primera impresión es sarmientina: "En el desierto, por otra parte, no se veía nada, una enorme e inabarcable extensión de pastos ralos y grandes nubes bajas que hacían dudar de que estuvieran próximos a un pueblo" (23). Su primer encuentro con el campo se narra desde el tópico del espacio vacío, solitario y desértico; un tópico que se quiebra enseguida, ni bien el abogado empieza su caminata y descubre un hombre durmiendo frente a un macetero con flores de plástico y unos edificios destartalados con un "ligero aire de civilización" (26). Y es que la pampa del cuento no es un sitio vacío al margen de la ciudad, sino un espacio corrompido por una civilización decadente, sobrecargado de los residuos de la capital. Los paisanos son una vez más el mejor ejemplo en este sentido: más que gauchos campestres, observa Pereda, parecen compadritos porteños criados en Villa Luro, migrantes que provienen de una Buenos Aires plagada de hospitales psiquiátricos y barrios miserables. Tampoco es la pampa el sitio para experimentar la finalidad de la muerte, como le ocurría a Dahlmann en "El Sur." Aunque Pereda fantasea con la honra de un duelo a cuchillo, con cifrar su destino en una pulpería descolorida, los gauchos rehúyen sus desafíos, como si el duelo fuera una práctica que les resultara absolutamente ajena: "los viejos retrocedieron temerosos y le preguntaron, por Dios, qué le pasaba, qué le habían hecho ellos, qué mosca le había picado" (45). De hecho, el duelo y la muerte final—más adelante voy a volver a esto—se realizan bien lejos de la pampa, en plena calle Corrientes, en el corazón de la capital.

Pero el carácter condensador del Sur de Bolaño, en el que todas las representaciones se aglutinan y desplazan, se pone sobre todo de relieve en la manera en que funciona como sitio de imaginación literaria (la tercera de las representaciones enunciadas por Jagoe). La pampa de "El gaucho insufrible," más que un sitio de gestación *para* la imaginación literaria, es un sitio *previamente construido por* la imaginación literaria. Es, como observa Gustavo Faverón Patriau, un pastiche de la tradición literaria rioplatense (373). Cada uno de los eventos de la trama (el arribo a una estación fantasma, el intento de duelo, la llegada a la pulpería), cada uno de los componentes del relato (los conejos, el hombre que nunca se baja de su caballo, el overo rosado) y cada una de las imágenes que se intercalan en la narración (la llanura vacía, el viaje en tren, los niños de rasgos aindiados) provienen de algún texto reconocible de la literatura rioplatense. Son elementos calcados de Borges, de Antonio di Benedetto, de Santiago Dabove, de Rodolfo Wilcock, de Julio Cortázar. La pampa de "El gaucho insufrible" no es un sitio para la creación literaria, sino que se encuentra ya de por sí toda hecha de literatura. Es una construcción puramente intertextual, totalmente metaliteraria.[10] Si, como dice Jagoe, cada una de las representaciones del Sur vuelve posible un discurso nacional específico, en el texto de Bolaño la condensación (y el desplazamiento) de todas las representaciones posibles hace que el Sur no sea una representación particular, sino un sistema de representaciones (una formación discursiva, un sistema de enunciabilidad). Y es acá que se juega la diferencia principal con el texto de Borges. Si en el duelo de Dahlmann moría un tipo de Sur (del Sur que era suyo), en el cuento de Bolaño mueren todos los tipos. Si el texto de Borges clausuraba simbólicamente un discurso nacional particular (el del nacionalismo vía Lugones, el de la exaltación patria, el del futuro populismo peronista), el cuento de Bolaño clausura simbólicamente la formación discursiva completa. Y esto no quiere decir que el Sur de Borges no esté también construido intertextualmente. Sabemos ya que todo en la literatura de Borges es intertextual y sabemos también que el cuento es una reescritura de, entre otras cosas, el *Martín Fierro*.[11] Hay, sin embargo, una diferencia fundamental: el de Borges es un diálogo intertextual con una representación particular del Sur; Bolaño en cambio establece un diálogo intertextual (de una intertextualidad, además, hipervisualizada e hiperlexicalizada) con todo un sistema de representaciones. En este sentido el Sur de Bolaño es, podría decirse, mucho más metatextual que intertextual. Es precisamente por esta condición metatextual que puede leerse el cuento como una alegoría del agotamiento de todo un sistema de enunciabilidad.

Y es así que el cuento nos devuelve al *Martín Fierro*; no solamente al *Martín Fierro* épico de Borges vía Lugones, sino también al original decimonónico. El poema de Hernández contiene cada una de las representaciones que Jagoe nota en su libro (a pesar de que no suele filiarse su representación espacial con una del "Sur"). Cruz y el Moreno encuentran la finalidad de la muerte. La presencia de la leva confronta al lector con un proyecto estatal de modernización anclado en la expansión territorial. Las tolderías indígenas son el punto de anclaje de la vacuidad del desierto (el punto que confirma aquella llegada de la nación como unidad geopolítica que, como decía Fermín Rodríguez, anticipaba *La cautiva).* Y el poema en su totalidad se convierte en el sitio por excelencia de gestación literaria, en un texto fundante de la literatura nacional. Es decir, el *Martín Fierro* original no sólo da pie para el nacionalismo épico que en él ven Lugones y Borges, sino que—en su capacidad aglutinadora—funciona como una cifra del discurso nacional en general. Después de la crisis del 2001—en plena percepción de agotamiento del neoliberalismo, en plena incertidumbre política e institucional—Bolaño regresa al poema que está en la base del Estado-nación liberal (y que está en la base del discurso nacional en general) para crear un Sur metatextual que aglutina, desplaza y clausura cada una de las representaciones que conforman esa base.

II

Hay otro punto más en que "El gaucho insufrible" remite a (y se distancia de) "El Sur" y del *Martín Fierro*, y que vale la pena considerar: el duelo. Con el duelo de Dahlmann el cuento de Borges viene a cerrar una cadena de duelos que se remonta al menos hasta la primera parte del poema de Hernández; una cadena que ayuda a entender las transformaciones históricas del discurso nacional. Así, en "La ida" la muerte del Moreno a manos de Martín Fierro marca el punto de inflexión en que el gaucho agraviado por la ley se convierte en delincuente, en un gaucho malo, en un criminal que se interna en el desierto huyendo de la autoridad. En "La vuelta" es necesario un nuevo duelo, el del Martín Fierro y el güey corneta, para establecer el nacimiento (y los límites) de una nueva versión del gaucho. Es este duelo literario el que cifra los orígenes de un nuevo gaucho que está lejos de ser un "cantor letrado" pero que puede ser resignificado como símbolo patrio por el letrado. Este segundo duelo narra así la muerte del gaucho malo y el surgimiento del gaucho patriota, del gaucho como emblema sobre el que cimentar la iconografía nacional. De ahí que en "El Sur" la escena central sea el duelo de Dahlmann, un duelo que cierra la cadena inaugurada por Hernández para abrirle el paso a lo universal. El final de "El Sur" cancela el gesto de "La vuelta," clausura la tradición literaria anclada en el nacionalismo épico y da luz a la literatura universal—en el sentido borgeano del término. Es con el duelo de Dahlmann que se esboza el gesto antinacionalista que remite a su vez a una fantasía post-política. Y es entonces a partir de esta cadena que debe interpretarse el duelo final de "El gaucho insufrible":

> [Pereda] distinguió a un grupo de escritores que más bien parecían empleados de una empresa de publicidad. Uno de ellos, con pinta de adolescente, aunque ya pasaba la cincuentena y posiblemente también los sesenta, cada cierto tiempo se untaba con polvos blancos la nariz y peroraba sobre literatura universal. De repente los ojos de Pereda y los ojos del falso adolescente se encontraron. Durante un instante se contemplaron mutuamen-

> te como si la presencia del otro constituyera una rajadura en la realidad circundante ... Pereda se supo empuñando el cuchillo y se dejó ir. (50)

Si Dahlmann moría para que pudiera nacer la literatura universal, Pereda mata para que el escritor que perora sobre literatura universal muera. Y este gesto puede interpretarse como el reverso del gesto borgeano: en lugar de a una fantasía post-política, alude a una fantasía de religación de literatura y política. Con la muerte del escritor mueren aquellos escritores que más bien parecen empleados de una empresa de publicidad, intelectuales de café que se dedican a hablar sobre literatura universal en la calle Corrientes mientras que a su lado el país se precipita al abismo. Junto con el escritor desaparecen aquellos cincuentones que se disfrazan de falsos adolescentes y se recluyen en el bar mientras que las calles están tomadas por "viejos, viejos de todas las clases sociales" (20) que se comprometen con la vida política. En este sentido, "El gaucho insufrible" narra también una biografía de conversión: la de Pereda. Una biografía de conversión que concluye precisamente con ese duelo. Si al principio del cuento el personaje desligaba literatura y política ("Cuando hablaban de literatura, francamente se aburría. Para él, los mejores escritores de Argentina eran Borges y su hijo, y todo lo que se añadiera al respecto sobraba. Pero cuando hablaban de política nacional e internacional el cuerpo del abogado se tensaba como si le estuvieran aplicando una descarga eléctrica" [19]), el duelo final muestra que para el abogado las dos esferas se encuentran ahora entrelazadas. La muerte del escritor de la calle Corrientes, un escritor que además está compartiendo la velada con su hijo (el personaje que encarna la separación de literatura y política en el texto), remite a la imposibilidad de autonomía de las dos esferas. Junto con el escritor mueren simbólicamente la literatura de los escritores de bar, la de los falsos adolescentes, la de los que peroran sobre literatura universal y se desentienden de la realidad que los circunda, la del hijo de Pereda, la de Borges y su fantasía post-política. La muerte del escritor que perora sobre literatura universal funciona así como una marca textual del retorno de lo político. Así, "El gaucho insufrible" puede leerse (en su funcionamiento metatextual) como una alegoría de la crisis total del siglo XIX como formación ideológico-discursiva y, al mismo tiempo, como una alegoría del comienzo de un nuevo momento histórico. Una alegoría que sin embargo excede las fronteras argentinas para remitir a la reformulación del campo cultural que se ha orquestado en toda la región. La lengua en la que se escribe el cuento es el mejor índice de esta ampliación. Los gauchos "andan a pie" y piden "autostop" (36), "añoran" al general Perón (45) y se despiden con un "Que le llueva finito" (29). La variante no es, como era de esperarse, la del español rioplatense (en la que los personajes "irían caminando," "harían dedo," "extrañarían" a Perón y se despedirían con un "Que le garúe finito"). El texto, escrito en "español Anagrama" (y firmado por un chileno que publica en España) esboza el mismo gesto transnacional y translingüístico que el resto de la ficción de Bolaño—aquél con el que se cierra *Estrella distante,* cuando un narrador chileno clausura desde España la historia de su país y cumple con el desplazamiento definitivo de su variante lingüística. Este gesto, que le ha valido a Bolaño su ubicación como epílogo de los escritores del *boom* latinoamericano, amplía la mirada del lector y extiende los alcances de la alegoría: el cuento ya no refiere a un momento nacional particular, sino que proyecta a través de éste todo un fenómeno regional (y alude de paso a la "latinoamericanización de la argentinidad" que suele señalarse como resultado del 2001). El último duelo, que ocurre en la calle Corrientes pero que permea las fronteras geográficas, le abre el paso a un nuevo momento histórico en la región. Un nuevo momento histórico cuyos alcances son, cuando se escribe el cuento, todavía inciertos:

> ¿Qué hago, pensó el abogado mientras deambulaba por la ciudad de sus amores, desconociéndola, reconociéndola, maravillándose de ella y compadeciéndola, me quedo en Buenos Aires y me convierto en un campeón de la justicia, o me vuelvo a la pampa, de la que nada sé, y procuro hacer algo de provecho, no sé, tal vez con los conejos, tal vez con la gente, esos pobres gauchos que me aceptan y me sufren sin protestar? Las sombras de la ciudad no le ofrecieron ninguna respuesta. Calladas, como siempre, se quejó Pereda. Pero con las primeras luces del día decidió volver. (51)

Este párrafo, que es el final de "El gaucho insufrible," ha sido interpretado sobre todo de dos maneras: después de la muerte del escritor la decisión de volver al campo se ha leído como una apuesta por la reformulación de los orígenes y por la reinauguración de la tradición nacional (Faverón Patriau), o como una forma de elegir el exilio interno, asumir la marginalidad y optar por el campo en oposición a la ciudad (Figueroa). Ninguna de estas opciones de lectura me resulta del todo convincente. En primer lugar, el "volver" con el que se cierra el párrafo admite al menos dos posibilidades: sintácticamente, remite al verbo usado en las oraciones que lo preceden (¿me vuelvo a la pampa?); semánticamente, podría referirse a los orígenes de Pereda (el abogado de la ciudad se debate sobre si volver o no a ella). Por otra parte, las dos lecturas (y sobre todo la segunda) pasan por alto que también el campo como espacio ha sido desarticulado, vaciado de contenido, convertido en puro metatexto (¿me vuelvo a la pampa, *de la que nada sé*?). Ni una opción, ni la otra; ni la ciudad, ni el campo; ni la reformulación de los orígenes, ni la apuesta por la marginalidad; el final de "El gaucho insufrible" es indecidible. Y esa indecibilidad configura otra marca temporal. En "La ida" Martín Fierro mataba al Moreno y elegía abrirse del Estado e internarse en el desierto. En "La vuelta" el gaucho revertía el gesto, y optaba por dejar la vida en las tolderías y sumarse al proyecto nacional oficial. En "El Sur" Dahlmann viajaba al campo, prefería la muerte y clausuraba el nacionalismo. El cuento de Bolaño corta esta cadena de elecciones y hace así que el lector permanezca indeciso (indeciso acerca de lo que Pereda, se nos dice, decidió). Como hacía la novela de Gamerro, la ficción de Bolaño reescribe el *Martín Fierro* (vía "el Sur") y nos confronta con una serie de condicionales hipotéticos que, esta vez, quedan sin resolución: ¿qué pasaría si el gaucho, que en realidad no es gaucho, no pudiera ni internarse en el desierto ni volver del desierto? ¿Qué ocurriría si al final del relato el Estado y la nación estuvieran completamente desmantelados? ¿Cómo cambiaría la historia si, cuando concluye la narración, cada uno de los componentes del siglo XIX hubiera sido reescrito, cuestionado y desplazado? Como en Gamerro, estos condicionales hipotéticos remiten a los interrogantes abiertos por la indecibilidad que sobrevuela el momento de escritura. Índices del agotamiento de toda una formación ideológico-discursiva y precursoras de un nuevo momento, estas dos reescrituras del *Martín Fierro* cancelan el tiempo homogéneo y vacío que atraviesa la nación (dos ucronías) y permanecen suspendidas en un lugar imaginario de un territorio en formación (dos utopías).

Epílogo

Crisis, alegoría y revolución cultural

En cada sociedad—dice Fredric Jameson, desafiando posibles acusaciones de teleología y totalización—coexisten resabios de modos de producción antiguos y anticipos de otros nuevos. Es el *concepto* de modo de producción lo que es sincrónico, pero los modos de producción en sí están siempre abiertos a la historia. Están diacrónicamente sometidos a cambios, desplazamientos y reversiones. Así, cada momento histórico específico—y, por consiguiente, cada texto específico—se encuentra entrecruzado por una variedad de impulsos que provienen de modos de producción contradictorios. Son, de hecho, estos impulsos en conflicto los que configuran aquello que él llama una "revolución cultural" (*Political Unconscious* 95): ese momento en que las contradicciones se vuelven legibles, en que la coexistencia de diferentes modos de producción se vuelve visiblemente antagónica. Contrariamente a lo que uno esperaría (aunque constatando sus compartidas raíces estructuralistas), Michel Foucault coincide con Jameson en su visión de la intersección entre sincronía y diacronía: las formaciones discursivas—observa hacia el final de su libro (195)—contienen siempre residuos, rastros y antelaciones de otras formaciones discursivas. Y no es éste el fin de la coincidencia: también para ambos es el lenguaje, en tanto materialización de un discurso social más amplio, el lugar privilegiado donde leer estas intersecciones antagónicas. La coexistencia de múltiples enunciados alude, para Foucault, a la coexistencia de diversas formaciones discursivas. Las aporías textuales son, para Jameson, el sitio que condensa los ideologemas que se encuentran en pugna en un momento histórico dado. Las aporías textuales son la dimensión narrativa que registra el conflicto; el espacio donde leer la revolución cultural que se está llevando a cabo en un momento determinado.

La coincidencia entre estos dos marcos teóricos a primera vista contrapuestos se encuentra en el corazón de este libro. Mis análisis textuales apuntaron a mostrar que la reemergencia del siglo XIX en la ficción contemporánea no debe ser leída (solamente) desde el punto de vista genérico, metafórico o lúdico, sino (también y sobre todo) desde el punto de vista ideológico. El pasado fundacional es la dimensión narrativa donde es posible leer la revolución cultural que se realiza en Argentina, Chile y Uruguay a partir de las dictaduras y durante los noventa. Es ahí donde se registra la crisis, la reformulación y las transformaciones de una formación ideológico-discursiva que ha sostenido durante décadas el campo cultural de la región—la crisis, reformulación y transformaciones de sus ideologemas, de sus sujetos de enunciación, de su modalidad enunciativa y de sus estrategias discursivas. Y no es que algunos de estos componentes no hayan sido reelaborados, desplazados o problematizados otras veces. Ya los prólogos de José Martí, para usar un ejemplo decimonónico emblemático, exhiben las tensiones inherentes a la figura del letrado y, como dice Julio Ramos, se escriben a contrapelo del paradigma clásico (21–31). Ya en los cuentos de Borges, como nos recuerda "El Sur," se reescribe al gaucho como figura discursiva y se pone en evidencia su condición artificial y narrativa. El recorrido de estas páginas muestra, sin embargo, la extensión y el alcance de la cultura contemporánea. Ya no se trata de este o de aquel componente en particular, sino de toda una formación ideológico-discursiva. En definitiva, se trata de la diferencia entre los prólogos de Martí y *Respiración artificial* de Ricardo Piglia; de la diferencia entre el pasado fundacional en los cuentos de Borges y el que irrumpe como metarrelato en la narrativa de César Aira. La reemergencia del siglo XIX se convierte así en un índice de la crisis y transformación de todo un sistema de enunciabilidad; en una alegoría de aquello que, con Jameson, podemos llamar una revolución cultural.

Ahora bien, en sus reflexiones sobre las alegorías nacionales, Doris Sommer, apoyándose en Benjamin, busca devolverle a este modo particular de representación el contenido dialéctico que algunos teóricos como Paul de Man parecen haberle escamoteado (Sommer, "Allegory" 60–82). Abriéndose de aquellas lecturas que suponen la existencia de un referente previamente construido que el texto no hace más que metaforizar, Sommer aboga por una noción metonímica en la que las dos instancias se implican mutuamente. Así, en los romances fundacionales amor heterosexual y nación se imbrican, asocian y construyen al mismo tiempo. Los obstáculos de los amantes llevan al lector a desear una nación ideal en la que la unión sea posible; las naciones en formación se nutren a su vez de la fantasía patriótica del lector. Las deficiencias de la nación disparan la creación de una utopía literaria; esta utopía literaria alimenta a su vez el proyecto simbólico detrás de la nación. Las tensiones entre localismo, imperialismo y modernización en la Venezuela de Rómulo Gallegos—para aludir a uno de los ejemplos más claros de los que Sommer utiliza en *Foundational Fictions*—hace que el escritor imagine en *Doña Bárbara* un final en el que la mujer salvaje del llano y el extranjero ávido de tierras desaparezcan, y el abogado de la ciudad (que sabe además apreciar lo local) se junte con una mestiza que ya ha pasado por el tamiz de la escritura y que ha sido entonces culturizada y disciplinada. En otras palabras, las contradicciones ideológicas de la Venezuela de las primeras décadas del siglo XX llevan a Gallegos a imaginar una utopía de una nación ideal en la que esas contradicciones se resuelvan; y esa utopía sienta a su vez las bases de un proyecto nacional. Como en *Doña Bárbara*, los romances alegóricos establecen con su referente (la nación) un doble movimiento de plasmación y construcción—un doble movimiento que se encuentra a su vez doblemente enfatizado debido a la posición no autónoma de aquel que Sommer llama "escritor estatal" (50).

Es esta noción dialéctica de alegoría la que subyace a mis lecturas, y la que explica por qué mis análisis oscilan entre dos tipos de verbos: unos más cercanos a la plasmación (registrar, documentar, aludir) y otros más cerca de la construcción (desplazar, reescribir, reformular). *Crisis y reemergencia* sostiene que la representación contemporánea del siglo XIX no sólo está registrando la revolución cultural, sino también (aunque en menor medida, dada la posición actual del escritor en el campo intelectual) contribuyendo a ella. La reemergencia del pasado fundacional no sólo está documentando la crisis de un sistema de enunciabilidad, sino también—al exhibir el carácter ideológico de sus componentes básicos y su continuidad—contribuyendo a ella. Y es que si la permanencia de una formación ideológica depende de su capacidad de permanecer en el inconsciente (de su naturalización y olvido), es en la puesta al desnudo de sus componentes (en su desnaturalización y exposición) que radica la posibilidad de su transformación.

En la exhibición de la condición ideológica de sus componentes radica la posibilidad de su crisis como ideología. En este sentido, la ficción contemporánea expande aquello que condensa la metanarrativa de Aira: es una arqueología que revela los elementos discursivos que configuran la formación ideológica del liberalismo y su continuidad. Una arqueología que forma una constelación temporal cuyos vértices se conectan en el imaginario regional, pero cuyas conexiones ideológico-discursivas raras veces se abordan: la fundación nacional en el siglo XIX, las últimas dictaduras militares y los noventa neoliberales. Una constelación temporal que llega a su momento culminante en la crisis del 2001, y que este libro intentó trazar.

Apéndice

Fig. 1. Susana Bilbao. *Amadísimo patrón: Eugenia Castro, la manceba de Rosas.* Buenos Aires: Sudamericana, 2000.

Fig. 2. José Ignacio García Hamilton. *Don José: La vida de San Martín.* Buenos Aires: Sudamericana, 2000.

Fig. 3. Martín Kohan. *Los cautivos: El exilio de Echeverría.* Buenos Aires: Sudamericana, 2000.

Casco principal de la estancia donde Echeverría escribió algunos de sus poemas.

Dos hombres, dos gauchos, se acercan lentamente a la casa que habita un desconocido. Los guían el ocio y la llanura, la curiosidad amistosa y conversada que la llanura impone. Adentro de la casa, el desconocido piensa en los gauchos en un sentido abstracto y general –porque escribe– y también en la pampa, en las raras condiciones de vida que ofrece, rencorosa y entrañable, la patria. Hay también una mujer que espía. Cada uno de ellos, cautivo en sus discretas intrigas, irá tensando el curso de la acción sin violentar el ritmo del relato. Los gauchos se llaman Gorostiaga y Tolosa; la finca, "Los Talas"; el desconocido, Esteban Echeverría, hombre de letras, poeta romántico, gloria un poco olvidada de nuestras letras.

Después vendrá, para Echeverría, el exilio en Colonia y en Montevideo. La novela se ha puesto en marcha y nos revela una historia replegada de la historia grande, una visión muy distinta de la que tenemos.

Con una percepción muy aguda, el autor descubre un aspecto inusual de la novela histórica: la intimidad y la subjetividad que le aportan su verdadera dimensión narrativa. *Los cautivos* es, por lo tanto, una incursión feliz en la historia y también una ampliación admirable del género. Como en *El informe*, Martín Kohan no desdeña el rigor ni el color local, pero conduce el relato a un territorio nuevo –que, si bien conoce antecedentes en la literatura argentina, parece desdeñarlos–: el territorio en el que los acontecimientos y las ideas no se restan espacio, donde los personajes no son meras caricaturas y donde la ficción, dentro de un marco histórico, alcanza su punto más alto.

Impreso en la Argentina

100 PUNTOS
SUDAMERICANA

Fig. 4. Martín Kohan. *Los cautivos: El exilio de Echeverría.* Buenos Aires: Sudamericana, 2000. Contratapa.

Fig. 5. Martín Kohan. *El informe: San Martín y el otro cruce de los Andes.* Buenos Aires: Sudamericana, 1997.

Notas

Introducción
El siglo XIX y la reorganización del campo cultural

1. Todas las traducciones del inglés al español son mías, salvo indicación contraria.

2. Véanse Avelar, *The Untimely Present (Alegorías de la derrota)* y Colás para dos análisis de la relación entre posmodernismo y posdictadura en el Cono Sur.

3. Es precisamente por eso que dejo de lado categorías como la de "nueva novela histórica" para abordar las narraciones de este libro. Aunque algunas de las novelas registran los rasgos que Seymour Menton señala como típicos de la nueva novela histórica (la incursión en lo dialógico, la presencia de la intertextualidad, el cariz metaficcional, el comentario autorreferencial, la distorsión deliberada de la realidad histórica), pienso que una lectura que atienda solamente a lo genérico no da cuenta de la complejidad del fenómeno que me interesa discutir. Mi postura frente a la novela histórica—y frente al género en general—se ubica más bien en la línea del marxismo cultural, en tanto pretendo ligar una forma emergente con un tipo de conciencia emergente. Véase Menton para una explicación exhaustiva de la categoría de "nueva novela histórica." Véanse también Balderston, *The Historical Novel (La novela histórica)*; Jitrik, *Historia e imaginación literaria*; Hutcheon.

4. Para un panorama general del marco interpretativo posdictatorial y del modo en que comúnmente se lee la reemergencia del pasado fundacional, véanse Achugar, *Cultura(s) y nación;* Aínsa; Balderston, *Ficción y política;* Cánovas; Olivárez; Perelli & Rial; Richard, *Cultural Residues (Residuos culturales);* Richard & Moreiras, *Pensar en/la postdictadura;* Richard, *Políticas y estéticas;* Rico; Sosnowski, *Represión, exilio y democracia;* Sosnowski, *Represión y reconstrucción de una cultura;* Verani.

5. Algunas cuestiones de nomenclatura: si a algo incitan los debates sobre la historia reciente es a desconfiar de categorías como "dictadura militar," "redemocratización" o "posdictadura." Cada vacilación en torno a estos conceptos tiene una razón más que atendible: el reemplazo de "dictadura militar" por "dictadura cívico-militar" es probablemente lo adecuado—aunque no voy a adoptarlo solamente por lo incómodo de repetir ese largo sintagma durante más de doscientas páginas—si no se quiere perder de vista la participación de ciertos sectores de la sociedad civil en los acontecimientos del pasado cercano. Por otra parte, el término "redemocratización" porta, como ha sido varias veces analizado, una connotación indeseada: la idea de que las democracias de los ochenta y noventa son un retorno a un modelo previo y la consiguiente impresión de que las dictaduras militares son un mero paréntesis en la historia nacional—impresión que, como voy a analizar en el capítulo 2, resultó especialmente fructífera para los discursos oficiales de las transiciones chilena y uruguaya. Seguramente sería más correcto referirse al período inmediatamente posterior a la caída de los regímenes militares simplemente como "democratización." Sin embargo, como este trabajo alude también constantemente a los albores de la nación en el siglo XIX—momento en el que se lleva a cabo, en realidad, el primer proceso de democratización—, prefiero usar "redemocratización" para despejar posibles confusiones. Por último, mucho se dijo sobre el "pos" en "posdictadura": se lo impugnó atendiendo a su connotación de etapa pasada, superada, cerrada; se lo utilizó como un prefijo meramente temporal (que a veces alude a lo que viene después de la irrupción de los regímenes militares y otras a lo que viene después de su caída) y como un prefijo que indica que algo es contrario a la dictadura (en este sentido lo "posdictatorial" se convierte en lo "antidictatorial"). La oscilación entre estos dos últimos usos permea, de hecho, el libro de Idelber Avelar. A lo largo de este libro, voy a usar "posdictadura" como una categoría estrictamente temporal para nombrar el período que se abre con el desvanecimiento de los regímenes militares.

6. Con esto no quiero decir que el pasado fundacional sea la *única* dimensión narrativa que registra (y contribuye a) la reformulación del campo cultural posdictatorial ni que el tipo de ficción que analizo sea el *único* tipo de ficción que se produce en la región en las últimas décadas. El testimonio, la novela policial, la etnografía, el regreso al realismo y la estetización del período dictatorial—para nombrar aquellas líneas que me parecen más representativas—son buenos ejemplos de la existencia de otros tipos de ficción y de otras dimensiones narrativas igualmente centrales, y que pueden ser leídas (o han sido leídas ya) como simbólicas de lo social. Elegí, sin embargo, centrarme en la reemergencia del siglo XIX porque, a pesar de su relevancia y visibilidad, todavía no ha sido leída políticamente en tanto fenómeno cultural.

7. Para un panorama general de estas lecturas, véanse Anderson, *Imagined Communities (Comunidades imaginadas);* Bhabha; Ramos; Sommer, *Foundational Fictions (Ficciones fundacionales);* Rama; Andermann; Montaldo, *De pronto, el campo;* Pratt; Vidal; Viñas, *Indios, ejército y frontera; Literatura argentina; Menemato;* González-Stephan. Véase también Peluffo para un resumen más detallado de las tendencias que han marcado los estudios sobre la literatura del XIX en las últimas décadas.

8. A pesar de que la equivalencia circula en el discurso social de la región, sobre todo después de la crisis argentina del 2001, liberalismo y neoliberalismo no deberían ser asimilados sin más. De hecho, David Harvey *(A Brief History of Neoliberalism) (Una breve historia del neoliberalismo)* registra las principales diferencias históricas e ideológicas de estos conceptos. El punto de partida de mi libro es que, a pesar de estas diferencias, existen múltiples conexiones precisamente porque, volviendo a Foucault y a Eagleton, ambas nociones se originan en una misma formación ideológico-discursiva—aquella que llamo "siglo XIX" y que (no casualmente) entra en crisis después de las dictaduras y sobre todo durante los noventa. Mis análisis textuales apuntan entonces a mostrar algunos de los elementos básicos que permiten postular esta continuidad. Para profundizar en la noción de neoliberalismo, véanse Armstrong, Glynn & Harrison; Arrighi & Silver; Grimson & Kessler; Jameson, *Postmodernism (Posmodernismo)*; Stiglitz.

Capítulo uno
Letrados y caudillos:
La renegociación de una ética intelectual

1. Véase Gilman para un estudio pormenorizado de los modelos de intelectual comprometido imperantes en los sesenta y setenta en América Latina. La subdivisión que Gilman plantea a partir de mediados de los sesenta en "intelectuales críticos" (basados en la idea del intelectual como conciencia crítica de la sociedad) e "intelectuales revolucionarios" (basados en la apuesta por la militancia política y la praxis revolucionaria) resulta pertinente para pensar las diferencias entre Ricardo Piglia y Mauricio Rosencof.

2. Para un análisis más detallado de la representación del exilio en *Respiración artificial,* véase Garibotto & Gómez, "Releo mis papeles."

3. Véase Halperín-Donghi, "El presente" para un análisis de la utilización del rosismo en la novela.

4. Véanse especialmente Benjamin, "Tesis"; *The Arcades Project.*

5. Véase Sarlo, "El campo intelectual" para una aproximación a las condiciones de la esfera pública y el campo intelectual durante la dictadura.

6. Véase Jitrik, "Miradas desde el borde" para una muestra de cómo los exiliados argentinos leen la novela de Piglia. Véase la entrevista a Carlos Altamirano, en Trímboli, para situar las operaciones textuales de *Respiración artificial* dentro del proyecto de *Punto de vista.*

7. La relación entre las últimas dictaduras militares del Cono Sur y el liberalismo del siglo XIX es mucho más compleja y problemática de lo que recoge esta pregunta, y volveré sobre ella durante todo el libro. Me interesa por ahora solamente rescatar que esta conexión recorre el imaginario intelectual de las décadas del setenta y ochenta, como queda plasmado en uno de los libros clásicos del período, *Indios, ejército y frontera* de David Viñas. Aquí, Viñas sugiere que la última dictadura militar argentina concluye la implementación de la ideología liberal del XIX a partir de una lectura de la dictadura como una continuación del programa de Roca, que es a su vez la aplicación pragmática de los ideales románticos. Más allá de la precisión de esta hipótesis, esta lectura—que se ha vuelto dominante en la posdictadura—enfrenta a la novela de Piglia con la aporía que supone rescatar a Sarmiento en plena dictadura.

8. Para profundizar en las relaciones entre el discurso letrado y la configuración simbólica del Estado-nación liberal, véanse también Andermann; Pratt; Vidal; Viñas, *Literatura argentina; Indios, ejército y frontera.*

9. "A mi juicio el problema de los intelectuales y la revolución se plantea a nivel político, en las relaciones de ese intelectual con las organizaciones revolucionarias" (citado en Demaría, "La prolijidad" 72). También Claudia Gilman rastrea, en el prólogo a un libro de Abelardo Castillo de 1964, la afirmación de Piglia de que la tarea del intelectual es el trabajo en la lucha ideológica (Gilman 64).

10. En este sentido, "Las hijas de Hegel," la novela corta que Osvaldo Lamborghini fecha en 1982, podría leerse como un texto gemelo al de Piglia. En lugar de reescribir el *Facundo*, Lamborghini ensaya una especie de reescritura del *Martín Fierro,* en la que afloran aquellos sujetos sociales que según el narrador fueron dejados de lado por Hernández (las mujeres y las putas) y en la que la fragmentación de la forma conlleva una ruptura de la modalidad enunciativa del poema. También en "Las hijas de Hegel" el desvío y la reformulación del original decimonónico se ligan (de manera mucho más explícita que en *Respiración artificial*) con la crisis posdictatorial: "era la época grande de la pandilla Martínez de Hoz, Videla, Harguindeguy y Cía (sí, *sic:* CIA), la época del gran racket" (189).

11. Véase Trigo, *Caudillo, estado, nación* para profundizar en la construcción simbólica de Artigas a lo largo de la historia uruguaya. Véanse también Demasi; Barrán, *Apogeo y crisis;* Barrán & Nahúm, *Bases económicas; Historia de la sensibilidad.*

12. Para más información sobre los tupamaros y su conexión con Artigas, véanse Aldrighi; Fernández Huidobro; Gutiérrez; Lessa; Porzecanski; Torres.

13. Véase Shumway para profundizar en la política anti-separatista de Artigas y en la contradictoria canonización del caudillo como pilar de la independencia uruguaya. Shumway presenta también la sugerente hipótesis de que Artigas debería ser leído como uno de los principales precursores del populismo argentino.

14. Me refiero a los textos que sobre Artigas escriben Francisco Bauzá, Clemente Fregeiro, Justo Maeso e Isidoro de María hacia fines del siglo XIX. Véase Trigo, *Caudillo* para más referencias.

15. Véase Pelletieri para una explicación más detallada de los postulados del realismo reflexivo y de su ubicación dentro del contexto político-cultural de los sesenta y setenta.

16. Véase de Toro para un estudio más detallado de los postulados del teatro épico brechtiano y su reformulación en el contexto hispanoamericano.

Capítulo dos
Construcciones a gran escala: La redefinición de la identidad nacional

1. Véanse *Ni Dios permita* y *Cielo de Bagdad,* dos novelas cortas que De Mattos publica en el 2001 y que simulan confesiones jurídicas en las que la voz del narrador deja entrever las tensiones del período posdictatorial y los conflictos latentes en la política de la reconciliación.

2. En *Pasado y presente* Hugo Vezzetti alerta contra el extendido uso del término *genocidio* en el discurso contemporáneo. Aunque se lo usa como sinónimo de "crimen contra la humanidad," el concepto tiene una marca de origen concreta que define su sentido específico: surge en la Asamblea General de las Naciones Unidas en 1948 para designar un crimen premeditado destinado a acabar con un grupo étnico, racial, nacional o religioso mediante el uso de tecnología avanzada. La definición no contempla la masacre por motivos políticos. Si bien el modo en el que Anderson utiliza el concepto no se adecua del todo a esta definición, creo que en este contexto resulta más productivo retener su dimensión connotativa (que sugiere una masacre administrada por el Estado con premeditación) que adentrarse en una discusión sobre la inexactitud denotativa del término, inexactitud a la que sin embargo es necesario atender, sobre todo en el contexto del debate sobre las dictaduras de los setenta y del borramiento de la militancia política que, al menos hasta la emergencia del kirchnerismo en Argentina, caracteriza la región.

3. Véanse Moulián y Rico para un recorrido histórico del ideologema de la democracia ejemplar en Chile y Uruguay, respectivamente.

4. Véanse Balderston, *Ficción y política;* Garretón, Sosnowski & Subercaseux; Nino; O'Donnell, *Modernization (Modernización)*; O'Donnell, Schmitter & Whitehead, *Transitions (Transiciones);* Perelli & Rial; Rico; Richard, *Cultural Residues* y *Políticas y estéticas de la memoria;* Richard & Moreiras, *Pensar en/la postdictadura;* Sosnowski, *Represión, exilio y democracia* y *Represión y reconstrucción;* Trímboli para un panorama sobre la discusión en torno a la democracia en los primeros años de la transición en el Cono Sur. Es especialmente útil la clasificación esbozada por Nino en relación con las características particulares de cada transición (si es impulsada por razones exógenas o endógenas; si está regida por un marco legal de continuidad, de ruptura o de restauración de las Constituciones anteriores) para entender muchas de las diferencias entre el caso argentino y los casos de Chile y Uruguay.

5. Véase Richard, *Debates.*

6. Véase Sommer, *Foundational Fictions* para una explicación más detallada del romance decimonónico en América Latina.

7. En 1980 el gobierno de facto llama a un plebiscito para votar la viabilidad de una reforma constitucional y la continuidad de Pinochet en el poder por otros ocho años de "transición hacia la democracia." La votación—que ha sido largamente cuestionada por fraude—arroja un 60 porciento a favor del Sí. Con la reforma de 1980 comienza entonces lo que Moulián llama "dictadura constitucional," un período que, si bien se cierra formalmente con el fin del régimen pinochetista, sigue vigente en el tipo de la democracia consensual. Entre otras cosas, la reforma constitucional implanta un sistema de gobierno en el que las fuerzas armadas tienen una incidencia fuerte en materia política y económica, existen senadores designados, la configuración del Parlamento lleva a un exceso de representación de las élites, se dificultan las enmiendas legales, y se garantiza la reproducción de la estructura socioeconómica bajo el amparo del Banco Central y el refuerzo de la propiedad privada. Aunque la reforma se establece en 1980, el régimen militar declara la necesidad de un "período de transición" en el que las garantías de la nueva Constitución se encuentren abolidas hasta que sea factible implementarlas. La dictadura chilena prepara así el terreno para la implementación del tipo de democracia limitada que comienza a regir con la caída del régimen y que permanece—con algunas variaciones, sobre todo en relación con los senadores designados—hasta hoy. Véanse Brunner; Moulián; C. Ruiz para profundizar en los alcances de la reforma constitucional y su vigencia en el período posdictatorial.

8. Véanse Moulián; Richard, *Políticas y estéticas; Cultural Residues* para ampliar el análisis de las relaciones entre el milagro neoliberal, el *iceberg* de Expo Sevilla 92 y la posdictadura.

9. Véanse Cánovas; Fuguet & Gómez; Fuguet, *McOndo;* Olivárez para un panorama de los integrantes y de los supuestos de la nueva narrativa chilena.

10. Para una muestra de cómo los intelectuales asociados a la *Revista de Crítica Cultural* leen la nueva narrativa chilena y los textos de Diamela Eltit, véanse los números de la revista publicados durante la década del noventa en Richard, *Debates.* Véanse también Richard, *Cultural Residues; Políticas y estéticas;* Richard & Moreiras, *Pensar/en la posdictadura.* Para un acercamiento a la narrativa de Diamela Eltit, véanse Eltit, *Lumpérica; Los trabajadores de la muerte; Vaca sagrada.* La dicotomía "Eltit/nueva narrativa" (que remite a su vez a las dicotomías "alegoría/realismo" y "fragmentación/totalización") me parece indicativa del cambio de paradigma de lectura al que me referí en la introducción y de cómo las dictaduras le abrieron el paso al posmodernismo en la región.

11. El resto de la producción ficcional de Darío Oses parece seguir estos lineamientos para componer una especie de fresco del Chile contemporáneo. *Machos tristes* completa la otra mitad de *El viaducto* y narra el horror dictatorial a partir del contrapunto entre un estudiante de izquierda y uno de derecha. *2010: Chile en llamas* es un relato en clave ciencia ficción en el que Chile se ha convertido en una sociedad financiera supermoderna constantemente amenazada por la figura de El General y los servicios de inteligencia.

12. Aunque no voy a detenerme en ella porque en este capítulo me interesa ahondar sobre todo en los casos uruguayo y chileno (para los que las nociones de democracia y modernidad tienen, como decía, un matiz extra respecto del caso argentino), *La ocasión* de Juan José Saer es un buen ejemplo de esta renegociación en Argentina. Publicada en 1988 y enmarcada en 1870 (en plena etapa de consolidación de la nación liberal), la novela alude a la contracara indeseable de este proceso a partir de un sutil cuestionamiento de los ideologemas de modernidad y democracia. Bianco—un europeo de origen incierto que, como Josefina en la novela de Tomás de Mattos y como los protagonistas de *Respiración artificial,* ocupa una posición excéntrica—se exilia a la pampa y se convierte en testigo indirecto de la desigualdad y la violencia inherentes a la construcción del Estado moderno. Al mismo tiempo que busca aliarse con un socio criollo para vender alambres importados de Alemania, se ve confrontado no sólo con la violencia que circula la pampa (la muerte, la violación, el incesto), sino también con la injusticia detrás de la configuración misma del territorio: "Los ganaderos disponen de la tierra como si toda la provincia les perteneciera … Y cuando logran hacer recular de unas leguas a los indios, se reparten entre tres o cuatro familias las tierras conquistadas. De esas mismas familias salen los gobernadores, los jueces, los obispos, los militares" (74). También en *La ocasión* se pone de manifiesto la crisis del siglo XIX en la posdictadura: la crisis de sus ideologemas constitutivos (modernidad y democracia), y de sus sujetos de enunciación y modalidad enunciativa (como deja en claro la voz del narrador que, lejos de ser un típico letrado decimonónico, se abusa hasta el absurdo del indirecto libre y del lenguaje sexual explícito).

13. Achugar, "Como el Uruguay"; "El referéndum"; Lockhart.

14. Véase Rico para una muestra de esta segunda tanda de lecturas críticas de la novela.

15. En este sentido me distancio de Florencia Garramuño *(Genealogías)* que lee la novela como un texto "ahistórico"; un texto en el que el pasado no se incorpora con la intención de modificar o cuestionar el relato histórico nacional sino que se utiliza como excusa para la deconstrucción de estereotipos discursivos. Creo que esta interpretación no puede dar cuenta, precisamente, de los sentidos que se juegan en la reescritura del 2000. Volveré sobre la lectura de Garramuño en el próximo capítulo.

Capítulo tres
En lugar del relato:
El siglo XIX como formación discursiva

1. Algunas de las referencias más clásicas: Andermann; Montaldo, *De pronto, el campo;* Viñas, *Literatura argentina.*

2. A lo largo de este capítulo, uso "campo," "desierto" y "pampa" de manera intercambiable, ya que, si bien responden a localizaciones geográficas que podrían ser medianamente diferenciadas, comparten una misma zona de representación en el plano simbólico (al menos en lo concerniente al punto que me interesa explorar aquí); zona de representación que confirma la muestra "Las pampas: Arte y cultura en el siglo XIX" que se lleva a cabo en la Fundación Proa entre noviembre del 2010 y enero del 2011 y en la que "las pampas" engloban los campos de la provincia de Buenos Aires, la pampa húmeda y la Patagonia.

3. Los textos de César Aira manifiestan siempre una tensión entre la fecha de escritura que aparece al final del relato y la fecha de publicación. Ya que en la bibliografía consta la fecha de publicación, introduzco entonces los relatos del ciclo pampeano siguiendo el orden en el que fueron escritos, tal cual se consigna al final de cada narración. Esta cronología de escritura será fundamental para mi análisis en la segunda parte del capítulo: *Las ovejas* (1970); *Moreira* (1972); *Ema, la cautiva* (1978); *El vestido rosa* (1982); *El bautismo* (1987); *La liebre* (1987); *El mensajero* (1994); *Un episodio en la vida del pintor viajero* (1995).

4. Véase Contreras para un acercamiento a la categoría de frivolidad en la literatura de Aira, categoría impulsada por el propio escritor.

5. A lo largo de su texto, Sandra Contreras se ocupa de diferenciar la narrativa de Aira de los dos modelos que considera canónicos en la literatura argentina contemporánea: el de Saer y el de Piglia. Lejos de proponer una ética de la negatividad, la originalidad de Aira radica en su apuesta por la potencia de la narración, por la afirmación de la permanencia del impulso de narrar. Si bien estoy de acuerdo con Contreras en su dictamen sobre el optimismo narrativo de la ficción de Aira, encuentro que—tal como ella lo describe—su proyecto poético no se diferencia en este punto sustancialmente de los otros dos. De hecho, el análisis de Contreras sobre el trabajo con los estereotipos y su conversión en potencia narrativa se emparienta con las operaciones de Piglia en *La ciudad ausente.* También ahí, en todo caso, el contexto histórico se desvanece y los estereotipos que circulan el imaginario nacional se reciclan para impulsar la máquina de narrar. También ahí se apaga el contexto pero permanece el relato en tanto impulso.

6. Aunque no es exactamente una simulación de un relato de viaje decimonónico (la narración está enmarcada entre 1930 y 1950, el protagonista es un cura de provincias, el viaje ocupa un lugar marginal), *El bautismo,* novela escrita al mismo tiempo que *La liebre* y ubicada también dentro del ciclo pampeano, se asemeja a los otros dos textos de los noventa. También acá la pampa es la base para la construcción de un metarrelato—un metarrelato creado, como en *La liebre,* a partir del anacronismo lingüístico, de la saturación de estereotipos, y de la llevada al absurdo de las nociones de clasificación, descripción, analogía y traducción.

7. En este sentido, considero a las dos novelas ejemplos perfectos de metaficciones historiográficas: las dos conservan (aunque cruzan y cuestionan) la distinción entre ficción e historia; subvierten la legitimidad de los grandes relatos a partir de la parodia de género, de la desestabilización de la perspectiva subjetiva, de la de-totalización del discurso hegemónico y de la autorreflexividad; trasladan el pasado hacia el presente de escritura a través de las intervenciones del narrador; y, en definitiva, muestran cómo los eventos se transforman discursivamente en hechos.

Capítulo cuatro
Perspectivas dislocadas:
La reformulación del lector en los noventa neoliberales

1. Véanse la tapa y la contratapa de *Los cautivos* en el apéndice, junto con otras tapas de la misma colección.

2. Para el lector no argentino: tanto la forma en la que hablan los gauchos de la novela como los comportamientos a los que alude el narrador (el uso de una cinta roja para ahuyentar la envidia, la colocación del artículo antes del nombre propio, la adhesión política a cambio de una recompensa material, el robo de propiedad privada) remiten a un discurso social fácilmente reconocible en los noventa. Los diálogos se construyen con las "malas palabras" típicas que circulan en esa época y las alusiones del narrador al comportamiento de los paisanos son casi una repetición literal de los enunciados con los que gran parte de la clase media y media-alta argentina se refiere al comportamiento de la gente de clase baja.

3. Que dos de las principales frustraciones de expectativas giren en torno a la figura del prócer y al romance entre los personajes tiene aún más sentido si se tiene en cuenta que—como mostraré en la segunda parte del capítulo—las novelas históricas del tipo Sudamericana se organizan siempre sobre un cruce entre estas dos instancias.

4. Para profundizar en la relación entre desertización y construcción del espacio nacional en el siglo XIX, véanse Andermann; Halperín-Donghi, *Una* *nación;* Montaldo, *De pronto, el campo;* Rodríguez, *Un desierto para la nación;* Viñas, *Indios, ejército y frontera.*

5. Un personaje similar está en el centro de *Dos veces junio,* la novela que Kohan escribe en el 2002, en la que la narración se desdobla para relatar dos junios: el de 1978 y el de 1982; dos junios que son dos fracasos de la dictadura militar: el primero, porque se enmarca dentro del único partido que Argentina pierde en el mundial; el segundo, porque asiste a la derrota de Malvinas y anticipa el colapso del régimen. Los junios son además dos porque son dos las Argentinas cada vez: la Argentina de superficie y la Argentina latente; la del fervor patriótico del mundial y la que se agazapa en la clandestinidad; la que cubre Malvinas con un manto heroico y la que es víctima de su violencia subterránea. Y es en este sentido que la novela narra un proceso de desidentificación: relata cómo el narrador un soldado conscripto que no conoce del todo los engranajes del régimen—aprende a leer; cómo al correrse de lugar puede armar una constelación de sentido con los objetos diseminados por el texto (un anillo de bodas que brilla en el pavimento, una chica desnuda que corre por las calles desiertas durante el partido, un apunte sobre un cuaderno interno del ejército, un niño criado por un matrimonio estéril). Los objetos están ahí, al alcance de todos—de ahí la insistencia en la creación de un "efecto de realidad" *á la* Barthes reforzado por las cifras que encabezan los capítulos. Sólo hay que desautomatizar la percepción (como el hombre que escucha música clásica durante el partido, gesto que repite el soldado al cerrarse la novela) para poder verlos y colocarlos en una red de sentido. Como *Los cautivos, Dos veces junio* es un manual de aprendizaje en el que el lector aprende a leer—dislocadamente—a la par de un personaje.

6. El grupo estuvo encabezado por Hugo Chumbita, que publicó después dos libros sobre el tema: *El secreto de Yapeyú* e *Hijos del país.* La polémica se vio acentuada por la publicación casi simultánea de *Don José* de José Ignacio García Hamilton, libro que analizaré en la próxima sección.

7. Véanse la tapa de *Don José* en el apéndice.

8. Claro que podría pensarse que cuando estas novelas dicen cuestionar la "historia oficial" se refieren sobre todo a la historia de los manuales escolares—la que perdura en el imaginario popular—y no a la del canon historiográfico nacional, posibilidad que Kohan no contempla del todo en su análisis. En ese sentido, el argumento de que "crean un vacío discursivo en el cual insertarse" ("La humanización" 1096)—es decir, inventan deshumanización donde no la hay—tambalea. El problema no parece ser tanto la creación falaz de un vacío discursivo como la utilización falaz de una nomenclatura ("historia oficial").

9. "Es el propio discurso de la historia lo que se impugna [en estas narraciones] (y no tal o cual criterio o corriente), en la medida en que se lo considera eficaz para la verificación documental, pero insuficiente para la captación de las facetas humanas de los personajes," dice Martín Kohan ("La humanización" 1084). Creo por el contrario que, más que impugnar el discurso de la historia, estas narraciones apelan a su legitimidad para autovalidar su rigor documental en las secciones en las que emprenden el recuento de eventos. Es decir, realizan un prolijo cruce en el que utilizan el discurso de la historia para autorizar su faceta de verificación documental y el discurso de la ficción para autorizar el relato de la vida privada. En todo caso, diría más bien que se sostienen en un doble juego entre la impugnación y la reivindicación.

10. Dice García Hamilton: "[Decidí vulnerar el mito sanmartiniano porque] considero que los mitos tienen que ver con nuestro autoritarismo ... El modelo que hace crecer a la Argentina es el que lleva adelante la generación del 80 y es el que hace crecer a la República. Alberdi perteneció a la generación del 37, con Bartolomé Mitre y Domingo F. Sarmiento, que modifican el paradigma cultural, cuya heredera ideológica será la generación del 80, con Julio A. Roca y Nicolás Avellaneda como máximas figuras. Pero en 1920 se crean nuevos paradigmas: el militar que muere pobre (San Martín), el gaucho pobre que se hace violento (Martín Fierro), después viene la dama buena que regala lo ajeno, entre otros. Yo creo que esos nuevos paradigmas son los que posibilitan el regreso de las dictaduras y el ocaso de la democracia, y también la declinación económica, porque si se glorifica el militarismo y la pobreza se va a obtener violencia y miseria" ("Nuestros mitos").

11. Luis Chitarroni se considera indignado por su mala calidad (Ludmer, *Aquí* 55). Beatriz Sarlo explica que no son más que "una línea de la historia para el mercado" (*Tiempo* 12). Martín Kohan se siente aliviado al comprobar que las lecturas que recibió de sus propias novelas "por suerte ... lo primero que hicieron fue despegar[lo] de esta moda" (Ludmer, *Aquí* 54).

12. Grimson y Kessler observan que la repentina hipervisualización de las diferencias lleva incluso a la mayoría de los argentinos a creer que durante este período hubo un aluvión inmigratorio proveniente de los países vecinos, cuando en realidad, como muestran las estadísticas aportadas, la inmigración fronteriza se ha mantenido constante desde fines del siglo XIX (128).

13. En este sentido, las novelas de Kohan podrían leerse como un preámbulo (preámbulo que a su vez nos reenvía a la metaficción de Aira) para lo que a partir del 2000 hacen los textos de Washington Cucurto (por ejemplo, *Cosa de negros; La máquina de hacer paraguayitos; 1810: La revolución vivida por los negros*). Si Kohan ficcionaliza la operación de encuadre que permite la demarcación de sujetos sociales y vuelve visible la existencia de ciertos ideologemas raciales y de clase que sostienen históricamente el imaginario nacional, Cucurto despega esos ideologemas y esa demarcación de su operación de encuadre, y los pone a circular en la superficie del relato de manera brutal.

Capítulo cinco
Un camposanto sin límites:
El fin del siglo XIX y la crisis del 2001

1. Una vez más, la ficción de Aira funciona como precursora. En este caso, de los condicionales hipotéticos disparados por la reescritura del *Martín Fierro*. En *El bautismo,* texto del ciclo pampeano escrito y publicado al mismo tiempo que *La liebre,* una pareja de gauchos analfabetos recibe una novela-folletín. Incapacitada para descifrar su contenido, la pareja lo adivina a partir de las ilustraciones que acompañan el cuerpo principal. El resultado de este experimento es una nueva versión del poema de Hernández. A partir de los dibujos, la pareja cree encontrar una variación en la que el famoso gaucho, en lugar de escapar al desierto, muere a manos de la partida del ejército. Desde ese entonces, un condicional hipotético inquieta al matrimonio: ¿qué pasaría si, en vez de internarse en las tolderías, Martín Fierro muriera antes de que se acabara "La ida"?

2. Todas las citas de *El sueño del señor juez* de Gamerro corresponden a la edición del 2005.

3. Para un panorama general de las relaciones entre nación, cultura y delito en América Latina, véanse Dabove; Ludmer, *El cuerpo del delito; El género gauchesco;* Salessi; Salvatore, Aguirre & Joseph.

4. Diciembre del 2001 se ha vuelto una fecha emblemática. Agobiados por la crisis económica desatada, entre otras cosas, por la ley de convertibilidad que durante la década de los noventa equiparó el peso con el dólar (y que trajo como resultado el aumento del desempleo, la pobreza, la marginalidad y la violencia), los argentinos se lanzaron a las calles a pedir la renuncia del presidente Fernando De la Rúa. La crisis no era solamente de índole económica y política sino también (como condensa la consigna del momento "Que se vayan todos," y como puede verse en la cantidad de presidentes que se sucedieron hasta las elecciones que Néstor Kirchner ganó en el 2003) de índole institucional. En este sentido—y voy a volver a esto en la próxima sección—el 2001 se ha leído como una bisagra: como la culminación de una crisis que venía acrecentándose en la década anterior y como la inauguración de un nuevo momento histórico (que atañe no solamente a Argentina sino a toda la región) caracterizado por el regreso de la militancia política y por el protagonismo de gobiernos cercanos a la izquierda (o que se dicen cercanos a la izquierda). Para un análisis de la crisis del 2001 como culminación de los noventa, véanse Epstein & Pion-Berlin; Fiorucci & Klein; Romero; Stiglitz. Para un análisis de la crisis del 2001 como el punto de inflexión que inaugura el retorno de lo político en la región, véanse Hardt & Negri; Martín-Barbero; Verón.

5. Véase Sarlo, *Tiempo pasado* para una explicación de este concepto. Para una lectura de *El secreto y las voces* como parodia de la narrativa testimonial, véase Garibotto, "Temporalidad e historia."

6. Claro que esta lectura se complica si tenemos en cuenta la variedad de acepciones de la noción de liberalismo y su implementación particular en América Latina. De hecho, como pone de manifiesto el debate en torno al tema en las revistas *Punto de Vista* de la década del noventa, ni siquiera puede afirmarse con total certeza que el menemismo sea la culminación del liberalismo, y mucho más ambigua aún es la caracterización de la dictadura militar como liberal. De todos modos, la idea de que las tres etapas se conectan entre sí en su búsqueda de inserción en el mercado internacional (la simpatía por el liberalismo económico) y en la consiguiente restricción de las libertades políticas permanece en pie y es lo que organiza la causalidad interna de los textos (críticos, teóricos, de ficción) referidos. Pero sobre todo, como he estado analizando a lo largo de todo este libro, estos momentos se sostienen sobre la permanencia de una formación ideológico-discursiva; permanencia que la ficción contemporánea no hace más que registrar, exhibir y, por tanto, desestabilizar.

7. Para un acercamiento al discurso de Piqueteros, movimiento social surgido en Argentina a mediados de los noventa y que cobró especial relevancia durante las protestas del 2000–01, véanse Massetti; Mazzeo. Véanse también Klein & Lewis, *The Take (La toma);* Solanas, *Argentina latente; La dignidad de los nadies; Memoria del saqueo.*

8. Aunque no las he analizado, *Segundos afuera* (2005) y *Museo de la revolución* (2006) enmarcan sus narraciones en el menemismo. La ficción de Kohan se ubica siempre en alguno de los tres momentos en los que se ubica la ficción de Gamerro: la incipiente consolidación del Estado liberal en el siglo XIX, la última dictadura o los noventa.

9. Para una lectura de "El Sur" como cuento anti-nacionalista, véanse Alazraki; Dove; Jagoe; Molloy; Rodríguez-Luis; Sarlo, *Jorge Luis Borges.*

10. Véase el artículo de Faverón Patriau para una lectura meticulosa de la intertextualidad en el cuento y para referencias más específicas de cada una de las fuentes reescritas.

11. Véase De la Fuente para un análisis de "El Sur" como cuento intertextual.

Bibliografía

Achugar, Hugo. "Como el Uruguay no hay: *¡Bernabé, Bernabé!* y el referéndum." *Cuadernos de Marcha* 4.40 (1989): 61–64. Print.

———. *Cultura(s) y nación en el Uruguay de fin de siglo.* Montevideo: FESUR, 1991. Print.

———. "El referéndum no leído y otros problemas de hermenéutica bifocal." *Cuadernos de Marcha* 4.42 (1989): 70–71. Print.

Acosta y Lara, Eduardo. *La guerra de los charrúas en la Banda Oriental.* Montevideo: Linardui y Risso, 1989. Print.

Agamben, Giorgio. *Homo Sacer: Sovereign Power and Bare Life.* Stanford: Stanford UP, 1998. Print.

Aínsa, Fernando. *Nuevas fronteras de la narrativa uruguaya, 1960–1993.* Montevideo: Trilce, 1993. Print.

Aira, César. *El bautismo.* Buenos Aires: Grupo Editor Latinoamericano, 1991. Print.

———. *Ema, la cautiva.* Buenos Aires: Belgrano, 1981. Print.

———. *Un episodio en la vida del pintor viajero.* Rosario, Arg.: Beatriz Viterbo, 2000. Print.

———. "Exotismo." *Boletín 3. Grupo de Estudios de Teoría Literaria.* (1993): 73–79. Print.

———. *El infinito; Duchamp en México.* Bogotá: Brevedad, 2000. Print.

———. *La liebre.* Barcelona: Emecé, 2004. Print.

———. *El mensajero.* Rosario, Arg.: Beatriz Viterbo, 1996. Print.

———. *Moreira.* Buenos Aires: Achával, 1975. Print.

———. *Las noches de Flores.* Barcelona: Mondadori, 2004. Print.

———. "El tiempo y el lugar de la literatura." *Otra parte. Revista de Artes y Letras* 19 (2009–10): 1–5. Print.

———. *El vestido rosa. Las ovejas.* Buenos Aires: Ada Korn, 1984. Print.

Alazraki, Jaime. "Lectura estructuralista de 'El Sur' de Borges." *Escritura: Teoría y Crítica Literaria* 3 (1977): 109–19. Print.

Aldrighi, Clara. *La izquierda armada. Ideología, ética e identidad en el MLN-Tupamaros.* Montevideo: Trilce, 2001. Print.

Althusser, Louis. *La revolución teórica de Marx.* México: Siglo XXI, 1968. Print.

Amícola, José. "Los gauchos insufribles." *Revista Pilquen* 12.13 (2010): 1–8. Print.

Andermann, Jens. *Mapas de poder: una arqueología literaria del espacio argentino.* Rosario, Arg.: Beatriz Viterbo; Berlín: Tranvía, Walter Frey, 2000. Print.

Anderson, Benedict. "El efecto tranquilizador del fratricidio: o de cómo las naciones imaginan sus genealogías." *El nacionalismo en México.* Ed. Cecilia Noriega Elío. México: El Colegio de Michoacán, 1992. 83–103. Print.

———. *Imagined Communities: Reflections on the Origin and Spread of Nationalism.* London y New York: Verso, 1991. Print.

Armstrong, Philip, Andrew Glynn, & John Harrison. *Capitalism since World War II: The Making and Breaking of the Long Boom.* Oxford: Basil Blackwell, 1991. Print.

Arrighi, Giovanni, & Beverly Silver. *Chaos and Governance in the Modern World System.* Minneapolis: Minnesota UP, 1999. Print.

Ashcroft, Bill, Gareth Griffiths, & Helen Tiffin, eds. *The Post-colonial Studies Reader.* London y New York: Routledge, 1995. Print.

Avelar, Idelber. "Máquina apócrifa, alegoría del duelo y poética de la traducción." *Ricardo Piglia: Una poética sin límites.* Ed. Adriana Rodríguez Pérsico. Pittsburgh: Instituto Internacional de Literatura Iberoamericana, 2004. 177–200. Print.

———. *The Untimely Present: Postdictatorial Latin American Fiction and the Task of Mourning.* Durham: Duke UP, 1999. Print.

Bakhtin, Mikhail. *Rabelais and His World.* Bloomington: Indiana UP, 1984. Print.

Balderston, Daniel, ed. *Ficción y política: La narrativa argentina durante el proceso militar.* Buenos Aires: Alianza, 1987. Print.

———, ed. *The Historical Novel in Latin America: A Symposium.* Gaithersburg, MD: Hispamérica, 1986. Print.

———. "El significado latente en *Respiración artificial* de Ricardo Piglia y *En el corazón de junio* de Luis Gusmán." *Ficción y política: La narrativa argentina durante el proceso militar.* Ed. Balderston. Buenos Aires: Alianza, 1987. 109–21. Print.

Barrán, José Pedro. *Apogeo y crisis del Uruguay pastoril y caudillesco (1839–1875).* Montevideo: Banda Oriental, 1968. Print.

Barrán, José Pedro, & Benjamín Nahúm. *Bases económicas de la revolución artiguista.* Montevideo: Banda Oriental, 1968. Print.

———. *Historia de la sensibilidad en el Uruguay.* Montevideo: Banda Oriental, 1989. Print.

Basile, Teresa. "La condición de lo heroico en la posdictadura uruguaya." *Revista Iberoamericana* 213 (2005): 1203–14. Print.

Bemberg, María Luisa, dir. *Camila*. Buenos Aires: GEA Cinematográfica; Madrid: Impala, 1984. DVD.

Benjamin, Walter. *The Arcades Project*. Cambridge: Belknap, 1999. Print.

———. "Tesis de filosofía de la historia." *Discursos interrumpidos I*. Madrid: Taurus, 1973. Print.

Berti, Eduardo. "César Aira: Quisiera ser un salvaje." Entrevista. *Revista 3 Puntos*. 27 jul. 2006. Web. 30 ago. 2008.

Bhabha, Homi, ed. *Nation and Narration*. London y New York: Routledge, 1990. Print.

Bilbao, Susana. *Amadísimo patrón. Eugenia Castro, la manceba de Rosas*. Buenos Aires: Sudamericana, 2000. Print.

Blest Gana, Alberto. *Martín Rivas*. Santiago de Chile: Zigzag, 1956. Print.

Bolaño, Roberto. *Estrella distante*. Barcelona: Anagrama, 1996. Print.

———. "El gaucho insufrible." *El gaucho insufrible*. Barcelona: Anagrama, 2003. 15–51. Print.

Borges, Jorge Luis. "El escritor argentino y la tradición." *Obras completas*. Vol. 1. Buenos Aires: Emecé, 1989. 267–74. Print.

———. "Pierre Menard, autor del *Quijote*." *Obras completas*. Vol. 1. Buenos Aires: Emecé, 1989. 444–50. Print.

———. "El Sur." *Obras completas*. Vol. 1. Buenos Aires: Emecé, 1989. 525–30. Print.

Botana, Natalio. "Sarmiento and Political Order: Liberty, Power and Virtue." *Sarmiento, Author of a Nation*. Ed. Tulio Halperín-Donghi. Berkeley: U of California P, 1994. 101–13. Print.

Brunner, José Joaquín. *La cultura autoritaria en Chile*. Santiago: Facultad Latinoamericana de Ciencias Sociales, 1981. Print.

Calzadilla, Santiago. *Las beldades de mi tiempo*. Buenos Aires: Estrada, 1944. Print.

Cambaceres, Eugenio. *En la sangre*. Madrid: Nacional, 1984. Print.

———. *Pot-pourri: Silbidos de un vago*. Buenos Aires: Minerva, 1924. Print.

———. *Sin rumbo*. Buenos Aires: Estrada, 1949. Print.

Cánovas, Rodrigo, comp. *Novela chilena, nuevas generaciones: El abordaje de los huérfanos*. Santiago: Ediciones Universidad Católica de Chile, 1997. Print.

Caparrós, Martín. "Hay pañuelo, chori, boina y Rayban." *Crítica digital*. 6 jul. 2008. Web. 23 jul. 2008.

Cella, Susana. "*¡Bernabé, Bernabé!*: La historia en entredicho." *La fugitiva contemporaneidad: Narrativa latinoamericana, 1990–2000.* Ed. Celina Manzoni. Buenos Aires: Corregidor, 2003. 121–46. Print.

Chumbita, Hugo. *Hijos del país.* Buenos Aires: Emecé, 2004. Print.

———. *El secreto de Yapeyú.* Buenos Aires: Emecé, 2001. Print.

Colás, Santiago. *Postmodernity in Latin America: The Argentine Paradigm.* Durham: Duke UP, 1994. Print.

Contreras, Sandra. *Las vueltas de César Aira.* Rosario, Arg.: Beatriz Viterbo, 2002. Print.

Corral, William. "El gaucho insufrible." *World Literature Today* 78.3/4 (2004): 143. Print.

Courtine, Jean-Jacques. "Analyse du discours politique (le discours communiste adressé aux chrétiens)." *Langages* 62 (1981): 5–128. Print.

Cucurto, Washington. *1810: La Revolución de Mayo vivida por los negros.* Buenos Aires: Emecé, 2008. Print.

———. *Cosa de negros.* Buenos Aires: Interzona, 2003. Print.

———. *La máquina de hacer paraguayitos.* Buenos Aires: Mansalva, 2005. Print.

Dabove, Juan Pablo. *Nightmares of the Lettered City: Banditry and Literature in Latin America (1816–1929).* Pittsburgh: U of Pittsburgh P, 2007. Print.

De Grandis, Rita. "*Respiración artificial:* Veinte años después." *Ricardo Piglia: Una poética sin límites.* Ed. Adriana Rodríguez Pérsico. Pittsburgh: Instituto Internacional de Literatura Iberoamericana, 2004. 275–92. Print.

De la Fuente, Ariel. "American and Argentine Literary Traditions in the Writing of Borges' 'El Sur.'" *Variaciones Borges* 19 (2005): 41–52. Print.

Demaría, Laura. *Argentina-S: Ricardo Piglia dialoga con la generación del 37 en la discontinuidad.* Buenos Aires: Corregidor, 1999. Print.

———. "La prolijidad de lo real: El lugar del intelectual y de la crítica." *Ricardo Piglia: Una poética sin límites.* Ed. Adriana Rodríguez Pérsico. Pittsburgh: Instituto Internacional de Literatura Iberoamericana, 2004. 65–82. Print.

Demasi, Carlos. "La construcción de un 'héroe máximo': José Artigas en las conmemoraciones uruguayas de 1911." *Revista Iberoamericana* 213 (2005): 1029–45. Print.

De Mattos, Tomás. *¡Bernabé, Bernabé!* Montevideo: Banda Oriental, 1988. Print.

———. *¡Bernabé, Bernabé!* Montevideo: Alfaguara, 2000. Print.

———. *Ni Dios permita; Cielo de Bagdad.* Montevideo: Banda Oriental, 2001. Print.

De Toro, Fernando. *Brecht en el teatro hispanoamericano contemporáneo: Acercamiento semiótico al teatro épico en Hispanoamérica.* Ottawa: Girol, 1984. Print.

Dove, Patrick. "Visages of the Other: On a Phantasmatic Recurrence in Borges' 'El Sur.'" *Latin American Literary Review* 28.56 (2000): 61–88. Print.

Drucaroff, Elsa. Prólogo. *El sueño del señor juez.* De Carlos Gamerro. Buenos Aires: La Página, 2005. 5–7. Print.

Eagleton, Terry. *Ideology: An Introduction.* London y New York: Verso, 1991. Print.

Ebelot, Alfredo. *La pampa.* Buenos Aires: Eudeba, 1961. Print.

Echeverría, Esteban. *El matadero. La cautiva.* Madrid: Cátedra, 1986. Print.

Eltit, Diamela. *Lumpérica.* Santiago: Ornitorrinco, 1983. Print.

———. *Los trabajadores de la muerte.* Santiago: Planeta, 1998. Print.

———. *Vaca sagrada.* Buenos Aires: Planeta, 1991. Print.

Epstein, Edward, y David Pion-Berlin, ed. *Broken Promises? The Argentine Crisis and Argentine Democracy.* Lanham: Lexington Books, 2006. Print.

Fariña, Oscar. *El guacho Martín Fierro.* Buenos Aires: Factótum, 2011. Print.

Faulkner, William. *Absalom, Absalom!* New York: Random House, 1936. Print.

Faverón Patriau, Gustavo. "El rehacedor: 'El gaucho insufrible' y el ingreso de Bolaño en la tradición argentina." *Bolaño salvaje.* Ed. Edmundo Paz Soldán & Gustavo Faverón Patriau. Barcelona: Candaya, 2008. 371–416. Print.

Fernández, Nancy. *Narraciones viajeras: César Aira y Juan José Saer.* Buenos Aires: Biblos, 2000. Print.

Fernández Huidobro, Eleuterio. *Historia de los tupamaros. En la nuca.* Montevideo: Banda Oriental, 2001. Print.

Figueroa, José Luis. "Exilio interior y subjetividad pos-estatal: 'El gaucho insufrible' de Roberto Bolaño." *Revista Chilena de Literatura* 72 (2008): 149–61. Print.

Fiorucci, Flavia, & Marcus Klein. *The Argentine Crisis at the Turn of the Millennium: Causes, Consequences and Explanations.* Ed. Fiorucci & Klein. Amsterdam: Cedla, 2004. Print.

Foucault, Michel. *Archaeology of Knowledge.* New York: Routledge, 2002. Print.

Frye, Northrop. *Anatomy of Criticism: Four Essays.* Princeton, NJ: Princeton UP, 1973. Print.

Fuguet, Alberto. *Mala onda.* Buenos Aires: Planeta, 1991. Print.

Fuguet, Alberto, & Sergio Gómez, eds. *Cuentos con walkman.* Santiago: Planeta, 1993. Print.

———. *McOndo.* Barcelona: Grijalbo Mondadori, 1996. Print.

Galeano, Eduardo. *Las palabras andantes.* México: Siglo XXI, 1993. Print.

Gallegos, Rómulo. *Doña Bárbara.* New York: Vintage Español, 2008. Print.

Gambaro, Griselda. "La malasangre." *Teatro.* Vol. 1. Buenos Aires: La Flor, 1984. Print.

Gamerro, Carlos. *La aventura de los bustos de Eva.* Buenos Aires: Norma, 2004. Print.

———. *Las islas.* Buenos Aires: Simurg, 1998. Print.

———. *El secreto y las voces.* Buenos Aires: Norma, 2003. Print.

———. *El sueño del señor juez.* Buenos Aires: Sudamericana, 2000. Print.

———. *El sueño del señor juez.* Prólogo Elsa Drucaroff. Buenos Aires: La Página, 2005. Print.

———. *Un yuppie en la columna del Che Guevara.* Buenos Aires: Edhasa, 2011. Print.

García Hamilton, José Ignacio. *Cuyano alborotador: La vida de Domingo Faustino Sarmiento.* Buenos Aires: Sudamericana, 1997. Print.

———. *Don José: La vida de San Martín.* Buenos Aires: Sudamericana, 2000. Print.

———. "Nuestros mitos tienen que ver con nuestro autoritarismo." *Sitio al margen.* Mayo 2003. Web. 20 jul. 2008

———. *Simón: Vida de Bolívar.* Buenos Aires: Sudamericana, 2004. Print.

———. *Vida de un ausente: La novelesca biografía del talentoso seductor Juan Bautista Alberdi.* Buenos Aires: Sudamericana, 1993. Print.

Garibotto, Verónica. "Temporalidad e historia: Hacia una reformulación del marco interpretativo del testimonio posdictatorial." *Chasqui: Revista de Literatura Latinoamericana* 39.2 (2010): 99–113. Print.

Garibotto, Verónica, & Antonio Gómez. "'Releo mis papeles del pasado para escribir mi romance del porvenir': *Respiración artificial* y el programa de refundación del campo cultural argentino." *Revista Iberoamericana* 75.226 (2009): 229–42. Print.

Garramuño, Florencia. *Genealogías culturales: Argentina, Brasil y Uruguay en la novela contemporánea (1981–1991).* Rosario, Arg.: Beatriz Viterbo, 1997. Print.

Garretón, Manuel, Saúl Sosnowski, & Bernardo Subercaseux, eds. *Cultura, autoritarismo y redemocratización en Chile*. México: Fondo de Cultura Económica, 1993. Print.

Gilman, Claudia. *Entre la pluma y el fusil: Debates y dilemas del escritor revolucionario en América Latina*. Buenos Aires: Siglo Veintiuno, 2003. Print.

Girondo, Oliverio. *Campo nuestro*. Buenos Aires: Sudamericana, 1946. Print.

González Echevarría, Roberto. "A Lost World Rediscovered: Sarmiento's Facundo." *Sarmiento, Author of a Nation*. Ed. Tulio Halperín-Donghi. Berkeley: U of California P, 1994. 220–58. Print.

González-Stephan, Beatriz. *Fundaciones: Canon, historia y cultura nacional: La historiografía literaria del liberalismo hispanoamericano del siglo XIX*. Madrid: Iberoamericana; Frankfurt am Main: Vervuert, 2002. Print.

Grimson, Alejandro, & Gabriel Kessler. *On Argentina and the Southern Cone: Neoliberalism and National Imaginations*. New York: Routledge, 2005. Print.

Gutiérrez, Ángel. *Los tupamaros en la década de los sesenta*. México: Extemporáneos, 1978. Print.

Halperín-Donghi, Tulio. *Una nación para el desierto argentino*. Buenos Aires: América Latina, 1997. Print.

———. "El presente transforma el pasado: El impacto del reciente terror en la imagen de la historia argentina." *Ficción y política: La narrativa argentina durante el proceso militar*. Ed. Daniel Balderston. Buenos Aires: Alianza, 1987. 71–95. Print.

———, ed. *Sarmiento, Author of a Nation*. Berkeley: U of California P, 1994. Print.

Hamed, Amir. *Artigas Blues Band*. Montevideo: Fin de Siglo, 1994. Print.

Hardt, Michael, & Antonio Negri. *Multitude: War and Democracy in the Age of Empire*. New York: Penguin, 2004. Print.

Harvey, David. *A Brief History of Neoliberalism*. Oxford: Oxford UP, 2005. Print.

Hernández, José. *Martín Fierro*. Buenos Aires: Losada, 2000. Print.

Holmberg, Eduardo. *Cuentos fantásticos*. Buenos Aires: Hachette, 1957. Print.

Hudson, William Henry. *La tierra purpúrea; Allá lejos y hace tiempo*. Caracas: Biblioteca Ayacucho, 1980. Print.

Hutcheon, Linda. *A Poetics of Postmodernism: History, Theory, Fiction*. New York: Routledge, 1988. Print.

Iparraguirre, Sylvia. *La Tierra del Fuego*. Buenos Aires: Alfaguara, 1998. Print.

Jagoe, Eva-Lynn. *The End of the World as They Knew It: Writing Experiences of the Argentine South*. Lewisburg: Bucknell, 2008. Print.

Jameson, Fredric. *The Political Unconscious: Narrative as a Socially-Symbolic Act*. Ithaca, NY: Cornell UP, 1981. Print.

———. *Postmodernism, or the Cultural Logic of Late Capitalism*. Durham: Duke UP, 1991. Print.

———. "Third World Literature in the Era of Multinational Capitalism." *Social Text* 15 (1986): 65–88. Print.

Jitrik, Noé. *Historia e imaginación literaria: Las posibilidades de un género*. Buenos Aires: Biblos, 1995. Print.

———. "Miradas desde el borde." *Represión y reconstrucción de una cultura: El caso argentino*. Comp. Saúl Sosnowski. Buenos Aires: Eudeba, 1988. 133–47. Print.

Katchadjian, Pablo. *El Martín Fierro ordenado alfabéticamente*. Buenos Aires: Imprenta Argentina de Poesía, 2007. Print.

Klein, Naomi, & Avi Lewis, dir. *The Take*. Barna-Alper, 2004. DVD.

Kohan, Martín. *Los cautivos: El exilio de Echeverría*. Buenos Aires: Sudamericana, 2000. Print.

———. *Ciencias morales*. Barcelona: Anagrama, 2007. Print.

———. *Dos veces junio*. Buenos Aires: Sudamericana, 2002. Print.

———. "Las fronteras de la muerte." *Las brújulas del extraviado. Para una lectura integral de Esteban Echeverría*. Comp. Alejandra Laera & Martín Kohan. Rosario, Arg.: Beatriz Viterbo, 2006. 171–201. Print.

———. "La humanización de San Martín." *Revista Iberoamericana* 213 (2005): 1083–96. Print.

———. *El informe: San Martín y el otro cruce de los Andes*. Buenos Aires: Sudamericana, 1997. Print.

———. *Museo de la revolución*. Buenos Aires: Mondadori, 2006. Print.

———. "Nación y modernización en la Argentina: Todo lo sólido se desvanece en Aira." *Poéticas argentinas del siglo XX: Literatura y teatro*. Comp. Jorge Dubatti. Buenos Aires: Belgrano, 1998. 161–71. Print.

———. *Narrar a San Martín*. Buenos Aires: Adriana Hidalgo, 2005. Print.

———. *Segundos afuera*. Buenos Aires: Sudamericana, 2005. Print.

Laera, Alejandra, & Martín Kohan, comps. *Las brújulas del extraviado. Para una lectura integral de Esteban Echeverría*. Rosario, Arg.: Beatriz Viterbo, 2006. Print.

Lamborghini, Osvaldo. "Las hijas de Hegel." *Novelas y cuentos I.* Buenos Aires: Mondadori, 2010. 185–238. Print.

Lessa, Alfonso. *La revolución imposible. Los tupamaros y el fracaso de la vía armada en el siglo XX.* Montevideo: Monte Sexto, 2003. Print.

Lockhart, Washington. "*¡Bernabé, Bernabé!* leído con lentes bifocales." *Cuadernos de Marcha* 4.41 (1989): 72–75. Print.

Ludmer, Josefina. *Aquí América latina: Una especulación.* Buenos Aires: Eterna Cadencia, 2010. Print.

———. *El cuerpo del delito. Un manual.* Buenos Aires: Perfil, 1999. Print.

———. *El género gauchesco. Un tratado sobre la patria.* Buenos Aires: Sudamericana, 1988. Print.

———. "Temporalidades del presente." *Boletín del Centro de Estudios de Teoría y Crítica Literaria de la Universidad Nacional de Rosario* 10 (2002): 93–110. Print.

Lugones, Leopoldo. *El payador.* Caracas: Biblioteca Ayacucho, 1991. Print.

Maggi, Carlos. Prólogo. "*. . . Y nuestros caballos serán blancos.*" De Mauricio Rosencof. Montevideo: Arca, 1994. 72. Print.

Makolkin, Anna. *Anatomy of Heroism.* Toronto: Legas, 2000. Print.

———. *Name, Hero, Icon: Semiotics of Nationalism through Heroic Biography.* Berlin y New York: Mouton de Gruyter, 1992. Print.

Mansilla, Lucio V. *Una excursión a los indios ranqueles.* Buenos Aires: Espasa-Calpe, 1993. Print.

Mármol, José. *Amalia.* Mendoza, Arg.: CECTLA, 1990. Print.

Martín-Barbero, Jesús. "Nuevas visibilidades políticas de la ciudad y visualidades narrativas de la violencia." *Revista de Crítica Cultural* 33 (2006): 6–11. Print.

Masiello, Francine. "La Argentina durante el Proceso: Las múltiples resistencias de la cultura." *Ficción y política: La narrativa argentina durante el proceso militar.* Ed. Daniel Balderston. Buenos Aires: Alianza, 1987. 11–29. Print.

———. *The Art of Transition: Latin American Culture and Neoliberal Crisis.* Durham: Duke UP, 2001. Print.

Massetti, Astor. *Piqueteros: Protesta social e identidad colectiva.* Buenos Aires: FLACSO, 2004. Print.

Mazzeo, Miguel. *Piqueteros: Notas para una tipología.* Buenos Aires: Fundación de Investigaciones Sociales y Políticas, 2004. Print.

Menton, Seymour. *Latin America's New Historical Novel.* Austin: U of Texas P, 1993. Print.

Mercader, Martha. *Juanamanuela mucha mujer.* Buenos Aires: Sudamericana, 1980. Print.

Merkin, Marta. *Camila O'Gorman. Historia de un amor inoportuno.* Buenos Aires: Sudamericana, 1997. Print.

Mirza, Roger. "Héroes y antihéroes: la problemática del sujeto en el teatro uruguayo bajo vigilancia." *El teatro y su mundo: Estudios sobre teatro iberoamericano y argentino.* Ed. Osvaldo Pelletieri. Buenos Aires: Galerna, 1997. 87–97. Print.

Molina, Juana. "Martín Fierro." *Segundo.* Juana Molina / Daniel Melero Producciones, 2000. CD.

Molloy, Sylvia. *Las letras de Borges y otros ensayos.* Rosario, Arg.: Beatriz Viterbo, 1999. Print.

Montaldo, Graciela. *De pronto, el campo: Literatura argentina y tradición rural.* Rosario, Arg.: Beatriz Viterbo, 1993. Print.

———. "La desigualdad de las partes." *A Contracorriente* 7.1 (2009): 14–44. Print.

Morello-Frosch, Marta. "Biografías fictivas: Formas de resistencia y reflexión en la narrativa argentina reciente." *Ficción y política: La narrativa argentina durante el proceso militar.* Ed. Daniel Balderston. Buenos Aires: Alianza, 1987. 60–70. Print.

———. "The Opulent *Facundo*: Sarmiento and Modern Argentine Fiction." *Sarmiento, Author of a Nation.* Ed. Tulio Halperín-Donghi. Berkeley: U of California P, 1994. 347–57. Print.

Moulián, Tomás. *Chile actual: Anatomía de un mito.* Santiago: ARCIS Universidad y LOM, 1997. Print.

Mujica, José. "Discurso de asunción de la presidencia de la nación." *Losyoruguas.com.* 4 ago. 2011. Web. 25 ene. 2012.

Newman, Kathleen. "Historical Knowledge in the Post-boom Novel." *The Historical Novel in Latin America: A Symposium.* Ed. Daniel Balderston. Gaithersburg, MD: Hispamérica, 1986. 209–19. Print.

Nino, Carlos. *Juicio al mal absoluto.* 1997. Buenos Aires: Emecé, 2006. Print.

O'Donnell, Guillermo. *Modernization and Bureaucratic-Authoritarianism: Studies in South American Politics.* Berkeley: Institute of International Studies, U of California P, 1973. Print.

O'Donnell, Guillermo, Philippe Schmitter, & Laurence Whitehead. *Transitions from Authoritarian Rule. Latin America.* Baltimore: Johns Hopkins UP, 1986. Print.

Olivárez, Carlos, comp. *Nueva narrativa chilena.* Santiago: LOM, 1997. Print.

Oses, Darío. *2010: Chile en llamas.* Santiago: Planeta, 1998. Print.

———. *Machos tristes.* Santiago: Planeta, 1992. Print.

———. *El viaducto.* Santiago: Planeta, 1994. Print.

Pécheux, Michel. "Remontémonos de Foucault a Spinoza." *El discurso político.* Ed. Mario Monforte. México: Nueva Imagen, 1980. 181–97. Print.

Pelletieri, Osvaldo, comp. *Teatro latinoamericano de los setenta: Autoritarismo, cuestionamiento y cambio.* Buenos Aires: Corregidor, 1995. Print.

Peluffo, Ana. "Pensar el siglo XIX desde el siglo XIX: Nuevas miradas y lecturas." *A Contracorriente* 7.1 (2009): 1–13. Print.

Perelli, Carina, & Carlos Rial, ed. *De mitos y memorias políticas.* Montevideo: Banda Oriental: 1986. Print.

Piglia, Ricardo. *La ciudad ausente.* Buenos Aires: Sudamericana, 1992. Print.

———. "Echeverría y el lugar de la ficción." *El matadero. Un comentario y otros textos.* Buenos Aires: Libros del Rojas, 2010. 119–24. Print.

———. "Notas sobre *Facundo*." *Punto de Vista* 3.8 (1980): 15–18. Print.

———. *Respiración artificial.* Buenos Aires: Sudamericana, 1988. Print.

———. "Sarmiento the Writer." *Sarmiento, Author of a Nation.* Berkeley: U of California P, 1994. 127–44. Print.

Píriz, Melba, & Cristina Dubra. "Los tupamaros, continuadores históricos del ideario artiguista." *Archivo Chile. Historia Político-Social. Movimiento Popular* (2005): 1–4. Print.

Porzecanski, Arturo. *Uruguay's Tupamaros: The Urban Guerrilla.* New York: Praegers, 1973. Print.

Pratt, Mary Louise. *Imperial Eyes: Travel Writing and Transculturation.* London y New York: Routledge, 1992. Print.

Prieto, Adolfo. *Los viajeros ingleses y la emergencia de la literatura argentina, 1820–1850.* Buenos Aires: Sudamericana, 1996. Print.

Rama, Ángel. *La ciudad letrada.* Hanover, NH: Ediciones del Norte, 1984. Print.

Ramos, Julio. *Desencuentros de la modernidad en América Latina: Literatura y política en el siglo XIX.* México: Fondo de Cultura Económica, 1989. Print.

Rancière, Jacques. "The Emancipated Spectator." *Artforum* (2007): 271–81. Print.

Richard, Nelly. *Cultural Residues: Chile in Transition.* Prólogo Jean Franco. Minneapolis: U of Minnesota P, 2004. Print.

———. *Debates críticos en América Latina: 36 números de la "Revista de Crítica Cultural" (1990–2008).* Santiago: Arcis, Cuarto Propio, 2008. Print.

———, ed. *Políticas y estéticas de la memoria.* Santiago: Cuarto Propio, 2000. Print.

Richard, Nelly, & Alberto Moreiras, eds. *Pensar en/la postdictadura*. Santiago: Cuarto Propio, 2001. Print.

Rico, Álvaro, comp. *Uruguay: Cuentas pendientes: Dictadura, memorias y desmemorias*. Montevideo: Trilce, 1995. Print.

Rodríguez, Fermín. "Un desierto de ideas." *Las brújulas del extraviado. Para una lectura integral de Esteban Echeverría*. Comp. Alejandra Laera & Martín Kohan. Rosario, Arg.: Beatriz Viterbo, 2006. 149–70. Print.

———. *Un desierto para la nación: La escritura del vacío*. Buenos Aires: Eterna Cadencia, 2010. Print.

Rodríguez-Luis, Julio. "La intención política en la obra de Borges: Hacia una visión de conjunto." *Cuadernos Hispanoamericanos* 361.2 (1980): 170–98. Print.

Rodríguez Pérsico, Adriana, ed. *Ricardo Piglia: Una poética sin límites*. Pittsburgh: Instituto Internacional de Literatura Iberoamericana, 2004. Print.

Romero, Luis Alberto. *La crisis argentina: Una mirada al siglo XX*. Buenos Aires: Siglo XXI, 2003. Print.

Rosencof, Mauricio. *Los caballos; El combate en el establo; El saco de Antonio*. Montevideo: Librusur, 1985. Print.

———. "Literatura del calabozo." *Represión, exilio y democracia: La cultura uruguaya*. Comp. Saúl Sosnowski. Montevideo: Banda Oriental, 1987. 126–40. Print.

———. *Las ranas*. Montevideo: Siglo Ilustrado, 1961. Print.

———. *La rebelión de los cañeros*. Montevideo: Fin de Siglo, 2000. Print.

———. "La valija." *Teatro escogido II*. Montevideo: Tupac Amaru, 1988. Print.

———. *"...Y nuestros caballos serán blancos."* 1986. Montevideo: Arca, 1994. Print.

Ruiz, Carlos. "Democracia, consenso y memoria: Una reflexión sobre la experiencia chilena." *Políticas y estéticas de la memoria*. Ed. Nelly Richard. Santiago: Cuarto Propio, 2000. 15–22. Print.

Ruiz, Norman, & Liliana Romero, dirs. *Martín Fierro. La película*. Aleph Media Producciones / Luna Films, 2007. DVD.

Saer, Juan José. "Historia y novela; política y policía." *Ricardo Piglia: Una poética sin límites*. Ed. Adriana Rodríguez Pérsico. Pittsburgh: Instituto Internacional de Literatura Iberoamericana, 2004. 271–74. Print.

———. *La ocasión*. Barcelona: Destino, 1988.

Salessi, Jorge. *Médicos maleantes y maricas: Higiene, criminología y homosexualidad en la construcción de la nación argentina (Buenos Aires, 1871–1914).* Rosario, Arg.: Beatriz Viterbo, 2000. Print.

Salvatore, Ricardo, Carlos Aguirre, & Gilbert Joseph, eds. *Crime and Punishment in Latin America: Law and Society since Late Colonial Times.* Durham: Duke UP, 2001. Print.

Sarlo, Beatriz. "El campo intelectual: Un espacio doblemente fracturado." *Represión y reconstrucción de una cultura: El caso argentino.* Comp. Saúl Sosnowski. Buenos Aires: Eudeba, 1988. 96–108. Print.

———. *Jorge Luis Borges: A Writer on the Edge.* New York: Verso, 1993. Print.

———. "Política, ideología y figuración literaria." *Ficción y política: La narrativa argentina durante el proceso militar.* Ed. Daniel Balderston. Buenos Aires: Alianza, 1987. 30–59. Print.

———. Prólogo. *Esteban Echeverría: Obra escogida.* Caracas: Ayacucho, 1991. xiv. Print.

———. *Tiempo pasado. Cultura de la memoria y giro subjetivo, una discusión.* Buenos Aires: Siglo XXI, 2005. Print.

Sarmiento, Domingo Faustino. *Facundo: Civilización y barbarie.* Buenos Aires: El Ateneo, 1974. Print.

Shumway, Nicholas. *The Invention of Argentina.* Berkeley: U of California P, 1991. Print.

Solanas, Fernando, dir. *Argentina latente.* Cinesur, 2006. DVD.

———, dir. *La dignidad de los nadies.* Cinesur, 2005. DVD.

———, dir. *Memoria del saqueo.* Cinesur, 2004. DVD.

Sommer, Doris. "Allegory and Dialectics: A Match Made in Romance." *boundary 2* 18.1 (1991): 60–82. Print.

———. *Foundational Fictions: The National Romances of Latin America.* Berkeley: U of California P, 1991. Print.

Sörensen, Diana. *El "Facundo" y la construcción de la cultura argentina.* Rosario, Arg.: Beatriz Viterbo, 1998. Print.

Sosnowski, Saúl, comp. *Represión, exilio y democracia: La cultura uruguaya.* Montevideo: Banda Oriental, 1987. Print.

———, comp. *Represión y reconstrucción de una cultura: El caso argentino.* Buenos Aires: Eudeba, 1988. Print.

Stam, Robert. *Subversive Pleasures: Bakhtin, Cultural Criticism and Film.* Baltimore: Johns Hopkins UP, 1992. Print.

Stiglitz, Joseph. *Globalization and Its Discontents.* New York: Norton, 2002. Print.

Tabarovsky, Damián. *Literatura de izquierda.* Rosario, Arg.: Beatriz Viterbo, 2004. Print.

Torres, Jorge. *La derrota en la mira.* Montevideo: Fin de Siglo, 2002. Print.

Trigo, Abril. *Caudillo, estado, nación: Literatura, historia e ideología en el Uruguay.* Gaithersburg, MD: Hispamérica, 1990. Print.

———. "De Artigas a Tabaré Vázquez, o de cómo se hace un imaginario (pos)nacional." *Henciclopedia.* n.d. Web. 3 feb. 2011.

Trímboli, Javier, ed. *La izquierda en la Argentina: Conversaciones.* Buenos Aires: Manantial, 1998. Print.

Ubersfeld, Anne. *Reading Theatre.* Toronto: U of Toronto P, 1999. Print.

Vallejo, Gerardo, dir. *Martín Fierro, el ave solitaria.* Cinemagroup/INCAA, 2006. DVD.

Verani, Hugo. *De la vanguardia a la posmodernidad: Narrativa uruguaya, 1920–1995.* Montevideo: Trilce, 1996. Print.

Verón, Eliseo. "¿Cambios? ¿Qué cambios?" *Clarín Revista Ñ.* 24 mar. 2007. Web. 1 oct. 2011.

Vezzetti, Hugo. *Pasado y presente. Guerra, dictadura y sociedad en la Argentina.* Buenos Aires: Siglo XXI, 2002. Print.

Vidal, Hernán. *Literatura hispanoamericana e ideología liberal; surgimiento y crisis: Una problemática sobre la dependencia en torno a la narrativa del boom.* Buenos Aires: Hispamérica, 1976. Print.

Viñas, David. *Indios, ejército y frontera.* México: Siglo XXI, 1982. Print.

———. *Literatura argentina y realidad política.* Buenos Aires: Centro Editor de América Latina, 1982. Print.

———. *Menemato y otros suburbios.* Buenos Aires: Adriana Hidalgo, 2000. Print.

Von Trier, Lars, dir. *Manderlay.* Zentropa Productions, 2005. DVD.

Yáñez, Rubén. "La represión de la cultura uruguaya por su nueva función en torno al programa popular ante la crisis." *Represión, exilio y democracia: La cultura uruguaya.* Comp. Saúl Sosnowski. Montevideo: Banda Oriental, 1987. 141–55. Print.

Zeballos, Estanislao. *Callvucurá y la dinastía de los Piedra.* Vols. 1 y 2. Buenos Aires: Centro Editor de América Latina, 1981. Print.

Índice alfabético

Sobre el libro

Verónica Garibotto
Crisis y reemergencia: El siglo XIX en la ficción contemporánea de Argentina, Chile y Uruguay (1980–2001)
PSRL 64

En las últimas décadas—especialmente a partir de los noventa—ha habido una visible reemergencia del siglo XIX en la cultura del Cono Sur. Figuras decimonónicas típicas (indios, gauchos, letrados y cautivas) han reaparecido en la escena literaria de Argentina, Chile y Uruguay. Héroes como San Martín y Artigas se han convertido en protagonistas principales de la literatura, el cine y el teatro. Géneros fundantes de la identidad nacional (el relato de viaje, la poesía gauchesca, el romance nacional) se han reciclado y transformado. Textos canónicos como *La cautiva,* el *Martín Fierro* y el *Facundo* han sido reescritos una vez más en diferentes campos artísticos. Y controvertidos eventos históricos (las guerras civiles, las masacres de las comunidades indígenas) han sido revisados y vueltos a narrar. Combinando el análisis textual con una perspectiva más abarcadora anclada en la teoría cultural, este libro responde a dos preguntas interrelacionadas: ¿Por qué el siglo XIX ha resurgido de manera tan fuerte en las últimas décadas? ¿Cuáles son las implicaciones ideológicas de esta reemergencia?

A través de una comparación transnacional de Argentina, Chile y Uruguay y de una lectura de la ficción producida por figuras prominentes en los tres países (activistas políticos, intelectuales públicos y autores canónicos), *Crisis y reemergencia* contribuye a dilucidar cómo el campo cultural del Cono Sur ha cambiado desde los noventa: cómo la ética intelectual, las identidades nacionales y las estrategias discursivas que fueron funcionales a la consolidación del liberalismo en el siglo XIX han sido reformuladas, transformadas y repensadas en las últimas décadas. Apoyándose en el marxismo cultural, el análisis del discurso y la teoría poscolonial, el libro apunta a una triple contribución: definir los componentes ideológicos y discursivos que están en el corazón del siglo XIX, mostrar su continuidad hasta los noventa (y aclarar así las conexiones entre liberalismo y neo-liberalismo) y exponer su reciente transformación; una transformación que abrió el camino a lo que se ha llamado el "retorno de lo político" en la región.

About the book

Verónica Garibotto
Crisis y reemergencia: El siglo XIX *en la ficción contemporánea de Argentina, Chile y Uruguay (1980–2001)*
PSRL 64

In the last decades—and especially since the 1990s—there has been a noticeable reemergence of the nineteenth century in Southern Cone culture. Popular nineteenth-century figures (*indios, gauchos, letrados,* and *cautivas*) have reentered the national literary scene in Argentina, Chile, and Uruguay. Nineteenth-century heroes such as San Martín and Artigas are again the main protagonists of Southern Cone theater, film, and literature. Canonical nineteenth-century texts (*La cautiva, Martín Fierro, Facundo*) are being rewritten one more time in different artistic fields. Foundational nineteenth-century genres (travel narratives, gauchesque poems, and national romances) are being transformed and recycled. Controversial nineteenth-century events (the civil wars, the massacre of indigenous communities) are being revisited and explored. Through a combination of close textual analysis and a broader perspective rooted in cultural theory, this book answers two interrelated questions: Why did the nineteenth century resurface so strongly in the last decades? What are the ideological implications of this reemergence?

Based on a transnational comparison of Argentina, Chile, and Uruguay and a survey of narratives that were mostly produced by well-known figures (political activists, public intellectuals, and canonical authors), *Crisis y reemergencia* helps to elucidate how the Southern Cone cultural field has changed since the 1990s: how intellectual ethics, national identities, and discursive strategies that were functional to the consolidation of liberalism in the nineteenth century have been challenged, transformed, and re-thought in the last decades. Borrowing from cultural Marxism, discourse analysis, and post-colonial theory, the book pursues a triple contribution: to define the discursive and ideological components that were at the core of the nineteenth century, to show their continuity up to the 1990s (and thus clarify the connections between liberalism and neo-liberalism), and to expose their recent transformation; a transformation that paved the way for the "return of the political" to the region.

Sobre la autora

Verónica Garibotto es profesora e investigadora de literatura latinoamericana y estudios culturales en el Departamento de Español y Portugués de la Universidad de Kansas. Su investigación se centra en las conexiones entre cultura, historia y política en la América Latina de los siglos XIX, XX y XXI, especialmente en Argentina, Chile y Uruguay. Sus artículos fueron publicados en revistas académicas como *Revista Iberoamericana*, *Revista de Estudios Hispánicos*, *Studies in Hispanic Cinemas*, *Journal of Latin American Cultural Studies* y *Latin American Literary Review*. En este momento está trabajando en una reformulación de los marcos teóricos que generalmente se usan para interpretar la literatura y el cine testimoniales contemporáneos.

About the author

Verónica Garibotto is an assistant professor of Latin American literary and cultural studies in the Department of Spanish and Portuguese at the University of Kansas. Her research addresses the links among culture, history, and politics in nineteenth- through twenty-first-century Latin America, especially in Argentina, Chile, and Uruguay. Her articles have appeared in academic journals such as *Revista Iberoamericana*, *Revista de Estudios Hispánicos*, *Studies in Hispanic Cinemas*, *Journal of Latin American Cultural Studies*, and *Latin American Literary Review*. Her latest project aims at reformulating the dominant theoretical frameworks for interpreting contemporary testimonial cinema and literature.

"Este libro que rastrea las huellas culturales del siglo XIX en el siglo XXI constituye un importante y valioso aporte al campo de los estudios latinoamericanos. La autora demuestra con contundencia la reemergencia de los imaginarios decimonónicos en las culturas post-dictatoriales de Argentina, Chile y Uruguay planteando a la vez la necesidad de pensar el siglo XIX no como un período cronológico sino como un 'modo de enunciabilidad' que excede los límites temporales dentro de los que frecuentemente lo enmarcamos."

—Ana Peluffo, University of California, Davis

"This book that traces cultural trends of the nineteenth century in the twenty-first century constitutes an important and valuable addition to the field of Latin American studies. The author forcefully demonstrates the reemergence of nineteenth-century imaginaries in the post-dictatorial cultures of Argentina, Chile, and Uruguay, asserting at the same time the necessity of reading the nineteenth century not as a chronological period but as a 'mode of enunciability' that transcends the time limits in which it is frequently framed."

—Ana Peluffo, University of California, Davis